Paul M. Zulehner
Rainer Volz

MÄNNER IM AUFBRUCH

Paul M. Zulehner
Rainer Volz

MÄNNER IM AUFBRUCH

Wie Deutschlands Männer sich selbst
und wie Frauen sie sehen

Ein Forschungsbericht

Mitautoren sind
Reinhard Zuba und
Jochen G. Elias

Herausgegeben von der
Männerarbeit der Evangelischen Kirche in Deutschland sowie
der Gemeinschaft der Katholischen Männer Deutschlands

Schwabenverlag

Die Deutsche Bibliothek – CIP-Einheitsaufnahme

Zulehner, Paul M.:
Männer im Aufbruch :
wie Deutschlands Männer sich selbst und wie Frauen sie sehen ;
ein Forschungsbericht / Paul M. Zulehner ; Rainer Volz.
Unter Mitarb. von Reinhard Zuba ; Jochen G. Elias.
Hrsg. von der Gemeinschaft der Katholischen Männer Deutschlands und der
Männerarbeit der Evangelischen Kirche in Deutschland. –
Ostfildern : Schwabenverl., 1998
ISBN 3-7966-0938-4

Mit Unterstützung des Bundesministeriums
für Familie, Senioren, Frauen und Jugend

3. Auflage 1999
Alle Rechte vorbehalten
© 1998 Schwabenverlag AG, Ostfildern
Umschlaggestaltung: conic new media, Stuttgart
Satz: Typoskript Paul M. Zulehner, Wien
Produktionsbetreuung: P.A.L. Joachim Letsch, Stuttgart
Druck und Bindung: Konkordia Druck, Bühl
Printed in Germany
ISBN 3-7966-0938-4

Eine Studie

im Auftrag der Männerarbeit der Evangelischen Kirche in Deutschland
sowie der Gemeinschaft der Katholischen Männer Deutschlands,

erarbeitet 1998 im Ludwig-Boltzmann-Institut für Werteforschung
(Religion und Solidarität) in Wien

und im Sozialwissenschaftlichen Institut der Evangelischen Kirche
in Deutschland (EKD) in Bochum.

INHALT

Vorwort der Herausgeber 11
Zum Geleit 13

Zusammenfassung wichtiger Ergebnisse 15

Theoretische Annahmen 15
Operationalisierungen 17
Haupteinsichten 17
    Neubewertung der Berufswelt 17
    Familiale Lebenswelt 20
    Innenwelt 22
    Religion und Kirchen im Leben deutscher Männer (und Frauen) ... 25
    Eigenschaftssets 25
Männer aus Frauensicht 26
Männerlaboratorien. Mögliche Perspektiven 27

DIE STUDIE

Einführung 30

Steckbrief der Studie 31
Aufbau der Studie 31

1. Männertypen heute 34

Indizes 36
    Traditionelle Männerrolle 36
    Traditionelle Frauenrolle 37
    Neue Männerrolle 38
    Neue Frauenrolle 39
Verteilungen 40
Cluster 40
Umbauphasen – Entwicklungsszenarien 42
    Phase 1: Internalisierung 42
    Phase 2: Differenzierung 43
    Phase 3: Neuorientierung 43
    Phase 4: Komplexität 43

Was die Männerrollen formt	46
Methodologisches	46
Sozialmerkmale	49
Ost – West	49
Geschlecht	52
Alter	53
Ortsgröße	57
Stand	57
Beruf	58
Einkommen	60
Politische Orientierung	61
Persönlichkeitsmerkmale	62
Autoritarismus	62
Solidarität, Egozentrierung	64
Zufriedenheit und Optimismus	66
Christlich-kirchlicher Bezug	67
Kindheit	68
Glückliche Kindheit	68
Vater und Mutter	70
Männliche und weibliche Vorbilder	77
Zusammenfassung	78
Traditionelle	78
Pragmatische	79
Unsichere	79
Neue	80
2. Männliche Lebensinszenierung	82
Rangordnung der Lebensbereiche	82
Berufswelt/Öffentlichkeit	86
Wichtigkeit des Berufs, der Erwerbsarbeit	86
Wenn Arbeitskollegin/-kollege vorgezogen wird	88
Arbeitsplatzknappheit	95
Politische Anliegen	99
Männerverantwortung	100
Auf einen Blick	102
Familienwelt	104
Freizeit	104
Ehe/Partnerschaft	114
Familie, Kindererziehung und Haushalt	125
Auf einen Blick	157
Innenwelt	160
Gesundheit, Arzt	160

Sexualität	170
Gefühle	195
Ängste	198
Männergewalt	199
Leid und Tod	200
Die Religiosität der Deutschen und die christlichen Kirchen	206
Auf einen Blick	223

3. Facetten der Geschlechterrollen ... 228

Männliche und weibliche Eigenschaften	229
Stärken von Männern und Frauen	237
Die deutsche Traumfrau	241
Auf einen Blick	246

4. Männer aus Frauensicht ... 249

Wichtigkeit von Lebensbereichen	250
Berufswelt und Politik	251
Problem- und Gefahrenwahrnehmung	252
Wenn jemand in der Arbeit vorgezogen wird	253
Freizeit	255
Männer- und Frauenfreundschaften	257
Familienwelt	258
Ehe- und Partnerschaftsideal	258
Ideale Lebensform	260
Haushaltstätigkeit der Männer	261
Tätigkeiten mit Kindern	261
Innenwelt	264
Gespräch über Gefühle, über Sexualität	264
Problemgespräch	264
Angst vor dem Arzt	265
Geschlechterpolitik	265
Auf einen Blick	267
„Unterschätzungen"	267
„Überschätzungen"	269

Die vier Haupttypen im Überblick ... 271

Tabellarische Übersicht	271
Profile des traditionellen und neuen Mannes	274

5. Männerentwicklung 281
Liste der Prioritäten 282
   „Frauen entlasten" versus „eigene Unabhängigkeit" („Reaktion") 283
   Befreiung von traditionellen Wertvorstellungen („Emanzipation") 285
   Scheidungsrechte für Männer 286
Haben sich Männer verändert? 288
Frauenemanzipation 290

Anhang 291
Regressionsanalyse zum Cluster Geschlechtertypen 291
Clusterprofile 294
Erweiterte Typologie 299
   Einflußkräfte 311
   Tabellen 315
Verzeichnis der Abbildungen 329
Verzeichnis der Tabellen 334

VORWORT DER HERAUSGEBER

Im Januar dieses Jahres haben die Gemeinschaft der Katholischen Männer Deutschlands (GKMD) und die Männerarbeit der Evangelischen Kirche in Deutschland eine empirische Studie über die sich verändernde Männerrolle in Deutschland in Auftrag gegeben. Dankenswerterweise hat das Bundesministerium für Familie, Senioren, Frauen und Jugend dieses Projekt finanziell gefördert.

Im Frühjahr wurden in einer umfangreichen repräsentativen Untersuchung 1200 Männer und 800 Frauen durch die GfK-Marktforschung in Nürnberg befragt und die Daten anschließend im Ludwig-Boltzmann-Institut für Werteforschung in Wien durch Prof. DDr. Paul M. Zulehner und im Sozialwissenschaftlichen Institut der EKD in Bochum durch Rainer Volz ausgewertet.

Mit dem nun vorliegenden Forschungsbericht verfügen wir erstmals für das vereinte Deutschland über gesicherte Erkenntnisse zur Lebenswirklichkeit und zum Selbst- und Fremdbild der Männer in diesem Lande. Bedeutsam sind die Ergebnisse der Studie vor allen Dingen in zwei Richtungen: Zum einen spielt in der aktuellen gesellschaftspolitischen Geschlechter- und Gleichberechtigungsdiskussion – was das angestrebte Ziel eines partnerschaftlichen Miteinanders von Männern und Frauen betrifft – die Frage einer notwendigen Bewußtseinsänderung von Männern im Hinblick auf ihre rollenbezogene Selbstdefinition eine entscheidende Rolle. In welchem Maße bereits ein Veränderungsprozeß zu einem solchen Männerselbstbild eingesetzt hat, wie weit dieser Prozeß reicht und wie er durch politische und pädagogische Maßnahmen zu fördern ist, läßt sich durch die Studie nunmehr profilierter beurteilen als bisher. Zum zweiten liefert die Studie zukünftiger kirchlicher Männerarbeit grundlegende Einsichten: Wo immer in Landeskirchen und Diözesen, in Verbänden und kirchlichen Gemeinschaften in Zukunft über kirchliche Männerarbeit nachgedacht, Arbeit mit und für Männer konzipiert und organisiert wird, kann dies nicht ohne Berücksichtigung der Ergebnisse der Studie geschehen, will man nicht an der Lebenswirklichkeit und den Bedürfnissen von Männern heute vorbeiplanen und vorbeiorganisieren. Wir hoffen in diesem Zusammenhang zugleich, daß die Ergebnisse der Studie nicht nur in der kirchlichen, sondern auch in der säkularen Männerarbeit breit rezipiert werden.

Wir danken allen, die zum Gelingen und Erfolg der Studie beigetragen haben: dem Bundesministerium für Familie, Senioren, Frauen und Jugend für die finanzielle Förderung der Studie, den kirchlichen Geldgebern für ihre Unterstützung, der GfK-Marktforschung für die Datenerhebung, den Autoren für die Auswertung und Erstellung des Forschungsberichtes sowie dem Schwabenverlag für die zügige Publizierung der Studie.

Fulda und Kassel, im September 1998

Heinz-Josef Nüchel   Pfr. Friedhelm Meiners
Präsident der GKMD   Theol. Vorsitzender der Männerarbeit der EKD

ZUM GELEIT

Die Gleichberechtigung von Frau und Mann, die in Artikel 3 Absatz 2 des Grundgesetzes als Grundrecht gewährleistet ist, wurde 1994 um den Zusatz ergänzt:

„Der Staat fördert die tatsächliche Durchsetzung der Gleichberechtigung von Frauen und Männern und wirkt auf die Beseitigung bestehender Nachteile hin."

Diese verfassungsrechtliche Ergänzung verpflichtet den Staat insbesondere zur aktiven Frauenförderung.

Gleichberechtigungspolitik befindet sich heute in einer paradoxen Situation:

Noch nie zuvor gab es so viele Institutionen in Bund, Ländern und Kommunen, die explizit für die Durchsetzung der Gleichberechtigung zwischen Frauen und Männern in Beruf, Familie und Gesellschaft zuständig sind.

Zu keiner Zeit hatten Mädchen so hochwertige Bildungsabschlüsse wie heute. Und auch die Rahmenbedingungen für eine bessere Vereinbarkeit von Familie und Erwerbstätigkeit konnten in den letzten Jahren beträchtlich verbessert werden. Stichworte wie Teilzeitarbeit, Erziehungsgeld, Erziehungsurlaub, Anerkennung von Erziehungszeiten im Rentenrecht und Eingliederungshilfen nach einer Erziehungspause sind nur wenige Beispiele dafür.

Trotzdem ist es bis heute nicht gelungen, die tatsächliche Gleichberechtigung von Frauen und Männern in allen Lebensbereichen durchzusetzen. Das zeigt, daß mit Gesetzen, Diskriminierungsverboten und Frauenförderung allein die Gleichberechtigung im Lebensalltag nicht zu erreichen ist.

Das partnerschaftliche Miteinander von Frauen und Männern hängt vielmehr entscheidend von der Selbstwahrnehmung der Akteure ab. Wie sehen sich Frauen und Männer, wie definieren sie ihre Identität und wie gestalten sie ihren Lebensentwurf angesichts der Vielfalt der Möglichkeiten, aber auch der damit verbundenen unterschiedlichsten Aufgaben in Familien und Gesellschaft. Gerade Männer haben bei diesem kritischen Blick auf ihr Selbstverständnis einen großen Nachholbedarf. Rollenklischees gab und gibt es leider noch viele. Dennoch wird es Zeit, daß Männer sich fragen, was ihnen eine Identität vorenthält, die sich wie eh und je überwiegend auf ihren beruflichen Werdegang stützt.

Frauen haben in den letzten Jahrzehnten neue Lebenswelten für sich erschlossen. Sie sind schon länger in Bewegung, persönlich wie politisch. Gleichberechtigung wird nur lebbar, wenn jetzt auch die Männer sich verändern.

Ob und inwieweit sich heute „Männerwelten" wandeln, zeigt die vom Bundesministerium für Familie, Senioren, Frauen und Jugend geförderte Studie: „Männer im Aufbruch – Wie Deutschlands Männer sich selbst und wie Frauen sie sehen".

Traditionelle, starre Rollenbilder scheinen im Ansatz brüchig geworden zu sein. Immer mehr Männer fragen nach dem physischen und psychischen Tribut an ihre Dominanz in unserer Gesellschaft. Sie begreifen zunehmend ihr geschichtlich gewachsenes „Männerleben" selbst als „halbiertes Leben". Eine solche Halbierung ist nicht nur einseitig, sondern unnötig.

Die Studie „Männer im Aufbruch" will jedoch mehr als einen Anstoß zu einem breiten öffentlichen Diskurs geben. Sie will darüber hinaus konkrete, handlungsrelevante Impulse für die praktische Erwachsenenbildungsarbeit liefern. Deshalb hat das Bundesministerium für Familie, Senioren, Frauen und Jugend gerne einen Beitrag zur Realisierung dieser Studie geleistet.

Bundesministerium für Familie, Senioren,
Frauen und Jugend

ZUSAMMENFASSUNG WICHTIGER ERGEBNISSE

Frauen sind schon geraume Zeit in Bewegung: persönlich, organisiert, politisch. Das betrifft unausweichlich die Männer. Und dies in einer doppelten Hinsicht: Wenn sich Männer nicht ändern, wird auch die Entwicklung der Frauen beeinträchtigt. Daher setzen Frauen Männer unter Druck und sagen: Wann tut auch ihr endlich etwas für euch (und für uns)? Männerentwicklung wird von Frauen gefordert. Wenn sie von Männern ausschließlich als „frauenemanzipatorisches Kampfmotto" wahrgenommen wird, reagieren sie mit nachhaltigen Widerständen. In Zahlen: Während für 53% der Frauen „Frauenemanzipation" sehr positiv besetzt ist, trifft das nur auf 31% der Männer zu.

Aber es gibt noch einen anderen Zugang zur Männerentwicklung. Dieser entstammt der Einsicht, daß Männerleben, wie es geschichtlich gewachsen ist, „halbiertes Leben" ist. Viele Lebensmöglichkeiten, die in einem Männerleben potentiell stecken, werden nicht verwirklicht. Nun realisiert niemand alle Möglichkeiten seines Lebens. Doch ist heute Männerleben unnötig einseitig, damit auch verarmt. Männerentwicklung bedeutet daher, daß mehr Leben ins Männerleben kommen kann. Solche Männerentwicklung kann auch als Männerbefreiung umrissen werden. In Nordamerika ist solche Männerentwicklung schon länger im Gang. In Europa sowie bei uns hierzulande steckt sie am Anfang.[1] Wenn Männer sich auf diesen Weg begeben, könnten sie die Berechtigung weiblicher Kritik aufnehmen und in ihre Entwicklung integrieren. Ein Wachstum könnte in Gang kommen, wenn es auch der eigenen Lust nach mehr Lebendigkeit entspringt.

THEORETISCHE ANNAHMEN

Auf dem Hintergrund dieser Perspektive ist die Studie theoretisch entworfen und praktisch durchgeführt worden. Sie erhebt diagnostisch den Zustand des Männerlebens, um die Entwicklungsfelder klarer zu erkennen.

Theoretisch wird dabei davon ausgegangen, daß traditioneller Weise der Mann der Berufsmann ist. Sein Lebensschwerpunkt liegt im Bereich des Öffentlichen und der Erwerbsarbeit. Damit wird auch schon mitgesagt, daß andere Lebensräume eher nur marginal „bewirtschaftet" oder gar verschlossen sind. Marginal ist vielen Männer der familiale Lebensraum, der in unserer anonymisierten und mobilen Gesellschaft als „Obdach der Seele", als „Raum, geprägt von Stabilität

---

[1] Vgl. als Beitrag zur Konzeption von Männerentwicklung und als Verarbeitung praktischer Erfahrungen der Männerbewegung: BauSteineMänner, hg. von der Kritischen Männerforschung. Neue Ansätze in der Geschlechtertheorie, Hamburg 1996.

und Liebe" (Brigitte und Peter L. Berger), eine enorme Bedeutung hat und genau deswegen auch tendenziell überfordert ist. Männer sind in den Familien (sie sind „matriarchale Oasen" inmitten des Patriarchats) nur partiell anwesend, so die Vermutung. Und der Zugang zur Innenwelt der Gefühle ist ihnen nur erschwert möglich.

Männerentwicklung hieße daher theoretisch, daß Männer auf der einen Seite ihre Alleindefinition von der Erwerbsarbeit her relativieren, diese also zugleich herabgewichten sowie zu anderen Lebensvollzügen in Beziehung setzen. Auf der anderen Seite gilt es, praktisch eine neue, aktive Anwesenheit im familialen Lebensraum zu finden. Der vielleicht sensibelste Vorgang ist, die eigene Innenwelt besser zu bewohnen und bei sich selbst daheim zu sein.

Nun war hypothetisch angenommen worden, daß es in einem Land, in ein und derselben Kultur also, unterschiedliche Männertypen gibt. Wir nannten die einen die Traditionellen, die anderen die Neuen. Ob diese Begriffe passend sind, darin waren wir uns selbst nicht ganz sicher. Denn daß es eine historische Abfolge vom Traditionellen zum Neuen gibt, ist vielleicht mehr Wunsch als legitime Interpretation. Dennoch haben wir uns dafür entschieden, weil aus vielen historischen Berichten, beispielhaft verdichtet in Schillers „Glocke", sehr deutlich wird, daß unter industriepatriarchalen Verhältnissen die Rollenverteilung zwischen den Geschlechtern jene der Familienfrau und des Berufsmannes war.

Daher haben wir auch am Beginn der Analysen versucht, diese beiden Rollengestalten zu operationalisieren. Dabei war uns schon klar, daß die Balance zwischen Berufs- und Familienwelt nur _ein_, aber zentraler Aspekt des gesamten Phänomens von Geschlechterrollen ist.

OPERATIONALISIERUNGEN

Vier Indizes konnten gebildet werden: der traditionelle Mann, die traditionelle Frau; der neue Mann, die neue Frau. Schon hier zeigte sich, daß traditionell und neu nicht wie schwarz und weiß sind, sondern wie zwei konträre Farben nebeneinander. Mit diesen vier Indizes wurden Cluster gebildet, welche die Kontinuität des vermeintlich Gegensätzlichen noch deutlicher machen. Zwar sind zwei Cluster „Reintypen": eben jene, die traditionell, aber nicht neu bzw. die anderen, die neu, aber nicht traditionell fühlen und denken. Dann aber stießen wir auf zwei „Mischtypen". Die einen verbinden traditionelle Merkmale mit neuen, und dies in einer eher pragmatischen Weise. Wir nannten sie daher auch die Pragmatischen. Auf der anderen Seite sind solche, welche den traditionellen Merkmalen kaum noch, den neuen aber ebensowenig zustimmen. Wir nannten sie die Unsicheren. Wird hier eine Abfolge sichtbar: von den Traditionellen über die Pragmatischen und die Unsicheren hin zu den Neuen? Von einem rollenentwicklerischen Konzept her (wir werden auf das Modell von Schmitt - Berg verweisen) könnte dies so gesehen werden. Viele Teilanalysen weisen in dieselbe Richtung; viele, allerdings nicht alle Ergebnisse erweisen sich als gleichförmig abgestuft von den Traditionellen hin zu den Neuen.

HAUPTEINSICHTEN

Nun zeigen die Analysen, daß unsere Hypothesen eine gute empirische Grundlage besitzen. Vergleichen wir im Rahmen dieser Zusammenschau der reichen Ergebnisse die Traditionellen mit den Neuen, dann unterschieden sich diese vor allem in folgenden Aspekten:

NEUBEWERTUNG DER BERUFSWELT

Der traditionelle Mann ist schwerpunktmäßig der Berufsmann. Es fällt ihm schwer, Erwerbsarbeit anderen zu überlassen, vor allem dann, wenn Arbeit knapp wird. Er plädiert daher dafür, andere zu entlassen, um die eigene identitätsstützende Erwerbsarbeit erhalten zu können. Entlassen werden sollen daher Ausländer, Behinderte, Ältere, vor allem aber auch Frauen. Im Konzept der traditionellen Männer ist Erwerbsarbeit ein Männerprivileg, Frauen sind eher eine Art industrieller Reservearmee, wie eben auch die ausländischen Arbeitnehmer. In Zahlen: 57% der Traditionellen haben einen sehr starken Wunsch, daß andere entlassen werden, wenn Arbeit knapp wird, weitere 40% einen mittelstarken. Bei nur 3% ist dieser Wunsch schwach. Bei den neuen ist es geradezu umgekehrt: 7% wünschen stark eine Entlassung anderer, 61% haben diesen Wunsch kaum.

Abbildung 1: Die Bereitschaft, andere zu entlassen, wenn Arbeit knapp wird

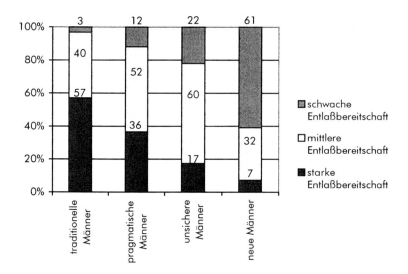

Zu einem ähnlichen Ergebnis führte die Frage, wie ein Mann reagiert, wenn ihm eine gleich qualifizierte Kollegin bzw. ein Kollege vorgezogen wird. Die Traditionellen haben in einer solchen Situation nur zu 39% eine positive Haltung, wenn eine Kollegin vorgezogen wird. Aber auch die Bevorzugung eines Kollegen irritiert sie. Rivalität ist eine Grundhaltung der Männer in der Arbeitswelt, schon unter Männern, noch mehr gegenüber Frauen. Bei neuen Männern ist der Anteil derer, die eine positive Haltung entwickeln, auf drei Viertel angewachsen.

Abbildung 2: Wenn eine Kollegin, ein Kollege vorgezogen wird

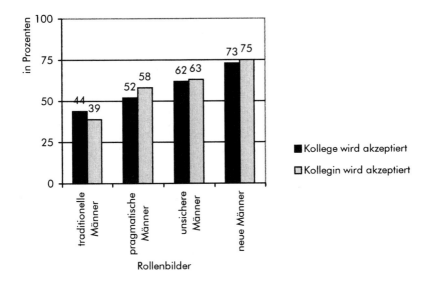

Die Berufswelt ist für neue Männer sichtlich nicht mehr so wichtig und gilt auch nicht mehr als reine Männerwelt.

FAMILIALE LEBENSWELT

Eine ähnliche Ausweitung der Lebensinteressen und damit eine Neubewertung nehmen neue Männern in der familialen Lebenswelt vor. Sie sind partnerschaftlicher, und dies sowohl hinsichtlich der Hausarbeit wie der Beschäftigung mit Kindern. Neue Männer entdecken ihre Vaterrolle (wieder).

Die traditionellen Männer hingegen halten sich im familialen Bereich nach wie vor zuständig für das Einkommen, weniger für das Auskommen. Sie fühlen sich verantwortlich für die Zukunftssicherung des familialen Systems, ökonomisch und entscheiderisch. Die Innen- und Beziehungsarbeit bleibt Frauensache.

Abbildung 3: Neue Männer pflegen ihre Vaterrolle stärker als traditionelle

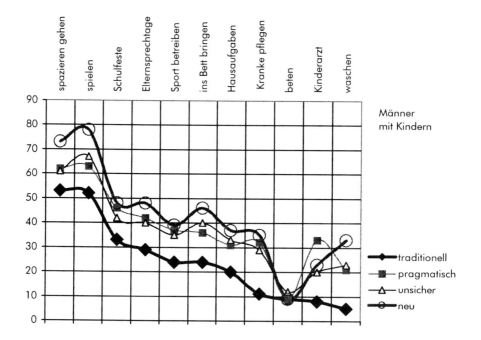

Haupteinsichten Zusammenfassung wichtiger Ergebnisse

Abbildung 4: Neue Männer weiten ihre häuslichen Aktivitäten aus

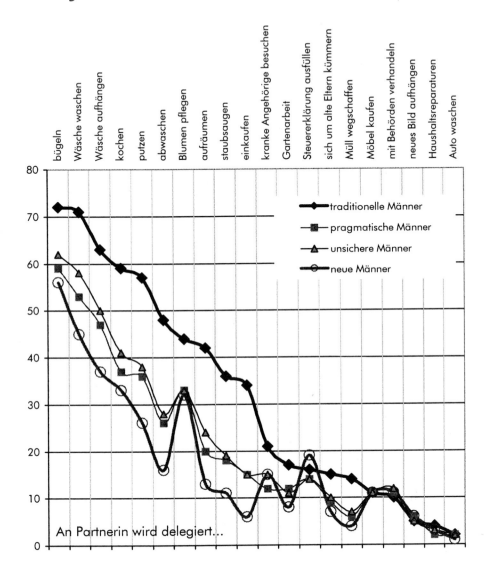

Diese beiden Schaubilder über die Männer im Haushalt und mit Kindern machen aber nicht nur den Zuwachs an familialer Präsenz bei neuen Männern sichtbar. Sie belegen beide auch, daß es nach wie vor – auch bei neuen Männern – eine klar erkennbare „Schieflage" gibt. Neben offenkundig frauenspezifischen Aktivitäten im Haushalt und mit Kindern stehen männerspezifische. Auch neue Männer haben ihren Schwerpunkt bei den männerspezifischen Aktivitäten: die im übrigen auch die Frauen als männerspezifisch bewerten. Den neuen Männern eigen ist es allerdings, daß sie bei den frauenspezifischen Aufgaben leichte Zunahmen aufweisen: zum Beispiel beim Waschen von Kindern, bei deren Pflege. Haushaltsreparaturen, noch mehr Autowaschen bleiben aber auch bei den neuen Männern Männersache.

Der „halbierte Mann" läßt sich augenscheinlich nur auf eine „halbierte Entwicklung" ein. Hier wird die Forschung noch viel Interpretationsarbeit leisten müssen. Die Frage ist, ob selbst die neuen Männer im Grund nur partiell entwicklungswillig sind, sich in der Entwicklung die Rosinen herausholen, also im Haushalt oder mit den Kindern die „sauberen" Aktivitäten. Oder aber die Entwicklung stößt auf innere Hindernisse und Grenzen, die nur schwer zu überwinden sind. Die Frage nach der Natur dieser „inneren" Grenzen übersteigt eine empirisch-analytische Momentaufnahme, die unsere Studie ist. Die Fragerichtungen seien aber skizziert: Haben kulturgeschichtliche Prägungen der vergangenen rund zweihundert Jahre des „Industriepatriarchats" tiefere Spuren hinterlassen, als in zwanzig bis dreißig Jahren ausgeräumt werden können? Entsprechende historische Forschungen weisen in diese Richtung[2]. Wir werden auf diesen merkwürdigen Tatbestand der zumindest mittelfristig feststellbaren Grenzen der Entwicklung von Geschlechterrollen neuerlich bei der Frage stoßen, was für die Befragten typisch männlich und was typisch weiblich ist.

Es überrascht im übrigen nicht, daß Frauen die familiale Präsenz der Männer skeptischer sehen als diese selbst. Die gute Selbstdarstellung ist nur allzu männlich-menschlich...

INNENWELT

Markante Unterschiede gibt es zwischen traditionellen und neuen Männern in Bezug auf die Innenwelt. Hier wurden sehr unterschiedliche Themen gebündelt: die Sorge um die Gesundheit und, als Lesehilfe dafür, die Angst vor dem Arzt; der wichtige Bereich der Sexualität, einschließlich der Homosexualität und ihrer Bewertung; der Zugang zu Gefühlen; das Phänomen der Gewalt; der Umgang mit Leid und Tod; die religiös-kirchliche Orientierung.

Zum Innenbereich zählt natürlich auch die Entwicklung der männlichen Persönlichkeit: also die Fähigkeit, solidarisch zu sein und zu teilen oder aber angstbesetzt, autoritär, ichbezogen zu fühlen. Hierher gehört dann auch die Neigung zu männlicher Gewalt.

Wieder werden Unterschiede zwischen traditionell ausgerichteten und neuen Männern sichtbar. Neue Männer haben mehr Fühlung mit ihrer Innenwelt. Sie

---

2 Vgl. Mosse George L., Das Bild des Mannes. Zur Konstruktion der modernen Männlichkeit, Frankfurt 1997 (amerik. Orig. 1996); und in Einzelstudien: Das Geschlecht der Moderne. Genealogie und Archäologie der Geschlechterdifferenz, hg. v. Hannelore Bublitz, Frankfurt 1998.

sind auch sexuell sichtlich freier, aktiver und zufriedener; ihre Haltung zur Homosexualität ist merklich weniger abwehrend als beim Durchschnitt der männlichen Bevölkerung. Sie halten „gefühlvoll" nicht mehr so sehr für eine rein weibliche Eigenschaft.

Abbildung 5: Neue Männer reden mehr über Gefühle und Probleme (im Bereich der Sexualität) als traditionelle Männer

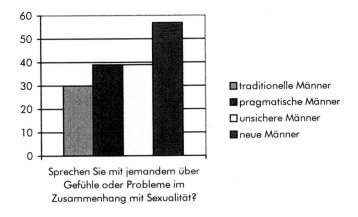

Tabelle 1: Umwertung der Homosexualität

„Homosexualität ist einfach eine andere Form zu leben. Man sollte sie in unserer Gesellschaft offen zeigen dürfen"

	Zustimmung
traditionelle Männer	16%
pragmatische Männer	32%
unsichere Männer	34%
neue Männer	64%

Bemerkenswert ist bei den neuen Männern die geschwundene Gewaltneigung. Das hängt damit zusammen, daß bei diesen auch die autoritäre Unterwerfungsbereitschaft, eine Hauptquelle der Gewaltneigung, schwach ausgeprägt ist. Gewalt ist Ausdruck von innerer Schwäche. Gewalttätig ist, wer eine rigide Selbstvergewisserung nötig hat. Autoritär sind die Traditionellen. Man kann vermuten: Gegen Gewalt sind daher sozialtherapeutische Maßnahmen zum Abbau des aggressionsgeladenen Autoritarismus zielführend.

Abbildung 6: Die Neigung zur männlichen Gewalt ist bei neuen Männern erheblich geringer als bei traditionellen

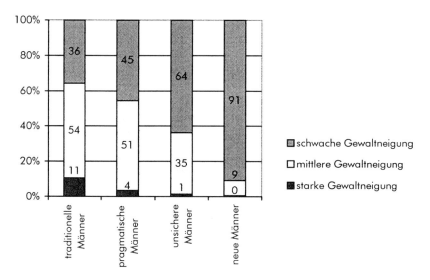

Neue Männer haben weniger Ichzentrierung, dafür mehr Solidaritätsbereitschaft. Das ist gewiß ein wesentliches Moment voranschreitender Veränderung von Geschlechterrollen. Wegen der Verwiesenheit der Geschlechter aufeinander führt ja die Änderung der einen zu einer Neubestimmung bei den anderen. Das ist aber nicht nur ein formal-funktionaler Prozeß. Vielmehr werden zugleich die Zugänge zu Lebenschancen neu verteilt. Männer- und Frauenentwicklung ist somit stets auch eine Machtfrage, somit ebenfalls eine Frage an die Geschlechtersolidarität. Neue Männer weisen hier mehr veränderungsbegünstigende Ressourcen auf als traditionelle. Ob es gelingt, jene Solidaritätsressourcen und damit jene innere Freiheit und Stärke zu fördern, die Entwicklung von innen her als einladend und verheißungsvoll erscheinen und solche Entwicklung riskieren läßt?

Auffällt, daß die Berührung mit dem Tod, eine religiöse Todesdeutung und dahinter generell eine religiös-kirchliche Orientierung bei den neuen Männern unterdurchschnittlich ausgebildet ist. Könnte es sein, daß die Loslösung von lange religiös legitimierten Rollenbildern, wie zum Beispiel der Ablehnung der Homosexualität, bei neuen Männern mit einer Ablösung vom religiösen Legitimationssystem einhergeht, vielleicht sogar einhergehen muß? Ist es eine vorübergehende Zurückstellung der religiös-kirchlichen Orientierungsfragen, einschließlich der Frage nach dem Leid und dem Tod?

RELIGION UND KIRCHEN IM LEBEN DEUTSCHER MÄNNER (UND FRAUEN)

In diesem Zusammenhang wurde reichliches Datenmaterial über die religiös-kirchliche Landschaft in West- und in Ostdeutschland erhoben. Diese beiden Bereiche haben ja insbesondere auf Grund der Kirchenpolitik der beiden Staaten in den Nachkriegsjahren eine verschiedenartige Geschichte. Das kommt in den Zahlen auch zum Ausdruck, wenngleich es bei den jüngeren offensichtlich ebenso zu einer Annäherung kommt wie zwischen den Konfessionen. Deutschland drittelt sich konfessionell: zwischen Katholiken, Protestanten und der „dritten Konfession" der Konfessionslosen. Die Daten zeigen aber, daß es unter den „Konfessionslosen" auch sehr verschiedenartige Kirchenbezüge gibt. Austritt oder Konfessionslosigkeit seit Geburt besagt nicht, daß es keine Vorstellungen von den Kirchen oder auch Erwartungen an sie gebe.

Wie schon in anderen Studien nach der Wende wird deutlich, wie sehr die religiöse Kultur in den ostdeutschen Bundesländern auf Grund der eigenen Religionsgeschichte dieser Gebiete (Kontinuität von Nationalsozialismus und Kommunismus) beschädigt ist. Religionssoziologisch betrachtet gibt es in dem einen Deutschland zwei Kulturen, eine religiös-pluralistische im Westen und eine unreligiöse im Osten. Daß dies auch politisch von Bedeutung ist, liegt nahe.

EIGENSCHAFTSSETS

Ein wichtiger Bereich der Studie ist die Erkundung dessen, was für die Menschen heute als typisch weiblich und als typisch männlich gilt. Die theoretische Annahme war, daß sich diese weithin kulturell geformten Eigenschaftssets wandeln, wenn sich die Geschlechterrollen ändern.

Ein reichhaltiges Eigenschaftsprofil wurde sowohl im Blick auf die Männer und auf die Frauen hin abgefragt. Die Unterschiede zwischen neuen und traditionellen Männern sind nicht sonderlich groß. Dagegen verbleiben die Differenzen zwischen den männlichen und den weiblichen Eigenschaften: männlich ist tendenziell stark, weiblich hingegen gefühlvoll.

Abbildung 7: Was männlich und was weiblich ist – es gibt Annäherung, aber die Unterschiede bleiben (Frauen bleiben „gefühlvoller", Männer „gewalttätiger")

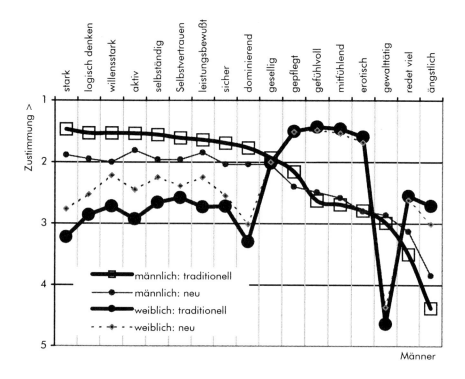

MÄNNER AUS FRAUENSICHT

Aufschlußreich sind jene Daten, die einen Vergleich erlauben zwischen der Art, wie Männer sich selbst sehen und wie Frauen sie sehen. Die Tendenz ist wenig überraschend: Männer haben ein günstigeres Selbstbild von sich als Frauen von den Männern. Das betrifft viele untersuchte Aspekte männlichen Lebens: den Umgang mit Kindern, die Rolle in der Familie. Aber auch Gewaltneigung, oder Verdrängung von Angst, beispielsweise vor dem Arzt.

MÄNNERLABORATORIEN. MÖGLICHE PERSPEKTIVEN

Wer am neuen Mann Interesse hat, wird fragen, durch welche „männerpädagogische Szenarien" dieser gefördert werden kann. Dabei steht fest: Am leichtesten ist die rhetorische Veränderung. Es liegt daher nahe, daß sich die Männer – gemessen an den Erwartungen einer partnerschaftlichen Kultur – besser einschätzen, als die Frauen sie sehen.

Zudem ist es leichter, eine Einstellung zu verändern als das Handeln selbst. Musterbeispiel ist die hohe Bereitschaft von neuen Männern, Erziehungsurlaub zu nehmen. Nur 10% der traditionellen Männer halten den Erziehungsurlaub für eine Bereicherung des Mannes, unter den neuen sind es 60%. Die Realisierung dieser Bereitschaft hängt freilich davon ab, ob es wirklich eine „Bereicherung" ist – die ökonomischen Prämissen spielen mit. Wenn Männer mehr verdienen, bleiben in den finanziell belasteten Familienhaushalten am Ende doch die eher weniger verdienenden Frauen daheim.

Die Forschungsergebnisse zeigen mit einer systematischen Hartnäckigkeit, daß Veränderung von Männern umso geringfügiger ausfällt, je mehr es in den Kernbereich der Person geht. An einigen Stellen der Studie deutet sich sogar ein Tiefenverlust an. Denn mag die Destabilisierung der religiös-kirchlichen Orientierung als Reflex auf die religiöse Legitimierung traditioneller Rollenmuster verständlich sein: das Mißverhältnis neuer Männer zu Leid und Tod überrascht doch. Hier erweisen sich die Traditionellen besser ausgestattet und kompetenter. Neue Männer teilen hier freilich nur die wachsende Inkompetenz hinsichtlich menschlicher Grundfragen der gesamten „postchristlichen" Kultur.

Ernsthafte Männerentwicklung ist daher alles andere als eine vorhersehbar erfolgreiche und leicht arrangierbare Sache. „Labor" im Wortsinne ist nötig, also Tiefenarbeit. Die Veränderung der kulturellen Oberflächenarrangements ist nur ein Teil der Lösung. Wenn eine bildungsgerechte neue Balance zwischen Erwerbs- und Familienarbeit für Frauen und eben auch für Männer gefunden ist, bleiben die tieferen Fragen immer noch offen. Diese aber lauten elementar: was macht einen Mann aus und was eine Frau? Die Zuflucht zu einfachen biologischen Antwortmodellen ist nutzlos. Wohl aber ein neuartiges Gespräch zwischen der Biologie und der Soziologie (sie werden stellvertretend für anverwandte Disziplinen genannt). Eine Balance ist zu finden zwischen dem Vorfindbaren und dem Formbaren. Und diese Balance ist nicht nur geschlechterpolitisch zu erreichen, sondern braucht einen Raum tänzerischer Freiheit und mutigen Experiments. Vielleicht wird dann manch eine Lösung sich herausbilden, die weder „traditionell" noch „modern" ist, sondern durch welche für Frauen und Männer eine neue Tiefe heranreift. Die Lösung wird dann nicht die vordergründige Annäherung der weiblichen und männlichen Lebensfelder sein. Vielmehr wird sich vielleicht ein neues Miteinander herausbilden, in dem vom Ansatz her

Frauen und Männer einander zunächst fremd und befremdlich sind, sie lernen, ganze Männer und ganze Frauen zu werden, um dann verhandelnd in ein spannungsgeladenes Miteinander einzutreten. Die Befremdlichkeit der Geschlechter wird dann bleiben. Vielleicht braucht es dann, weil die Geschlechter einander so fremd sind, im jeweils anderen Geschlecht etwas von der Anwesenheit des Fremden, um überhaupt miteinander in Beziehung treten zu können: also in der Frau einen „animus", im Mann eine „anima". Das heißt aber nicht, daß Männer weiblich und Frauen männlich zu werden haben, was deren Zerstörung herbeiführen würde. Ziel wäre, anders zu sein, und doch ein Verhältnis haben zu können, weil das Fremde in einem selbst wohnt. Was das alles für gleichgeschlechtlich orientierte Männer und Frauen bedeuten könnte, ist eine der gewaltigen ungelösten Herausforderungen heutiger Diskussion.

Doch damit haben wir den Boden einer empirischen Bestandsaufnahme bereits verlassen in die Perspektivik einer möglichen zukünftigen Entwicklung hinein. Diese ist aber notwendig, um der Empirie einen Rahmen zu geben. Die folgenden Untersuchungsergebnisse selbst sind geeignet, manche Vor-Urteile und Vorurteile über „den" Mann und „das" Geschlechterverhältnis zu revidieren. Soweit zielgerichtete, normative Ansätze und „Geschlechterstrategien" mit Bezug auf die empirische Wirklichkeit argumentieren, werden sie an den Ergebnissen unserer Untersuchung nicht vorbeigehen können.

DIE STUDIE

EINFÜHRUNG

Die Geschlechterrollen sind in Bewegung. Das gilt zunächst für Frauen. Die Frauenbewegung hat eine Neuformung der Frauenrolle und dahinter einen entsprechenden Umbau der männerzentrierten patriarchalen Gesellschaft als Ziel. Die Entwicklung bei den Frauen ist im Gang. Sie verläuft erwartungsgemäß ungleichzeitig. Die Veränderungsgeschwindigkeit ist bei einzelnen Gruppen von Frauen sehr verschieden. Diese Verschiedenheit ist aber nicht nur eine Erschwernis, sondern zunächst der Hinweis darauf, daß die Veränderung unaufhaltsam in Gang ist.

Unweigerlich wird das Tun der einen zum Tun der anderen. Insbesondere im Geschlechterbereich. Der Wandel in der Frauenrolle berührt daher auch die Männerrolle. Die Reaktion der Männer auf die Frauenentwicklung ist bunt und vielgestaltig. Sie reicht von förderlicher Zustimmung bis zu heftiger Ablehnung.

Zu den nachhaltigsten Formen der Unterstützung von Frauenentwicklung gehört die Selbstentwicklung von Männern. Denn die Entwicklung von Frauen in vielen gesellschaftlichen Bereichen reibt sich an der Nichtentwicklung von Männern. Es sind daher oftmals Frauen, die sich in einem Veränderungsprozeß befinden, die von Männern allgemein und auch von den Männern in ihrer unmittelbaren Lebenswelt Veränderung verlangen: mit sehr unterschiedlichem Erfolg!

Aber nicht nur Frauen verlangen eine Männerentwicklung. Der längerfristig vielleicht wirksamere Antrieb kommt von Männern selbst. Die Grundthese lautet: Die männerzentrierte („patriarchale") Gesellschaft nütze zwar Männern in vielfacher Hinsicht und verschaffe ihnen Vorteile. Zugleich schade sie ihnen aber auch. Denn die Gestalt des Mannes, die sie hervorbringt, habe auch erhebliche Schattenseiten. Der Mann entwickle sich traditionell sehr einseitig: er sei vor allem Berufsmann. Von dorther stamme seine Identität. Andere Bereiche seines männlichen Lebens blieben aber brach liegen. Entfaltung werde verhindert, und dies in den Bereichen der persönlichen Beziehungen, der familialen Lebenswelten, im Umgang mit den Kindern. Und was noch schwerer wiege: der Zugang zur Innenwelt sei vielen Männern verschlossen. Neben dieser Einseitigkeit der Entwicklung gebe es zudem folgenschwere Fehlentwicklungen. Die Liebe werde an Frauen delegiert, dafür sei destruktive Gewalttätigkeit verbreitet: gegen Kinder, Frauen, andere Männer, aber auch gegen die Natur.

Solche Überlegungen bilden die Grundlage einer neuen „Männerbewegung", die in Nordamerika schon früher eingesetzt hat als in Europa, die aber auch hier nunmehr voll in Gang gekommen ist. Eine der herausragenden Gestalten einer solchen Männerbewegung im deutschsprachigen Raum ist Walter Hollstein. Wenig beachtet von der breiten Öffentlichkeit arbeiten inzwischen „Männergruppen" mit dem Ziel, biographisch gewachsene männliche Identität umzubauen und aus diesen Erfahrungen heraus darauf hinzuarbeiten, daß morgen die nachwachsenden Männer eine neugeformte männliche Identität entwickeln können: zu ihren eigenen Gunsten und zu Gunsten all jener, vor allem der Frauen, auf deren Kosten bislang männliche Identität gelebt worden ist. [3]

STECKBRIEF DER STUDIE

Die Männerarbeit der Evangelischen Kirche in Deutschland sowie die Gemeinschaft der Katholischen Männer Deutschlands haben eine bundesweite Studie an deutschen Männern in Auftrag gegeben. Unterstützt wurde sie durch das Bundesministerium für Familie, Senioren, Frauen und Jugend. Die Auswertung erfolgte im Team Rainer Volz (Sozialwissenschaftliches Institut der Evangelischen Kirche in Deutschland (EKD) Bochum), Reinhard Zuba und Paul M. Zulehner (beide Ludwig-Boltzmann-Institut für Werteforschung Wien). Bei den Regressionsanalysen hat Hermann Denz (Universität Innsbruck) mitgewirkt. In der Anfangsphase der Studie hat Hanns-Werner Eichelberger (Institut für Kirchliche Sozialforschung des Bistums Essen) wertvolle Unterstützung geleistet. Die Definition der Datensätze und ein Teil der Vorarbeiten für die Produktion des ergänzenden Tabellenbandes wurden von Jochen G. Elias durchgeführt.

Die Erhebung ist in den ersten Monaten des Jahres 1998 von der GfK Nürnberg durchgeführt worden. Es gab zwei repräsentative Samples: eines für Männer (N=1200), eines für Frauen (N=814). Bei den Männern wurde das Selbstbild erhoben. Frauen sollten, zu den selben Themen, wo dies möglich war, ihre Sicht der Männer darstellen. Dazu war ein entsprechend modifizierter Fragebogen eingesetzt worden.

AUFBAU DER STUDIE

Die Studie bringt eine reiche Fülle von Informationen darüber, wie Männerleben in Deutschland im Jahre 1998 aussieht. Diese Datenfülle wird im folgenden so präsentiert werden:

1. In einem ersten Abschnitt wird an Hand vielfältiger Einzeldaten eine elementare vierteilige Männertypologie gebildet. Damit wird deutlich, daß es nicht „den" deutschen Mann gibt, sondern viele Typen von Männern. Theo-

---

3 Dieser Aspekt, der verständlicherweise in feministischen Analysen betont worden ist, wird in geschichtlicher und gesellschaftstheoretischer Hinsicht analysiert in der wichtigen Untersuchung von Giddens Anthony, Wandel der Intimität. Sexualität, Liebe und Erotik in modernen Gesellschaften, Frankfurt 1993 (engl. Orig. 1992). Vgl. auch Carrigan Tim, Connell Robert W., Lee John, Ansätze zu einer neuen Soziologie der Männlichkeit, in: BauSteineMänner, a.a.O., 38-75.

retisch besehen ist zwar zunächst jeder Mann ein Sonderfall. Es zählt aber zu den soziologischen „Demütigungen" der menschlichen Freiheit, daß selbst in einer Kultur mit höchstem Freiheitspathos die Menschen weit mehr Ähnlichkeit untereinander haben, als es der Anspruch auf Originalität vermuten ließe. Das ist im übrigen auch die Grundlage dafür, daß es in der sozialwissenschaftlichen Forschung repräsentative Samples gibt. Hochrechner nach Wahlen können mit atemberaubender Wahrscheinlichkeit auf der Basis von 1% der ausgezählten Stimmen das Endergebnis vorhersagen. Dieses Kapitel widmet sich auch der Frage, warum sich in ein und derselben Kultur Männer derart unterschiedlich entwickeln. Was ist die Ursache, daß die einen traditionell orientiert sind, während andere sich umorientieren? Welche Faktoren spielen dabei eine nachhaltige und nachweisliche Rolle? Gehören dazu die Sozialmerkmale wie Alter, Geschlecht, Beruf, Einkommen? Und da wir viele Informationen über tiefersitzende Persönlichkeitsmerkmale haben: Welche Rolle spielen diese? Zum Beispiel die Fähigkeit zur Solidarität, die Egozentrierung, der Autoritarismus (also die Bereitschaft zu sagen: Recht hat, wer oben ist), die Annahmen über den Tod und das Danach, die persönliche Religiosität und nicht zuletzt auch die Verbundenheit mit einer religiösen Gemeinschaft? Und noch weiter: Welchen Einfluß hat die Biographie des Mannes, sein Verhältnis zu Vater und Mutter, zu den Vorbildern auf seinem Lebensweg?

2. Wir beginnen mit der Beschreibung männlicher Lebensinszenierung. Bildlich gesprochen, fangen wir an der Oberfläche an, bei dem, was auf den ersten Blick sichtbar ist. Wie also gestalten Männer in Deutschland ihr Alltagsleben? Wo sind die Lebensschwerpunkte? In welchen Lebensfeldern sind sie zuhause? Zu welchen fehlt ihnen der Zugang? Allgemein besehen sind die wichtigen Lebensfelder die Berufswelt, die Familienwelt und die (persönliche) Innenwelt. Wie „bebauen" Männer diese verschiedenen Felder ihres Lebens? Dabei wird immer die Frage mitgestellt: Unterscheiden sich die vier Grundtypen der Männer in der Bewirtschaftung ihrer Lebensfelder?

3. Sodann steigen wir eine Stufe tiefer in das Leben von Männern. Wir fragen nach dem, was Männer aus ihrer Sicht zu Männern macht. Welches sind die Stärken und Schwächen von Männern, auch im Vergleich mit den Frauen? Welche Eigenschaften gelten ihnen als typisch männlich, als typisch weiblich? Wie sieht für sie die Traumfrau aus? Dieses Kapitel rührt an die wichtige Frage, ob es unveränderlich, weil (von Natur aus) vorfindbar Männliches gibt? Oder ist im Grunde das männlich, was die Kultur, damit auch die Erziehung dazu macht? Theoretisch formuliert: Ist Mannsein eine Frage der Natur oder der Kultur? In der Fachdiskussion ist die Situation polarisiert: Ein Teil der Ansätze favorisiert die kulturellen Erklärungen, insbesondere in der Genderforschung, bis hin zum sogenannten Dekonstruktivismus. Gleichzeitig gibt es heute eine Wiederkehr der „natürlichen" Erklärungen. Starken Einfluß haben die Biologie, hier wiederum die Gehirnforschung, aber auch

die Psychologie[4]. Kann das Datenmaterial der vorliegenden Männerstudie zu dieser wichtigen Frage einen Beitrag leisten?

4. In einem weiteren Kapitel werden die Männer aus Frauensicht beschrieben. Ein Teil der Fragen wurde zusätzlich Frauen vorgelegt, um sie aus ihrem Blickwinkel beantworten zu lassen: (a) wie bewerten zum Beispiel Frauen die Wichtigkeit ihrer Lebensbereiche; (b) und darüber hinaus: wie wichtig sind ihrer Meinung nach den Männern die verschiedenen Lebensbereiche? Es wurden somit zum Selbstbild der Männer auch das Frauenselbstbild und das Männerbild der Frauen erhoben. Mit den Methoden repräsentativer Sozialforschung werden auf diese Weise Aspekte des aktuellen Geschlechterverhältnisses eingefangen.

5. In einem letzten Kapitel geht es um die Wahrnehmung von „Männerentwicklung" (Schwerpunkte, ob sich Männer in den letzten zehn Jahren verändert haben) sowie die Bewertung der „Frauenemanzipation" durch die Männer.

Abbildung 8: Aufbau der Studie

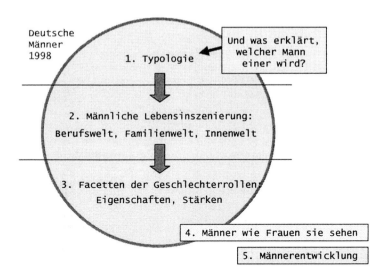

---

4 Klotz Theodor, Der frühe Tod des starken Geschlechts, in: Deutsches Ärzteblatt, Frühjahr 1998.

1. MÄNNERTYPEN HEUTE

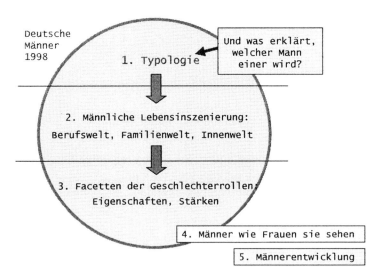

Es gibt heute in Deutschland nicht „die" Männer, sondern unterschiedliche Typen von Männern gleichzeitig nebeneinander. Bilden sie auch Stationen einer Entwicklung? Ist das Selbstbild der Männer und auch ihr Fremdbild bei den Frauen im Wandel?

In der vorliegenden Studie über die Männer in Deutschland: „Wie sie sich selbst und wie Frauen sie sehen", wurde dem männlichen Selbstbild und seiner Entwicklung zentrale Aufmerksamkeit gewidmet. Eine Reihe von Aussagen wurden dazu in den umfangreichen Fragebogen aufgenommen: Aussagen, die sich einerseits auf das überkommene Männer(selbst)bild beziehen, dazu aber auch Aussagen über ein verändertes männliches Rollenbild. Vorerfahrungen aus einer österreichischen Männerstudie wurden einbezogen.[5]

Eine Reihe von Antworten zu wichtigen Fragen erweisen sich als konsistent.[6] Mit ihrer Hilfe wurden vier Indizes gebildet. Zwei davon enthalten ein traditionelles Bild von den Geschlechterrollen, die beiden anderen hingegen ein erneuertes. Je einer dieser beiden Indizes bezieht sich auf Männer, der andere auf Frauen.

---

5 Zulehner Paul M., Slama Andrea, Österreichs Männer unterwegs zum neuen Mann? Wie Österreichs Männer sich selbst sehen und wie die Frauen sie einschätzen, hg. v. BMJF, Wien 1994.

6 Die statistische Grundlage bilden Faktorenanalysen. Berücksichtigt werden für die im Folgenden dargestellten Indexbildungen solche Variablen, die auf einer Dimension liegen und hohe Ladungen aufweisen.

1. Männertypen heute

Abbildung 9: Vier Indizes

TRADITIONELLER MANN	**NEUER MANN**
→Die Frau soll für den Haushalt und die Kinder da sein, der Mann ist für den Beruf und für die finanzielle Versorgung zuständig. →Wenn ein Mann und eine Frau sich begegnen, soll der Mann den ersten Schritt tun. →Männer können einer Frau ruhig das Gefühl geben, sie würde bestimmen, zuletzt passiert doch das, was er will. →Der Mann erfährt in seiner Arbeit seinen persönlichen Sinn.	→Für einen Mann ist es eine Bereicherung, zur Betreuung seines kleinen Kindes in Erziehungsurlaub zu gehen. →Am besten ist es, wenn der Mann und die Frau beide halbtags erwerbstätig sind und sich beide gleich um Haushalt und Kinder kümmern. →Frauenemanzipation ist eine sehr notwendige und gute Entwicklung. →Beide, Mann und Frau, sollten zum Haushaltseinkommen beitragen.
TRADITIONELLE FRAU	**NEUE (berufstätige) FRAU**
→Der Beruf ist gut, aber was die meisten Frauen wirklich wollen, ist ein Heim und Kinder. →Eine Frau muß ein Kind haben, um ein erfülltes Leben zu haben. →Hausfrau zu sein ist für eine Frau genauso befriedigend wie eine Berufstätigkeit. →Frauen sind von Natur aus besser dazu geeignet, Kinder aufzuziehen.	→Eine berufstätige Frau kann ihrem Kind genauso viel Wärme und Sicherheit geben wie eine Mutter, die nicht arbeitet. →Ablehnung: Ein Kleinkind wird leiden, wenn die Mutter berufstätig ist. →Berufstätigkeit ist der beste Weg für eine Frau, um unabhängig zu sein.

INDIZES

So sehen die vier Indizes im einzelnen aus:

TRADITIONELLE MÄNNERROLLE

Traditionellerweise ist der Mann der Berufsmann. Er gilt als das „Haupt der Frau", ihr Leben ist seinem zugeordnet. Die Frau sichert daher den Hintergrund männlichen Lebens in der Familie. Den Gang der Dinge, damit auch des Frauenlebens, bestimmt das Leben des Mannes.

Tabelle 2: Index traditionelles Männerbild
1=stimme sehr zu, 5=stimme überhaupt nicht zu;

Ladung	nur Männer	1	2	3	4	5
,71	Die Frau soll für den Haushalt und die Kinder da sein, der Mann ist für den Beruf und für die finanzielle Versorgung zuständig.	14%	22%	31%	15%	18%
,71	Wenn ein Mann und eine Frau sich begegnen, soll der Mann den ersten Schritt tun.	13%	18%	35%	15%	19%
,68	Männer können einer Frau ruhig das Gefühl geben, sie würde bestimmen, zuletzt passiert doch das, was er will.	8%	13%	33%	20%	25%
,62	Der Mann erfährt in seiner Arbeit seinen persönlichen Sinn.	12%	30%	35%	13%	10%

TRADITIONELLE FRAUENROLLE

Der traditionellen Männerrolle entsprechend ist die traditionelle Frauenrolle. Frau ist traditionellerweise Familienfrau, heim- und kindbezogen. Die traditionelle Männer- und Frauenrolle korrelieren hoch miteinander (r=,61).

Tabelle 3: Index traditionelle Frauenrolle
1=stimme sehr zu, 5=stimme überhaupt nicht zu

Ladung	nur Männer	1	2	3	4	5
,77	Der Beruf ist gut, aber was die meisten Frauen wirklich wollen, ist ein Heim und Kinder.	13%	26%	33%	15%	12%
,67	Eine Frau muß ein Kind haben, um ein erfülltes Leben zu haben.	14%	18%	24%	16%	29%
,68	Hausfrau zu sein ist für eine Frau genauso befriedigend wie eine Berufstätigkeit.	11%	17%	35%	20%	18%
,59	Frauen sind von Natur aus besser dazu geeignet, Kinder aufzuziehen.	34%	31%	20%	7%	7%

NEUE MÄNNERROLLE

Zur neuen Männerrolle gehört vor allem die Bereitschaft, Erziehungsurlaub zu nehmen. Dazu zählt auch die Akzeptanz der beruflichen Tätigkeit von Frauen mit der Rückwirkung auf das eigene Leben, sich gemeinsam um Haushalt und Kinder zu kümmern.

Tabelle 4: Index neue Männerrolle
1=stimme sehr zu, 5=stimme überhaupt nicht zu

Ladung	nur Männer	1	2	3	4	5
,68	Für einen Mann ist es eine Bereicherung, zur Betreuung seines kleinen Kindes in Erziehungsurlaub zu gehen.	16%	21%	36%	15%	12%
,67	Am besten ist es, wenn der Mann und die Frau beide halbtags erwerbstätig sind und sich beide gleich um Haushalt und Kinder kümmern.	12%	15%	32%	20%	20%
,65	Frauenemanzipation ist eine sehr notwendige und gute Entwicklung.	16%	23%	41%	14%	7%
,62	Beide, Mann und Frau, sollten zum Haushaltseinkommen beitragen.	28%	26%	33%	10%	4%

NEUE FRAUENROLLE

Der hier gebildete Index zur neuen Frauenrolle bezieht sich vor allem auf die Vereinbarkeit der weiblichen Berufstätigkeit und der Mutterrolle. Dieses Rollenverständnis ist die Entsprechung zur neuen Männerrolle, in der es auch (so wie der Index hier gebildet wurde) um das Zusammenspiel von Erwerbsleben und Familienleben geht.

Neue Männer- und Frauenrolle korrelieren etwas schwächer als die traditionellen (r=.45).[7]

Tabelle 5: Index neue Frauenrolle
1=stimme sehr zu, 5=stimme überhaupt nicht zu

Ladung	nur Männer	1	2	3	4	5
,81	Eine berufstätige Frau kann ihrem Kind genauso viel Wärme und Sicherheit geben wie eine Mutter, die nicht arbeitet.	26%	22%	27%	15%	10%
-,71	Ein Kleinkind wird wahrscheinlich darunter leiden, wenn die Mutter berufstätig ist.	26%	30%	23%	11%	10%
,56	Berufstätigkeit ist der beste Weg für eine Frau, um unabhängig zu sein.	24%	32%	29%	9%	6%

---

7   Korrelationen zwischen den Indizes:

	traditioneller Mann	neuer Mann	traditionelle Frau	neue Frau
traditioneller Mann	1,00	-,31	,61	-,33
traditionelle Frau	,61	-,28	1,00	-,36
neuer Mann	-,31	1,00	-,28	,45
neue Frau	-,33	,45	-,36	1,00

VERTEILUNGEN

Die Indexskalen haben wir gedrittelt. Ein erstes Drittel enthält jene Personen, die mit der jeweiligen „Dimension" (z. B. der traditionellen Männerrolle) stark ausgestattet sind. Das dritte Drittel ist die Gegengruppe dazu. Dazwischen liegt eine Mittelgruppe.

Der Anteil der Frauen mit einem neuen Rollenverständnis von Mann und Frau ist merklich höher als jener der Männer. 37% der Frauen, aber nur 28% der Männer haben ein neues Männerbild. Noch größer ist der Unterschied beim neuen Frauenbild: 49% der Frauen, aber nur 34% der Männer neigen diesem zu.

Tabelle 6: Verteilungen von Männern und Frauen auf den Indizes

Index	Männer			Frauen		
	stark	mittel	schwach	stark	mittel	schwach
traditioneller Mann	21%	53%	26%	19%	56%	26%
traditionelle Frau	27%	54%	19%	26%	51%	23%
neuer Mann	28%	58%	14%	37%	53%	9%
neue Frau	34%	54%	12%	49%	44%	7%

CLUSTER

Mit Hilfe dieser datenverdichtenden Indizes haben wir vier Cluster gebildet. Geleitet wurde diese Analyse durch die theoretische Vermutung, daß die Positionierung einer Person auf der theoretisch angenommenen Skala zwischen traditionell und neu keineswegs linear fortschreitend geschieht. Vielfältige Kombinationen sind im Zuge der Rollentransformation denkbar, und, wie die Clusterbildung belegt, auch gegeben. Cluster spiegeln somit die Inkonsistenz und damit auch die Ungleichzeitigkeit in der Rollenentwicklung wider.

Das sind die vier errechneten Cluster / Grundtypen[8]:

- die **Traditionellen**: diese Personen haben hohe Werte bei den beiden „traditionellen Indizes" und niedrige bei den „neuen";
- die **Neuen**: hier ist es gerade umgekehrt, hohe Werte bei den „neuen" Indizes, niedrige bei den „traditionellen";
- die **Pragmatischen**: diese Gruppe hat hohe traditionelle, aber zugleich hohe neue Anteile;

    traditionell: Mann soll bei Begegnung ersten Schritt tun, persönlicher Arbeitssinn für den Mann, Frau ist besser für Kindererziehung geeignet, Männer machen ohnehin, was sie wollen, Frau braucht Kinder für erfülltes Leben, Frauen wollen Heim und Kinder – ist für sie ebenso befriedigend wie Beruf, traditionelles Rollenbild;

    neu: die Berufstätigkeit der Frau wird positiv gesehen; beide Partner sollen für Haushalt und Kinder zuständig sein und zum gemeinsamen Haushaltseinkommen beitragen. Weibliche Berufstätigkeit hat keine negativen Folgen für das Kind. Ein männlicher Erziehungsurlaub wird als Bereicherung empfunden. Die Emanzipation der Frau wird eher begrüßt.

- die **Unsicheren**: weil die Personen in diesem vierten Cluster niedrige Werte bei allen Indizes haben, vermuten wir, daß es sich um die Verunsicherten handelt. Sie stimmen weder den traditionellen noch den neuen Rollenbildern sicher zu. Diese Unsicheren könnte man auch als „ängstliche Rolleneskapisten" bezeichnen:

    traditionell: eher negativ gegenüber berufstätiger Frau und Kindererziehung, berufstätiger und unabhängiger Frau, Arbeitsteilung bei Beruf und Haushalt, gemeinsames Haushaltseinkommen sowie generell bezüglich Frauenemanzipation;

---

8 Das sind die Mittelwerte der vier Indizes für die einzelnen Cluster:

	trad. Mann	trad. Frau	neuer Mann	neue Frau
neu	731	710	276	214
unsicher	581	539	496	510
pragmatisch	395	332	348	365
traditionell	298	261	645	682

Die Mittelwerte liegen zwischen 1 und 1000;
1=sehr starke Ausstattung mit dem jeweiligen Index,
1000=sehr niedrige Ausstattung.

neu: männliche Initiative bei Kontaktaufnahme wird eher abgelehnt, ebenso daß Mann bestimmt, was er will. Der persönliche Sinn der Arbeit für den Mann wird auch mehr in Frage gestellt. Ähnliches gilt für das traditionelle Rollenbild, daß Frauen Kinder für ein erfülltes Leben brauchen und sie Heim und Kinder unbedingt anstreben. Abgelehnt wird auch eher die Meinung, daß eine Hausfrauentätigkeit befriedigend ist und Frauen besser für die Kindererziehung geeignet sind.

UMBAUPHASEN - ENTWICKLUNGSSZENARIEN

Zurück zur Frage, ob dieses Nebeneinander von Männer(selbst)bildern ein verläßlicher Hinweis auf eine stattfindende Männer(selbst)entwicklung ist. Ist also ein Identitätsumbau im Gang?

Ein Umbau biographisch gewachsener, kulturell vermittelter Identität verläuft – typologisch vereinfacht – in mehreren Schritten. Identität bildet sich dabei im Wechselspiel zwischen soziokultureller Erwartung (Rolle ist eine Handlungszumutung) und freier Annahme und Zustimmung. Eva Renate Schmitt hat zusammen mit Hans Georg Berg[9] ein Vier-Phasen-Modell für die Entwicklung von Männeridentität entwickelt. Hier ein kursiv gesetzter längerer Text im Originalzitat:

PHASE 1: INTERNALISIERUNG

Der Mann hat sich die Erwartung der Männergesellschaft zu eigen gemacht und lebt sie aus, indem er hohes Verantwortungsbewußtsein zeigt, das sich vor allem auf Sicherheit, materielles Wohlergehen und sexuelle Leistung bezieht. Die Karriere ist wichtig, die Arbeitsteilung zwischen Männern (draußen) und Frauen (drinnen und Schattenarbeit) ist akzeptiert. Eine möglichst klare Rollenteilung wird genossen, die Frau sorgt für Geborgenheit, bereitet ein warmes Nest. Der Beruf geht vor Familie, denn dafür ist die Frau zuständig. Es herrscht eine strenge Trennung zwischen privat und beruflich, persönlich und politisch, das führt zum Verlust des Ganzheitlichen. Der Mann ist überkompetent, „unabhängig", „rational". Höchstes Kompliment ist „emotionsfrei". Er hat wenig Kontakt zu Körper und Gefühl; es herrscht ein Primat des Verstandes. Zuschreibungen und Erwartungen von Müttern und Frauen, die ihrerseits vom Patriarchat geprägt sind: starker Mann, weint nicht, zeigt öffentlich keine Gefühle, hat Gewehr im Schrank, guter Soldat; er legitimiert durch sein Verhalten die patriarchale Rolle.

---

9   Schmitt Eva Renate, Berg Hans Georg, Beraten mit Kontakt, Offenbach 1995, 427-429.

Das fraglose Akzeptieren von Vorgaben ist für viele Männer gleichzeitig Normalzustand und geistige Stagnation, trotz des Leidens daran. „Mann gibt sich" eher ritualisiert und konventionell im Gegensatz zu einer offenen, spontanen Verhaltensweise. Eingeschliffene Verhaltensweisen bestimmen das Handeln. Männerbünde sind von militärischen Erfahrungen, Ritualen und einer entsprechenden Kohäsion geprägt.

PHASE 2: DIFFERENZIERUNG

Der Verlust der „klassischen" Männeridentität führt zur Verunsicherung, Handlungsunfähigkeit, reaktiven Verhaltensmustern wie Trotz und Rache. Oder zur Latzhosenphase mit Protest, Softi-Verhalten, Sponti, Aussteiger. Alternatives Denken, ökologisch, politisch, privat. Viele Energien richten sich gegen die Leistungsgesellschaft. Männerfreundschaften und -gruppen werden wichtig, Männermodelle, die von einer Antikultur geprägt sind, werden probiert. Selbstbezichtigung und Selbstkastration sind gelegentlich gekoppelt mit Desorientierung; der Feminismus wird zugleich abgelehnt und akzeptiert. Beziehungen werden zum Hauptthema. Erfahrungen von Einsamkeit führen oft wieder zu Beziehungen mit traditionell geprägten Frauen. Die Anstöße zur Differenzierung kommen von außen, nicht von innen. Solidarität unter Männern ist schwierig. Hingegen nimmt die Bereitschaft ab, sich in das ganze „Hahnenkampfschema" der männlichen Leistungsgesellschaft hineinpressen zu lassen. Denn viele können sich Schritte, die aus der Internalisierungsphase herausführen, nicht leisten.

PHASE 3: NEUORIENTIERUNG

Experimente mit Beziehungen werden gestartet. Suche nach neuer sexueller Orientierung, Kontakt zu Männern, homosexuelle Erfahrungen. Entdeckung des Körpers und der Gefühle. Vorsichtige Wiederannäherung an die Frau: Freundschaften mit „bewußten" Frauen, die ebenfalls in der Phase der Neuorientierung sind. Neue Formen der Rollen- und Arbeitsteilung mit Frauen werden erprobt, Teilzeitarbeit, Hausmann, partnerschaftliche Kooperationsformen. Im allgemeinen gilt die Formel: „Weniger Mann, mehr Mensch". Es gibt Angst vor zuviel Neuem. Darum wird Neues sofort mit Inhalten gefüllt. (Es ist für Männer sehr schwierig, Neues unbestimmt zu lassen.) Bücher zum Thema sind wichtig. Es gibt kaum oder keine Vorbilder.

Das Bewußtsein für den Verlust von Privilegien wächst, wird als schmerzlich erlebt. Ein neuer Lebensstil – auch unabhängig von Frauen – wird gesucht.

PHASE 4: KOMPLEXITÄT

In der Verbindung von Differenzierung und Integration des Abgespalteten erfährt der Mann eine neue reiche Komplexität. Das Bedürfnis nach Anerkennung durch Machtspiele, Hahnenkämpfe, Unterwerfungsrituale hat abgenommen. Es geschieht Integration von Abgespaltenem. Das bedeutet Zulassen von verschiedenen Lebensformen, auch in der Sexualität. Die Trennung zwischen Beruf und Familie und vor allem der Primat von Beruf ist abgebaut. Die Entwicklung von Frauen und Männern gleicht sich an, trotz bleibender Unterschiede gibt es auf einer tieferen Ebene Annäherungen. Der Mann wird mit sich identisch.

Setzen wir dieses Verlaufsmodell eines Identitätsumbaus von Eva Renate Schmitt mit den vier Clustern der Männerstudie in Verbindung, dann zeigt sich:

1. Die Traditionellen stehen in der ersten Phase. Sie sind die (immer noch) voll Internalisierten.
2. Die Neuen hingegen könnten am Ende des Identitätsumbaus angelangt sein. Sie haben zu einem neuen Bild ihrer Geschlechterrolle gefunden.
3. Die Pragmatischen wie die Unsicheren sind zwei Übergangstypen, jene die – denkbar sind viele Gründe (Opportunismus, Experimentierfreudigkeit...) – sowohl alte wie neue Rollenanteile in sich tragen[10], aber auch die anderen,

---

10 Analyse der "Zwischentypen" (pragmatisch, unsicher):

Item 1,2 = stimme (sehr) zu; in %	unsicher	pragmat.	Mittelwert	unsicher	pragmat.
Mann: persönlicher Sinn in Arbeit	28	66	52,5	*	§
Frau: besser zur Kindererziehung geeignet	58	84	64	*	§
Berufstätigkeit ist beste Weg für Unabhängigkeit der Frau	48	77	58	§	*
Begegnung Mann - Frau: Mann sollte ersten Schritt tun	19	47	38	*	§
Kleinkind leidet unter berufstätiger Mutter	58	52	56		
Erziehungsurlaub ist für Mann eine Bereicherung	27	46	31		*
Mann bestimmt was er will	10	32	24,5	*	§
Arbeitsteilung bei Beruf und Haushalt zwischen Mann und Frau	16	42	27,5	§	*
Frau muß für erfülltes Leben Kind haben	14	52	34,5	*	§
Berufstätige Frau kann Kind ebenso gut betreuen	36	69	49	§	*
Frauenemanzipation ist sehr gut und notwendig	34	55	47,5	§	*
Frau für Haushalt/Kinder; Mann für Beruf	19	47	40	*	§
Frauen wollen Heim und Kinder	23	60	39,5	*	§
Hausfrau genauso befriedigend wie Beruf	17	43	33	*	§
Mann und Frau für Haushaltseinkommen zuständig	41	69	49,5	§	*

welche sich mit beiden nicht sehr identifizieren, mit den alten nicht mehr, mit den neuen nicht oder noch nicht?

Freilich ist dieses Deutungsmodell von Schmitt-Berg nur eines von mehreren möglichen. Denn ein anderes Szenario könnte so aussehen, daß die „neuen Männer" und die „neuen Frauen" nur eine euphorische Zwischenetappe sind, die Zukunft aber möglicherweise den Pragmatischen gehört.

Es könnte schließlich auch sein, daß das Pendel nur hin und her geht und daß morgen eine kommende Generation sich wieder nach den traditionellen Rollenbildern sehnt. Bei den Frauen scheint es eine solche Rückentwicklung gerade in jenen Ländern ansatzhaft zu geben, in denen die Frauenentwicklung am weitesten vorangeschritten ist, wie etwa in den nordischen Ländern Europas.[11]

Clustertyp	traditionelle Orientierung	neue Orientierung
unsicher	5	8
pragmatisch	8	6

11 So die Daten der Europäischen Wertestudie zur Entwicklung des Frauenbildes zwischen 1982 und 1991: Zulehner Paul M., Denz Hermann, Wie Europa lebt und glaubt, Düsseldorf 1993, 78-88.

WAS DIE MÄNNERROLLEN FORMT

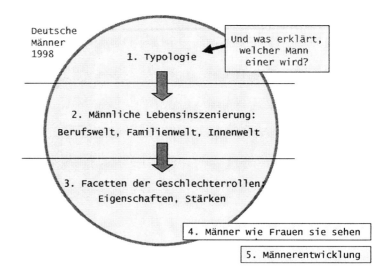

Es gibt in Deutschland unterschiedliche Männertypen. Wie verteilen sich nun diese nach sozialen Merkmalen wie Alter, Einkommen, Beruf? Und für Deutschland speziell interessant: Wie fällt der Vergleich der alten mit den neuen Bundesländern aus? Zudem: Was begünstigt die Zugehörigkeit eines Mannes zu einem Männertyp? Hat dies mit der Herkunft des Mannes zu tun, mit seiner Familie, dem Verhältnis zu Vater und Mutter? Welche Rolle spielen Persönlichkeitsmerkmale, aber auch Einstellungen, die mit der Konstruktion der Lebenswelt und ihrer räumlichen wie zeitlichen Reichweite zu tun haben?

METHODOLOGISCHES

Zunächst eine methodologische Vorbemerkung. In der Präsentation und Interpretation vieler sozialwissenschaftlicher Forschungsdaten werden lediglich einfache Korrelationen zugrundegelegt. Da wird beispielsweise dargestellt, wie sich die Männer auf die vier Typen nach Alter oder in West- bzw. Ostdeutschland verteilen. Eine solche Darstellung hat beschreibende, aber noch nicht erklärende Kraft. Ein Beispiel: Die Kombination zwischen Männertyp und Lebensstand erbringt, daß Verwitwete überdurchschnittlich dem traditionellen Männertyp angehören. Das ist faktisch so. Aber das allein ist keine Erklärung. Verwitwete Menschen sind zumeist auch älter an Jahren. Erklärt also der Verlust der Partnerin die Neigung zu traditionellen Rollenbildern, oder ist es „lediglich" das Alter dieses Mannes?

Um hier Klarheit zu schaffen, genügen einfache Korrelationen nicht. Es braucht komplexere Analyseinstrumente. In solche komplexere Auswertungen werden mehrere Merkmale gleichzeitig einbezogen. Die Einflußströme werden voneinander getrennt. Auf diese Weise kann herausgearbeitet werden, welche der vielen Faktoren tatsächlich Einfluß ausüben.

In eine solche hochkomplexe (Regressions-)Analyse wurden folgende Sozialmerkmale, Persönlichkeitsmerkmale sowie Aspekte der Biographie der Befragten einbezogen:

Sozialmerkmale: Geschlecht, sexuelle Ausstattung, Alter, Lebensstand, Ortsgröße, Ost-West, Beruf, Partnerberuf, Einkommen, politische Orientierung, Religionszugehörigkeit, Kirchgang.

Persönlichkeitsmerkmale: Autoritarismus, Solidarität, Egozentriertheit, sozioreligiöse Ausstattung, umfassende Zufriedenheit, Optimismus.

Fragen zur Herkunft: Verhältnis zu Vater und Mutter in der Kindheit, Kindheitsglück.

Abbildung 10: Struktur der Regressionsanalyse zur Trennung der Einflußströme

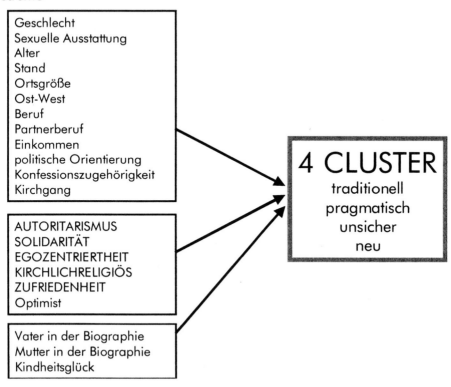

Die Analyse wurde für die untersuchten Männer und Frauen gemeinsam durchgeführt.[12] Sie zeigt zunächst, daß eine Reihe von Variablen faktisch keine (direkte) Rolle spielen: wie in der Kindheit Vater oder Mutter erlebt wurden; der eigene Beruf oder der Beruf der Partnerin, des Partners, das Einkommen. Was sehr überrascht: es ist für die Zuordnung einer Person zu einer der vier Geschlechtertypen belanglos, ob jemand in Ostdeutschland lebt oder in der alten Bundesrepublik West. Das heißt nicht, daß die Verteilung der einzelnen Typen im Osten und Westen Deutschland identisch ist. Doch werden die Unterschiede nicht durch die Tatsache geklärt, ob jemand in dem einen oder dem anderen Teil Deutschlands gelebt hat.

Was die Unterschiede erklärt, liegt nahezu ausschließlich in der Person. Prägenden Einfluß haben das Geschlecht, das Alter, die Größe des Ortes, in dem jemand wohnt. Dazu kommt die Zuordnung zur politischen Rechts-links-Skala. Die Mitglieder der beiden großen christlichen Kirchen unterscheiden sich zwar faktisch ein wenig, aber das liegt nicht an der Kirchenzugehörigkeit, sondern an anderen Merkmalen, welche in den Kirchen eben unterschiedlich anzutreffen sind.

Hier stoßen wir auf die Hauptfaktoren, warum jemand (Frau oder Mann) traditionell, pragmatisch, unsicher oder neu ist: es sind die Persönlichkeitsmerkmale Autoritarismus, das polare, aber nicht eindimensionale Gefüge von Solidarität und Egozentiertheit, das Verhältnis zu Religion und Kirche sowie eine breite Lebenszufriedenheit.

Zunächst stellen wir die einzelnen Einflußkräfte dar, um dann jene Kräfte im Überblick zusammenzustellen, die auf die einzelnen vier Cluster wirken.

Bei den folgenden Detailanalysen wird es also stets um beide Aspekte gehen: um die Wirksamkeit des jeweiligen Merkmals auf die Zugehörigkeit zu einem der vier Männertypen, sowie um die faktische Verteilung dieser Merkmalsausprägung auf die vier Typen.

---

12 Die Zahlen sind im Anhang dokumentiert.

SOZIALMERKMALE

OST – WEST

Daß es keine direkte Rolle spielt, ob jemand aus dem Osten oder dem Westen Deutschlands kommt, überrascht. Dabei könnte man annehmen, daß die Jahrzehnte während Wirksamkeit zweier unterschiedlicher Gesellschaftssysteme die Entwicklung der Geschlechterrollen beeinflußt hat. Man könnte also meinen, daß sich Männer in den westdeutschen freiheitlich-pluralistischen Verhältnissen anders entwickelt haben als im ostdeutschen Kontext des „real existierenden Sozialismus".

Die Regressionsanalyse läßt aber keinen derart direkten Einfluß erkennen, der unabhängig wäre von den übrigen in die Analyse einbezogenen Merkmalen.

Faktisch verteilen sich allerdings die Männer in Ost und West etwas anders auf die vier Grundtypen. Ostdeutsche Männer sind weniger traditionell als die westdeutschen. Zwar ist in beiden Regionen der am stärksten besetzte Typ der unsichere Mann, in Ostdeutschland allerdings weniger ausgeprägt als in Westdeutschland. In den neuen Bundesländern gibt es aber mehr erneuerte als traditionelle Männer, während in den alten Bundesländern traditionelle und neue sich die Waage halten.

Frauen in Ost und West unterscheiden sich stärker. Im Osten finden sich fast doppelt so viele Frauen mit einem erneuerten Rollenbild wie im Westen. Entsprechend wenige Frauen dort haben ein traditionelles Rollenbild, ein Drittel von den traditionellen Frauen im Westen.

Der in Ost und West, bei Frauen wie bei Männern, annähernd gleich stark vorhandene Rollentyp ist mit rund einem Viertel aller Befragten der pragmatische Geschlechsrollentyp.

Daß diese Verteilung so ist, hängt damit zusammen, daß jene Kräfte in Ost und West unterschiedlich stark sind, welche auf die Zuordnung einer Person zu einem Geschlechtertyp wirken. Der Einfluß der „Systeme" erfolgt also indirekt.

Abbildung 11: Die Männer in Ostdeutschland sind weniger traditionell als jene in Westdeutschland

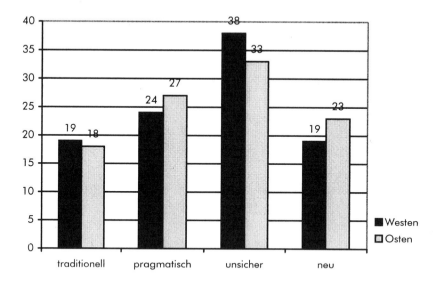

Auch innerhalb der beiden großen Regionen Deutschland, auf der Ebene der Bundesländer, sind die Verteilungen recht unterschiedlich. Das ist auf die verschiedenartige Sozialstruktur der Länder zurückzuführen.

Tabelle 7: Verteilung der Männer auf die vier Männertypen nach Regionen
(Querprozente: Prozentangaben summieren sich in der Zeile zu 100%)

Regionen:

Nord: Schleswig-Holstein, Hamburg, Bremen, Niedersachsen;
Mitte-West: Nordrhein-Westfalen, Hessen, Rheinland-Pfalz, Saarland;
Süd: Baden-Württemberg, Bayern;
Ost: Berlin-Brandenburg, Mecklenburg-Vorpommern, Sachsen-Anhalt, Thüringen, Sachsen.

Regionen/	traditionell	pragmatisch	unsicher	neu	Anteil der Region an Gesamtzahl
NORD	18%	21%	40%	21%	100% 15%
MITTE-WEST	19%	25%	40%	16%	100% 35%
SÜD	20%	24%	34%	22%	100% 27%
OST	19%	26%	34%	21%	100% 23%
Alle	19%	25%	37%	20%	100% 100%

GESCHLECHT

Männer und Frauen verteilen sich unterschiedlich auf die vier Geschlechtertypen. Dieser Zusammenhang schwindet auch nicht, wenn andere Einflußfaktoren mitberücksichtigt werden.

Es gibt somit erheblich mehr neue Frauen als neue Männer. Die Frauenentwicklung ist also offensichtlich weiter fortgeschritten als die Männerentwicklung. Bei den Männern sind die Unsicheren die größte Gruppe, bei den Frauen die Neuen.

Abbildung 12: Es gibt erheblich mehr neue Frauen als Männer, vor allem in Ostdeutschland

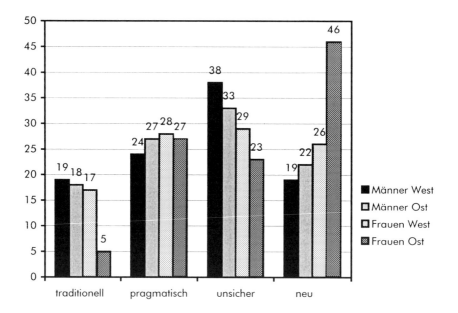

ALTER

Das Alter wirkt sich nur auf die Zugehörigkeit zum traditionellen sowie zum unsicheren Geschlechtertyp aus. Sind dem traditionellen Typ in der Alterskohorte der über 70jährigen mehr als 43% zuzurechnen, so sinkt ihr Anteil bei den Dreißigern auf 10%. Dann aber hält sich der Anteil stabil, steigt sogar zu den ganz jungen Männern hin wieder leicht an. Der traditionelle Mann ist in den Altersgruppen unter 60 Jahren eine Minderheit geworden.

Abbildung 13: Verteilung der Männer auf die vier Rollentypen nach Alter

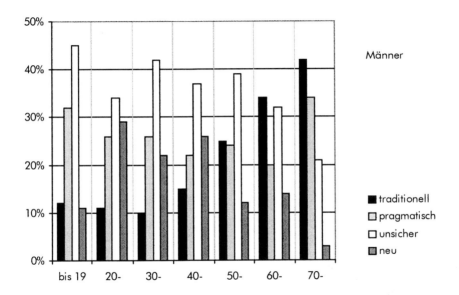

Die Alternative ist aber nicht einfachhin der neue Mann. Die „Abwanderer" vom traditionellen Typ verteilen sich vielmehr auf alle drei Männertypen, vor allem auf die pragmatischen sowie die unsicheren Männer. Bei den unter 20jährigen sind die neuen Männer faktisch sehr schwach vertreten!

Die Entwicklung bei Männern und Frauen läuft altersmäßig nicht im Gleichschritt. Sind die über 60jährigen Frauen und Männer noch relativ ähnlich, verteilt sich vor allem der Anteil der Neuen bei Männern und Frauen stark unterschiedlich.

Abbildung 14: Verteilung der Frauen nach Alter auf die vier Geschlechtertypen

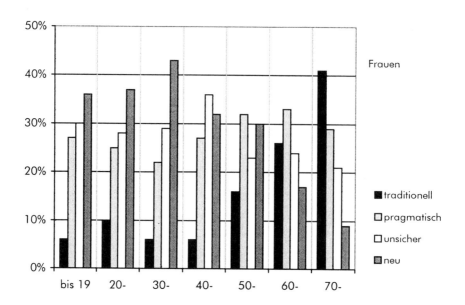

Auffällig ist, daß vor allem die Entwicklung zu neuen Geschlechterrollen bei den jüngeren Männern unter 30, abgeschwächt aber auch bei den Frauen dieser Altersgruppe, zur Zeit offensichtlich rückläufig ist. Ist der Zugewinn der neuen Rollenbilder doch nicht so groß? Fühlen sich (vor allem durch die Doppelaufgabe Erwerbsleben und Familienleben) Frauen und Männer überfordert? Ist modernes Leben womöglich Leben über unsere Ressourcen, in psychischer, physischer, biologischer Hinsicht? Oder schlägt sich hier ein „rückwärtsgewandter" Zeitgeist nieder, der auch in europaweiter Perspektive nachweisbar ist?

Abbildung 15: Trendwende?

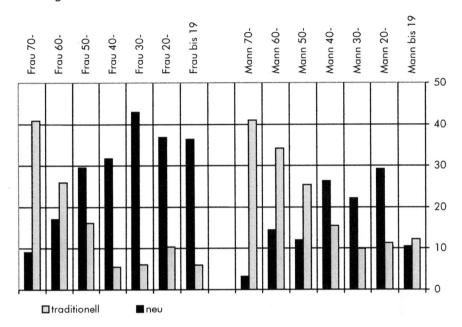

Diese leichte Trendwende verläuft in Ost- und Westdeutschland etwas anders. Während im Westen die Unsicheren zunehmen, sind es im Osten vor allem die Pragmatischen.

Abbildung 16: Männertypen nach Alter für Ostdeutschland

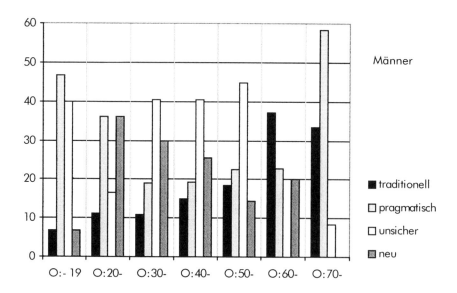

Abbildung 17: Männertypen nach Alter für Westdeutschland

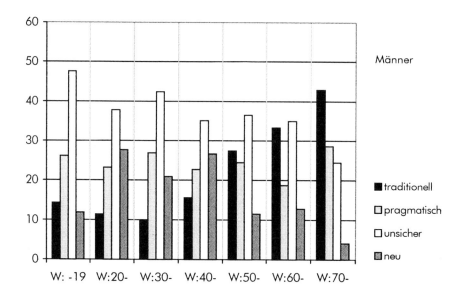

ORTSGRÖSSE

Die Einwohnerzahl des Ortes, in dem ein Befragter lebt, hat einen moderaten Einfluß auf die Zuordnung zu einem der vier Männertypen. Die kleinen Dörfer und die ländlichen Gebiete beherbergen eher traditionelle Männer und die Großstädte neue Männer.

In den größeren Dörfern und in Kleinstädten überwiegen faktisch die unsicheren Männer, in den mittleren Großstädten die pragmatischen.

Abbildung 18: Verteilung der Männertypen nach Ortsgröße

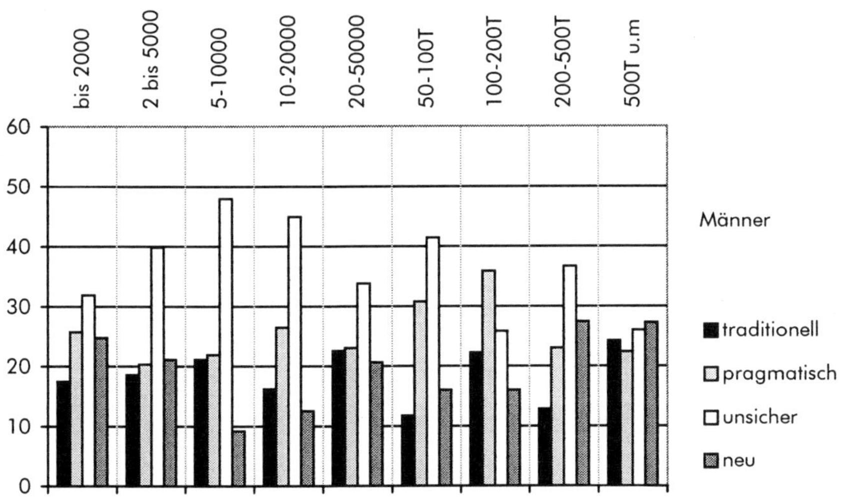

STAND

63% der befragten Männer sind verheiratet, 6% geschieden, 2% verwitwet. Als ledig haben sich 13% bezeichnet. 14% leben unverheiratet in einer festen Beziehung.

Wir sondern die Verwitweten aus. Sie sind im Schnitt ältere Personen, zudem ist ihr Anteil unter den Befragten (2%) sehr klein.

Nachhaltig wirkt auf die Zuordnung zu den Unsicheren (r=-,31) und Neuen (r=,29) bei jenen Personen, die verheiratet sind, aber getrennt leben. Der Anteil der Unsicheren ist bei diesen niedrig (17%), jener der Neuen hingegen überdurchschnittlich hoch (39%), und zwar bei Männern und Frauen konsistent. Bei den anderen Subgruppen des Lebensstandes sind die Zusammenhänge nicht signifikant.

Tabelle 8: Die getrennt lebenden Eheleute sind eine Sondergruppe

	traditionell	pragmatisch	unsicher	neu
Mann verheiratet	22%	24%	37%	17%
Mann verheiratet - getrennt	17%	26%	17%	39%
Mann verwitwet	38%	38%	22%	3%
Mann geschieden	15%	19%	38%	29%
Mann ledig ohne feste Beziehung	14%	29%	39%	18%
Mann ledig mit fester Beziehung	11%	21%	37%	32%
MÄNNER	19%	25%	37%	20%
Frau verheiratet	15%	26%	26%	33%
Frau verheiratet - getrennt	11%	33%	17%	39%
Frau verwitwet	27%	33%	24%	16%
Frau geschieden	6%	40%	38%	17%
Frau ledig ohne feste Beziehung	6%	30%	26%	38%
Frau ledig mit fester Beziehung	9%	20%	34%	38%
FRAUEN	15%	27%	27%	31%
alle	17%	26%	33%	24%

BERUF

Die Berufsgruppen sind in der Erhebung stark aufgefächert. Das führt bei einigen Berufen zu sehr kleinen Besetzungszahlen (Landwirte, Freiberufliche, leitende und gehobene Beamte). In einigen Fällen „erklärt" die Berufszugehörigkeit die Zuordnung zu einem der vier Männertypen. Auf der anderen Seite sind unter den Berufslosen sehr verschiedenartige Gruppen zusammengefaßt: Arbeitslose, Rentner, Schüler und Studierende. Die Interpretation kann auf dieser unsicheren Basis nur annähernd erfolgen.

Die Regressionsanalyse zeigt, daß es auch so gut wie keine signifikanten Zusammenhänge gibt. Bei den Traditionellen und den Pragmatischen ist der Beruf, der eigene wie jener des Partners, der Partnerin, belanglos. Signifikante Zusammenhänge zeigen sich lediglich bei den Berufslosen (b=-,09) und den einfachen Arbeitern (b=,21) hinsichtlich des neuen Mannes, sowie bei Angestellten mit Weisungsbefugnis (b=-,15) sowie bei den einfachen und mittleren Beamten (b=,35).

Tabelle 9: Verteilung der Männer auf die vier Typen nach Beruf

	traditionell	pragmatisch	unsicher	neu	Gesamt
Selbständige	29%	18%	37%	16%	5%
gehobene Beamte	29%	19%	33%	19%	2%
leitende Beamte	25%	25%	50%	0%	1%
leitende Angestellte	20%	31%	35%	13%	5%
Facharbeiter	20%	26%	38%	16%	21%
Angestellte mit Weisungsbefugnis	20%	17%	43%	21%	12%
einfache Arbeiter	19%	27%	25%	29%	5%
einfache Beamte	19%	30%	33%	19%	4%
Angestellte ohne Weisungsbefugnis	18%	22%	32%	28%	10%
ohne Beruf	17%	27%	37%	19%	34%
Landwirte	17%	17%	42%	25%	1%
Freiberufliche	11%	28%	33%	28%	2%

- **Traditionelle Männer** finden wir überdurchschnittlich: im gehobenen Dienst, aber nicht unter den Freiberuflichen.

- **Pragmatische Männer** trifft man eher unter den leitenden Angestellten, aber kaum unter den Landwirten.

- Zu **unsicheren Männern** zählen Angestellte mit Leitungsbefugnis, weniger jene ohne eine solche Befugnis.

- Zu den **neuen Männern** neigen eher Berufslose und Facharbeiter, weniger hingegen leitende Angestellte oder einfache Beamte.

EINKOMMEN

Das Einkommen hat regressionsanalytisch keine Bedeutung für die Zuordnung zu einem Typ der Geschlechterrolle.

Tabelle 10: Männertypen nach Einkommen

	traditionell	pragmatisch	unsicher	neu
bis 1000	27%	27%	34%	12%
bis 1500	14%	24%	35%	27%
bis 2000	20%	31%	30%	19%
bis 2500	16%	23%	37%	24%
bis 3000	20%	25%	36%	20%
bis 4000	19%	24%	38%	18%
bis 5000	26%	20%	41%	13%
über 5000	12%	27%	42%	19%

POLITISCHE ORIENTIERUNG

Auf einer politischen Rechts-links-Skala finden sich die Neuen eher links (b=,06). Die Pragmatischen bilden den Gegenpol. Das ist der regressionsanalytische Befund.

Nimmt man nur die Männer heraus, und vergleicht die vier Typen, dann wird die Neigung der Traditionellen zum rechten politischen Pol und jene der Neuen zum linken Pol gut sichtbar. Bei den Frauen haben die Pragmatischen die rechte Außenposition inne.

Abbildung 19: Neue Männer tendieren politisch nach links

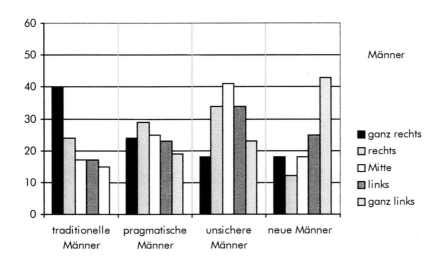

Tabelle 11: Mittelwerte für Frauen und Männer auf der politischen Rechts-links-Skala

Politische Einstellung: niedrige Mittelwerte=rechts, hohe Mittelwerte=links

	Männer	Frauen
traditionell	2,81	2,93
pragmatisch	2,94	2,84
unsicher	3,02	3,09
neu	3,25	3,32

PERSÖNLICHKEITSMERKMALE

Mit Hilfe einer Reihe von Testsätzen konnte die Ausstattung einer befragten Person mit wichtigen Persönlichkeitsmerkmalen eruiert werden. Dabei wurde auf die forscherische Erfahrung anderer Großstudien zurückgegriffen.[13] Es handelt sich um folgende Merkmale der Person:

1. Autoritarismus: Dieser läßt die Bereitschaft einer Person erkennen, sich Autoritäten unterzuordnen. Verwendet wurden Items aus dem Testinstrumentarium, das auf Adorno zurückgeht.[14]

2. Solidarität: Hier geht es um die Zustimmung zu Aussagen, die eine persönliche Bereitschaft zu solidarischem Handeln signalisieren.[15]

3. Egozentriertheit: Dieses Persönlichkeitsmerkmal weist in die Gegenrichtung zur Solidarität. Es drückt Ichbezogenheit aus.

4. Auferstehung: Hier wird gemessen, wie weit die „Welt" eines Menschen zeitlich reicht und ob eine Person die Fähigkeit besitzt, über den Tod hinaus zu hoffen und damit sein Leben in einer Welt mit größerer „Transzendenzspannweite" zu inszenieren. Dieses Merkmal der Auferstehung ist integriert in den sozioreligiösen Index. Entscheidend für die Religion in einer Kultur ist sichtlich die Auseinandersetzung mit der Grenze des Todes und deren hoffnungsgetragene Überwindung. Religiöse Menschen deuten den Tod vom Ende („alles aus") um in eine Geburt („Hoffnung auf ein Leben nach dem Tod"), versprachlicht als Hoffnung auf Auferstehung, also Leben für den ganzen Menschen mit Leib und Seele, und nicht nur als vagabundierem körperlosem Geist.

AUTORITARISMUS

Autoritarismus steht in engstem Zusammenhang mit den Typen der Geschlechterrollen. Eine Ausnahme bildet lediglich der Typ der Unsicheren. Niedriger Autoritarismus disponiert sehr stark für die neue Geschlechterrolle (b=,33). Traditionelle (b=-,12) wie Pragmatische (b=-,20) hingegen sind eher autoritär.

---

13 Zulehner Paul M., Denz Hermann, Vom Untertan zum Freiheitskünstler, Wien 1991. - Zulehner Paul M., Denz Hermann, Wie Europa lebt und glaubt, Düsseldorf 1993. - Zulehner Paul M., Denz Hermann, Talós Emmerich, Pelinka Anton, Solidarität. Option für die Modernisierungsverlierer, Innsbruck ²1997.

14 Adorno Theodor W., Studien zum autoritären Charakter, Frankfurt 1973. - Zulehner Paul M., Denz Hermann, Vom Untertan zum Freiheitskünstler, Wien 1991, 77-84.

15 Zulehner Paul M., Denz Hermann, Talós Emmerich, Pelinka Anton, Solidarität. Option für die Modernisierungsverlierer, Innsbruck ²1997.

Autoritäre Personen neigen zur Haltung „Recht hat, wer oben ist". Sie sind gehorsamsbereit. Von ihrer psychischen Grundhaltung her sind sie schutzbedürftig. Änderungen bedrohen, Stabilität gibt Sicherheit. Die Veränderung der Geschlechterrollen bedeutet von diesen theoretischen Einsichten her für die Autoritären ein hohes Maß an Destabilisierung. Diese wird vorbeugend abgewehrt. Veränderung wird vermieden.

Autoritarismus - vordergründig eine unterwürfige Haltung gegenüber Autoritäten, Normen und Institutionen - kann, tiefer besehen, als Mangel an einem freiheitsfähigen „Pontifex-Ich" aufgefaßt werden (L. Szondi[16]). Die in diesem Mangel sich zeigende Ichschwäche mindert offenkundig die innovatorische Fähigkeit einer Person. Denn je mehr eine Person mit Autoritarismus ausgestattet ist, desto unwahrscheinlicher neigt sie zu einer neuen Rollenauffassung des Mannes (und der Frau). Im Umkreis von Autoritarismus hat also der Abschied vom traditionellen Mann nur geringe Chancen.

Der Sozialhistoriker Mitterauer sieht einen Grund für die Tradierung der autoritaristischen Einstellung in der Zählebigkeit familialer Verhaltensmuster. Trotz geänderter Arbeits- und Lebensbedingungen herrscht innerhalb der Familie ein sogenannter „Sekundärpatriarchalismus". Mit dem Verlust der Produktionsfunktion der Familie folgte nicht das Verschwinden der väterlichen Autoritätsposition; sie blieb, wenngleich sich die Produktionsverhältnisse wandelten, erhalten.[17] Insbesondere im Rahmen von Männerbünden, Vereinigungen wie den Freimaurern ebenso wie im Männergesangverein oder der Feuerwehr bis hin zu Neonazigruppen, lebt der Autoritarismus weiter. Rituale wie die Beschneidung oder das Versprechen der Geheimhaltung dienen der Grenzziehung. Innerhalb der Gruppe wird Sicherheit unter Seinesgleichen erwartet.[18]

Im Vergleich sind Frauen etwas weniger autoritär fixiert als Männer. Innerhalb der Rollentypen sind die Männer polarisierter als die Frauen.

---

16 Szondi Leopold, Schicksalsanalytische Therapie, Bern 1963. – Wahl Heribert, Christliche Ethik und Psychoanalyse im anthropologischen Gespräch : eine kritische Anfrage an die latente Anthropologie der Ich-Psychologie und der Moraltheologie, München 1980.

17 Mitterauer Michael, Vom Patriarchat zur Partnerschaft, München 1977, 92.

18 Schröder Burkhard, Unter Männern. Brüder, Kumpel und Kameraden, Reinbek 1988.

Tabelle 12: Autoritarismus hemmt Veränderung

	stark	mittel	schwach
Mann traditionell	27%	60%	13%
Mann pragmatisch	22%	57%	20%
Mann unsicher	6%	56%	38%
Mann neu	4%	29%	68%
MÄNNER	14%	52%	35%
Frau traditionell	14%	66%	19%
Frau pragmatisch	19%	56%	25%
Frau unsicher	5%	59%	36%
Frau neu	3%	25%	72%
FRAUEN	10%	49%	41%
Alle	12%	51%	37%

Abbildung 20: Die Neuen haben wenig Autoritarismus

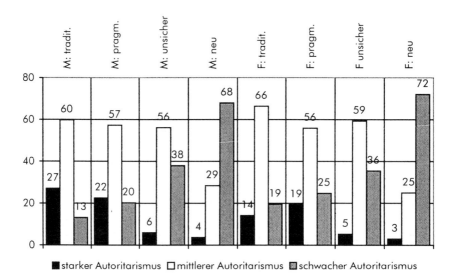

SOLIDARITÄT, EGOZENTRIERUNG

Geschlechterrollen sind nicht nur funktional erklärbar. Sie enthalten auch eine Verteilung von Lebenschancen. Die Veränderung von Geschlechterrollen wird daher von der Frauen(rechts)bewegung im Namen größerer Gerechtigkeit zwischen Männern und Frauen gefordert.

„Nicht herrschen, sondern teilen": Walter Hollstein hat diese Formel für die Männerbewegung formuliert. Er macht die Dimension der Gerechtigkeit plakativ sichtbar. Männerveränderung heißt denn auch, auf ererbte Vorteile zu Gunsten von Frauen zu verzichten. Daran ändert nichts, daß diese Veränderung zugleich auch einen Zugewinn an männlicher Lebensqualität verheißt.

Es kann somit davon ausgegangen werden, daß die Veränderung der Geschlechterrollen auch mit der Fähigkeit und Bereitschaft zur Solidarität zu tun hat. Solidarische Männer werden eher neue Männer sein; ichbezogene Männer hingegen wird man gehäuft unter den traditionellen antreffen.

Die Regressionsanalyse, in der die Einflußströme voneinander getrennt wurden, hat die Wichtigkeit von Solidarität bzw. mit umgekehrtem Vorzeichen, von Egozentiertheit für die Entwicklung von Geschlechterrollen bestätigt.

Wo es viel Bereitschaft zu solidarischem Handeln gibt, finden wir überdurchschnittlich viele pragmatische (b=-,14), aber auch neue Männer (b=-,09). Traditionelle Muster (b=,07) und noch mehr Unsicherheit (b=,15) stehen mit niedriger Solidarität in Verbindung.

Tabelle 13: Solidarität begünstigt den neuen Mann, aber noch mehr den pragmatischen

	stark	mittel	schwach
Mann traditionell	41%	54%	5%
Mann pragmatisch	54%	45%	1%
Mann unsicher	32%	64%	5%
Mann neu	51%	47%	2%
MÄNNER	43%	54%	3%
Frau traditionell	49%	46%	4%
Frau pragmatisch	55%	44%	0%
Frau unsicher	32%	67%	1%
Frau neu	47%	49%	4%
FRAUEN	45%	52%	2%
Alle	44%	53%	3%

Egozentriertheit hat nicht den völlig gleichen Effekt: Traditionelle und pragmatische Männer haben viel von diesem Persönlichkeitsmerkmal. Bei den Frauen ist der Zusammenhang nicht so deutlich ausgeformt.

Der in diesem Sinn auf sich selbst verwiesene Mensch lebt isoliert, er liebt die „Privatsphäre", seine Insel, auf die er sich zurückzieht, um die Welt zu vergessen. Er bedarf seiner Mitmenschen nicht - und diese dürfen ihn nicht brauchen, denn er liebt es nicht, in seiner Idylle gestört zu werden oder sie mit einem anderen zu teilen.

Tabelle 14: Egozentrierung begünstigt die traditionellen Männer

	stark	mittel	schwach
Mann traditionell	76%	23%	1%
Mann pragmatisch	67%	32%	1%
Mann unsicher	46%	51%	4%
Mann neu	44%	45%	11%
MÄNNER	56%	40%	4%
Frau traditionell	58%	39%	3%
Frau pragmatisch	63%	36%	1%
Frau unsicher	38%	58%	4%
Frau neu	50%	43%	7%
FRAUEN	51%	45%	4%
Alle	54%	42%	4%

Mit diesen Ergebnissen erhalten jene Auffassungen einen Dämpfer, die neue Geschlechterrollen mit einem „hemmungslosen Egoismus" oder mit „überzogener Selbstverwirklichung" in Zusammenhang bringen und traditionelle Geschlechterverhältnisse als Hort von Solidariät und Empathie verklären.

ZUFRIEDENHEIT UND OPTIMISMUS

Keine Rolle spielt die Einschätzung, ob sich jemand für optimistisch oder pessimistisch einschätzt. Hingegen ist es von Belang, ob einer lebenszufrieden ist. Diese Lebenszufriedenheit ist in dieser Studie ein breit abgestützter Index. Er setzt sich aus mehreren Komponenten zusammen: einer allgemeinen Lebenszufriedenheit, ob die Kindheit glücklich war, die Zufriedenheit mit dem häuslichen Leben, der Partnerschaft und schließlich die Gesundheit.[19] Die Gegensatzpole an Zufriedenheit sind die Neuen (b=-,06), die zufriedener sind, und die Unsicheren (b=,07), die weniger zufrieden sind. Faktisch gehören auch die Traditionellen zu Lebensunzufriedeneren. Wer also Lebenszufriedenheit sucht, könnte man salopp formulieren, ist mit der neuen Geschlechterrolle besser „dran" als mit der traditionellen.

---

19 Tabelle: Index Lebenszufriedenheit

	Ladung
Wie zufrieden sind Sie ganz allgemein mit Ihrem Leben?	,76
Wie würden Sie Ihre Kindheit einschätzen?	,49
Wie zufrieden sind Sie momentan mit Ihrem häuslichen Leben?	,80
Wie zufrieden sind Sie mit Ihrer momentanen Ehe oder Partnerschaft?	,72
Wie gesund schätzen Sie sich ein?	,46

Tabelle 15: Neue Männer und Frauen sind lebenszufriedener als unsichere

	stark	mittel	schwach
Mann traditionell	30%	52%	19%
Mann pragmatisch	42%	44%	14%
Mann unsicher	28%	57%	15%
Mann neu	42%	45%	13%
MÄNNER	34%	50%	15%
Frau traditionell	26%	58%	16%
Frau pragmatisch	37%	50%	14%
Frau unsicher	29%	54%	17%
Frau neu	44%	44%	12%
FRAUEN	35%	50%	14%
Alle	35%	50%	15%

CHRISTLICH-KIRCHLICHER BEZUG

Die Traditionellen wurzeln in der christlich geformten Kulturgeschichte Europas. Ihre Vorstellung von den Geschlechterrollen ist Teil dieses christentümlichen Kosmos. So überrascht es auch nicht, daß die Traditionellen sozioreligiös überdurchschnittlich ausgestattet sind (b=-,11). Die Neuen lösen sich von den ererbten Vorstellungen. Dieser Ablösungsvorgang betrifft faktisch auch das „Sozioreligiöse", also kirchlich gebundene religiöse Inhalte, die Teil der ererbten Kultur sind. Diese Entfernung der Neuen von den sozioreligiösen Anteilen der ererbten Kultur muß zwar theoretisch keine Entfernung von Religion und Kirche beinhalten. Faktisch ist dies aber häufig der Fall (b=,11).

Wir zeigen die Affinität der Traditionellen zur religiösen Kultur am Beispiel der Hoffnung auf ein Leben nach dem Tod. Wissenssoziologisch besehen, ist diese Hoffnung ein Versuch, die Grenze des Todes zu relativieren. Aus dem „alles aus" wird ein „Hoffen darüber hinaus". Wo das ernsthaft geschieht, kann es auch die Lebensinszenierung nachhaltig formen.[20]

Im Lebenskreis traditioneller Männer ist die Hoffnung auf ein Leben nach dem Tod stärker ausgeprägt als in jenem der neuen Männer. Von den neuen Männern hat jeder zweite keine Perspektiven über den Tod hinaus.

---

20 So macht die Hoffnung auf Auferweckung frei von einem Lebensstil krampfhafter Selbstbehauptung. Zulehner Paul M., Denz Hermann, Talós Emmerich, Pelinka Anton, Solidarität. Option für die Modernisierungsverlierer, Innsbruck [2]1997. Zur Religiosität und Kirchlichkeit von Männern auf der Datenbasis der dritten EKD-Kirchenmitgliedschafts-Studie vgl.: Volz Rainer, Männer-Religion-Kirche. Aspekte ihres Verhältnisses, in: Männerwelten, hg. von Meiners Friedhelm und Rosowski Martin, Bielefeld 1996, S. 59-73.

Abbildung 21: Traditionelle Männer, noch mehr Frauen, leben in einer Welt mit großer Reichweite (sie hoffen über den Tod hinaus)

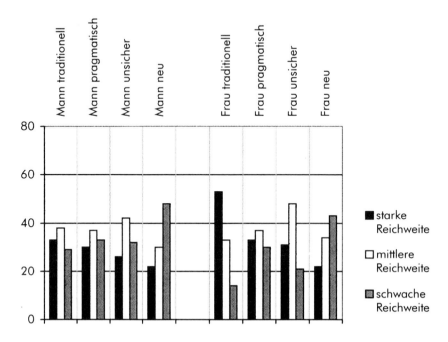

KINDHEIT

Männer wie Frauen werden durch ihre Herkunft geformt. Die Primärsozialisation in der familialen Lebenswelt in intensiver Kommunikation mit signifikanten Anderen (G. H. Mead) ist eine entscheidende Grundlage für die Entwicklung von Daseinskompetenz. Auch die kulturell vorhandenen Geschlechterrollen werden, gefiltert durch das Selbstbild der Erziehenden, familial vermittelt.

Dem Einfluß dieser Frühformung von Männern und Frauen sind wir mit einer Reihe von Fragen nachgegangen: Wie haben die Befragten ihre Kindheit erlebt? Waren für sie Vater und/oder Mutter anwesend, „greifbar"? Hier analysieren wir auch mit, welche Vorbilder die Befragten hatten.

GLÜCKLICHE KINDHEIT

22% aller Befragten hatten eine sehr glückliche und weitere 44% eine glückliche Kindheit. Die entsprechenden Zahlen für die Frauen sind 26+41=67%, für die Männer 20+45=65%.

Die Zahl der sehr glücklichen Kindheit nimmt bei den jüngeren Befragten zu: Waren bei den 60-69jährigen in ihrer Kindheit nur 16% sehr glücklich, sind es bei den unter 29jährigen 31%. Nimmt man die Kategorie „glücklich" noch hinzu, steigt dieser Prozentwert von 55% auf 76%.

Ob die Kindheit als glücklich erlebt wurde, hängt sehr davon ab, wer einen erzieherischen Einfluß ausgeübt hat.

Abbildung 22: Kinder mit beiden Eltern haben am ehesten eine glückliche Kindheit

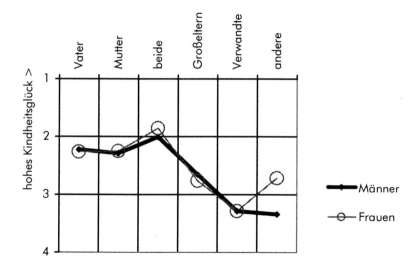

Das Kindheitsglück war bei den Traditionellen signifikant kleiner (b=,07) als bei den anderen Typen.

Abbildung 23: Traditionelle haben eher eine unglückliche Kindheit erlebt

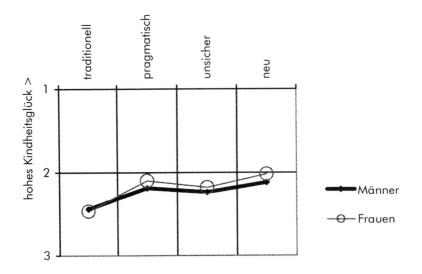

VATER UND MUTTER

Kontakthäufigkeit

42% der Befragten haben auch heute einen Kontakt zu ihrem Vater, 60% zu ihrer Mutter. Bei 3% lebt der Vater, bei 1% die Mutter, ohne daß es einen Kontakt zu ihnen gibt.

Wo die Eltern leben, gibt es bei 24% der Befragten täglich einen Kontakt zum Vater und bei 30% einen Kontakt zur Mutter.

Tabelle 16: Kontakt zu Eltern
Wie oft haben Sie Kontakt zu Ihrem Vater (Ihrer Mutter)?

	Männer		Frauen	
	Vater	Mutter	Vater	Mutter
täglich	24%	28%	25%	33%
mehrmals pro Woche	23%	25%	22%	24%
einmal pro Woche	19%	19%	19%	16%
2-3mal pro Woche	15%	11%	16%	12%
einmal im Monat	8%	5%	8%	5%
2-11mal im Jahr	9%	8%	8%	7%
einmal im Jahr	1%	2%	1%	1%
seltener	1%	1%	0%	0%

Tabelle 17: Kontakthäufigkeit nach Geschlecht und Cluster – den häufigsten Kontakt zu Mutter und Vater haben die Unsicheren und Traditionellen (Rangskala nach Häufigkeit; 1=täglich bis 8=seltener als jährlich)

	MW
unsichere Frau zu Mutter	2,45
traditionelle Frau zu Mutter	2,51
unsicherer Mann zu Mutter	2,56
unsicherer Mann zu Vater	2,66
neue Frau zu Mutter	2,66
pragmatische Frau zu Mutter	2,76
traditionelle Frau zu Vater	2,78
traditioneller Mann zu Mutter	2,78
neue Frau zu Vater	2,81
pragmatischer Mann zu Mutter	2,87
neuer Mann zu Mutter	2,97
unsichere Frau zu Vater	2,98
traditioneller Mann zu Vater	3,03
pragmatische Frau zu Vater	3,05
pragmatischer Mann zu Vater	3,15
neuer Mann zu Vater	3,15

Tabelle 18: Mit dem Vater täglich verbrachte Zeit
Wieviel Zeit verbrachten Sie als Kind täglich an einem normalen Wochentag mit Ihrem Vater? 0=gar keine Zeit; 1=weniger als eine Viertelstunde; 2=zwischen einer viertel und einer halben Stunde; 3=zwischen einer halben Stunde und einer Stunde; 4=mehr als eine Stunde

	Männer	Frauen
traditionell	3,07	3,02
pragmatisch	3,38	3,34
unsicher	3,21	3,22
neu	3,18	3,25

Die meiste Zeit geben im Schnitt die Pragmatischen an, mit ihrem Vater wöchentlich verbracht zu haben. Der niedrigste Mittelwert liegt bei den Traditionellen. Die Durchschnittszeit liegt unter einer Stunde.

Emotionale Seite

Wir haben uns in der Befragung auch nach dem emotionalen Verhältnis der Befragten zu ihren Eltern erkundigt. Körperkontakt ist bei allen Befragten in der Kindheit zur Mutter hin sehr groß gewesen. Beim Vater gibt es beträchtliche Unterschiede nach Geschlechtertypen: traditionelle Männer hatten am wenigsten davon zum Vater, neue Frauen am meisten. Ähnlich sieht es mit der gefühlsmäßigen Bindung zu Vater und Mutter aus, die Unterschiede zwischen den Typen fallen aber etwas geringer aus.

Tabelle 19: Körperkontakt zum Vater und zur Mutter
Hatten Sie damals zu Ihrem Vater (zu Ihrer Mutter) Körperkontakt?

	zum Vater		zur Mutter	
1=ja	Männer	Frauen	Männer	Frauen
traditionell	39%	46%	88%	88%
pragmatisch	45%	47%	88%	88%
unsicher	45%	53%	89%	89%
neu	47%	63%	92%	90%

Erfragt wurde auch, wie dieser Körperkontakt empfunden wurde und ob der, die Befragte mehr Körperkontakt gewünscht hätte. Neuen Männern war dieser väterliche Körperkontakt am ehesten angenehm, den traditionellen am wenigsten. Aber die Werte liegen insgesamt auf der positiven Seite der fünfteiligen Skala (Mittelwert um 2).

Tabelle 20: Wie der Körperkontakt empfunden wurde

Beurteilen Sie auf einer Skala von 1=sehr angenehm bis 5=sehr unangenehm, wie Sie den Kontakt empfanden.

	Vater		Mutter	
	Männer	Frauen	Männer	Frauen
traditionell	2,11	1,65	1,66	1,51
pragmatisch	1,95	1,59	1,64	1,43
unsicher	2,01	1,84	1,85	1,63
neu	1,90	1,80	1,68	1,49

Frauen wie Männer hätten etwas mehr Körperkontakt von Seiten der Mutter und insgesamt mehr davon vom Vater gewünscht. Vor allem Traditionelle hätten gern mehr davon vom Vater erlebt. Der Mittelwert auf der dreiteiligen Skala liegt unter zwei, bedeutet also „eher mehr als weniger". 43% der Männer halten den väterlichen Körperkontakt für genau richtig (allerdings können sich 29% nicht mehr erinnern). Bei den Müttern finden 77% das Ausmaß für angemessen.

Tabelle 21: Wäre mehr Körperkontakt erwünscht gewesen?

Mittelwerte (1=mehr, 2=genau richtig, 3=weniger)

	Mutter		Vater	
	Männer	Frauen	Männer	Frauen
traditionell	1,83	1,79	1,69	1,72
pragmatisch	1,88	1,83	1,70	1,77
unsicher	1,91	1,81	1,81	1,79
neu	1,88	1,82	1,81	1,80

Die gefühlsmäßige Bindung der Befragten an die Mutter ist deutlich stärker als jene an den Vater. Das gilt für alle Geschlechtertypen. Neue Frauen haben allerdings eine stärkere Bindung an den Vater als traditionelle. Der Unterschied zwischen den traditionellen und den neuen Männern ist geringer.

Tabelle 22: Gefühlsmäßige Bindung an den Vater und an die Mutter
Wie stark, würden Sie sagen, war damals Ihre gefühlsmäßige Bindung an Ihren Vater (Ihre Mutter)?

	an Vater		an Mutter	
1+2/5	Männer	Frauen	Männer	Frauen
traditionell	52%	51%	86%	86%
pragmatisch	60%	63%	84%	89%
unsicher	56%	58%	81%	86%
neu	60%	64%	89%	83%

Männer wie Frauen haben die Mutter besser gekannt als den Vater. Aber es gibt zugleich ein erkennbares Gefälle von den Traditionellen zu den Neuen. Neue Männer haben eine bessere Kenntnis ihres Vater als traditionelle.

Tabelle 23: Haben den Vater, die Mutter gut gekannt
Haben Sie das Gefühl, Ihren Vater (Ihre Mutter) – seine (ihre) Meinungen, Stärken, Schwächen und Gefühle gut zu kennen bzw. gut gekannt zu haben? 1=sehr gut, 5=gar nicht

	Vater		Mutter	
	Männer	Frauen	Männer	Frauen
traditionell	2,45	2,53	1,97	1,85
pragmatisch	2,23	2,22	1,79	1,70
unsicher	2,37	2,45	2,03	1,80
neu	2,21	2,13	1,83	1,74

Die emotionale Seite des Vaters oder der Mutter wahrzunehmen heißt auch, sie in schwachen Situationen zu sehen. Dabei geht es zusätzlich um die Fähigkeit, Trauer und Niedergeschlagenheit im Weinen auszudrücken. Weinen gilt traditionell als weiblich. Es ist anzunehmen, daß die Befragten ihre Väter kaum weinen sahen.

34% der Väter wurden, so die Befragten, weinend gesehen, dagegen 88% der Mütter. Frauen und Männer urteilen hier gleich. Unterschiede gibt es allerdings zwischen den verschiedenen Geschlechtertypen: und zwar nicht bei den Müttern, hier bleiben die Zahlen auf dem gleich hohen Niveau. Wohl aber gibt es markante Unterschiede in der Frage, ob man den Vater weinen sah. Das ist bei den Traditionellen (Frauen wie Männer) nur halb so oft der Fall wie bei den Neuen (wieder Frauen und Männer).

Tabelle 24: Väter wurden vor allem von den Traditionellen seltener weinend erlebt als Mütter

	Vater		Mutter	
	Männer	Frauen	Männer	Frauen
traditionell	23%	24%	88%	88%
pragmatisch	28%	29%	88%	88%
unsicher	34%	37%	87%	86%
neu	44%	45%	89%	90%

Auch die Aufschlüsselung nach Alter ist hinsichtlich der Väter bemerkenswert. Jüngere Befragte, Frauen und noch mehr Männer, haben Erfahrungen mit einem weinenden Vater. Bei den unter 19jährigen befragten Männern sind es immerhin 41%.

Tabelle 25: Väter werden von den jungen Männern häufiger weinend wahrgenommen als von älteren

	Vater		Mutter	
	Männer	Frauen	Männer	Frauen
Mann bis 19	41%	35%	87%	80%
Mann 20-	39%	44%	89%	93%
Mann 30-	32%	39%	87%	89%
Mann 40-	35%	40%	89%	89%
Mann 50-	27%	30%	85%	84%
Mann 60-	28%	30%	91%	88%
Mann 70-	29%	17%	84%	82%

Der Beruf der Eltern

43% der Befragten haben ihre berufstätige Mutter in ihrem Beruf erlebt. 10% wissen nichts darüber, obwohl die Mutter berufstätig war. Bei den übrigen war die Mutter nicht berufstätig (10%) oder sie machten keine Angabe (2%).

Die entsprechenden Werte über die Väter sehen so aus: 64% haben ihren Vater im Beruf erlebt, 26% nicht. 10% machten keine Angabe.

Nach Geschlechtertypen sind die Werte deutlich verschieden. Neue, Frauen noch stärker als Männer, haben mehr Erfahrung mit dem Beruf des Vaters als Traditionelle. Die Berufstätigkeit der Mutter scheint für die Entwicklung zu neuen Geschlechterrollen jedoch auch wichtig zu sein. Hier ist die Differenz zwischen Traditionellen und Neuen sogar noch ausgeprägter.

Tabelle 26: Die Berufstätigkeit der Mutter ist für die Entwicklung neuer Geschlechterrollen wichtig

Haben Sie damals Ihren Vater (Ihre Mutter) in seinem (ihrem) Beruf erlebt?

	Vater		Mutter	
	Männer	Frauen	Männer	Frauen
traditionell	65%	58%	23%	21%
pragmatisch	75%	65%	39%	47%
unsicher	76%	70%	46%	51%
neu	77%	78%	58%	55%

Index Herkunft

Einige dieser Angaben über Vater und Mutter erweisen sich faktorenanalytisch als kohärent. Wir haben sie zu einem Index „Herkunft" zusammengefaßt und können damit auch ein verdichtetes Ergebnis vorstellen. Einen solchen Index gibt es für die väterliche und für die mütterliche Seite.[21]

Tabelle 27: Indizes Herkunft-Vater und Herkunft-Mutter

stark	Vater		Mutter	
1/3	Männer	Frauen	Männer	Frauen
traditionell	45%	55%	86%	87%
pragmatisch	59%	60%	86%	89%
unsicher	54%	59%	81%	85%
neu	67%	69%	90%	87%

Die bisherigen Ergebnisse zeigen sich auch in dieser gebündelten Zusammenfassung. Die Mütter sind in hohem Maße in der Kindheit aller Befragten, Männer wie Frauen, zeitlich und emotional präsent. Der Wert erreicht bei den neuen Männern mit 90% den Höhepunkt. Anders die Väter. Bei den traditionellen Männern haben nur 45% eine starke Vaterpräsenz erlebt. Bei den neuen Männern hingegen sind es zwei Drittel (67%). Die Werte der Frauen sind ähnlich,

---

21 Tabelle : Indizes Herkunft

HERKUNFT VATER	Ladung	HERKUNFT MUTTER	Ladung
Vaterkenntnis	,76	Mutterkenntnis	,76
Vater weinte	,59	Mutter weinte	,51
Vaterbindung	,79	Mutterbindung	,82
Körperkontakt mit Vater	,60	Körperkontakt mit Mutter	,52

insgesamt noch ein klein wenig höher. Die Kindheit war also um die Mutter herum inszeniert. Väter standen bei vielen am Rand. Neue Männer und neue Frauen aber hatten eine stärkere Chance, den Vater zeitlich und gefühlsmäßig nahe zu erleben. Der Entwicklung zur neuen Männerrolle nützt also nicht nur die erlebbare Berufstätigkeit von Müttern, was für die Frauen besonders wichtig ist, sondern zugleich eine starke Präsenz des Vaters.

Wir haben weiter oben im Kapitel über die familiale Lebenswelt bereits darüber berichtet, welche Aktivitäten die Befragten an ihre Väter erinnern können. Wir haben dort dargelegt, daß die traditionellen Männer weit weniger Aktivitäten ihres Vaters angaben als die neuen Männer. Dies kann an der beigefügten Tabelle allein schon am Summenwert aller Aktivitäten in den Spalten neue und traditionelle Männer abgelesen werden.

Tabelle 28: Aktivitäten der Väter der Befragten, als diese ein Kind waren

regelmäßige Vater-Aktivitäten	neue Männer	traditionelle Männer
Für die Schule lernen	12%	10%
Freizeitgestaltung am Wochenende	32%	21%
Pflege bei Krankheit	7%	5%
Anziehen, waschen, etc.	4%	2%
„Strafaktionen"	13%	19%
Spielen und Hobbies auch unter der Woche	14%	8%
Reden über die Zukunft	30%	19%
Summe der Aktivitäten	112 Punkte	83 Punkte

MÄNNLICHE UND WEIBLICHE VORBILDER

Vater und Mutter werden auch unter den männlichen bzw. weiblichen Vorbildern der Kindheit und Jugend genannt. Die Väter waren für 46% ein solches Vorbild, die Mütter für 55% (die Werte für die Frauen und Männer sind jeweils gleich). Als männliche Vorbilder tauchen noch auf: der Großvater (14%), Lehrer (13%), Sportler (14%), Bruder (10%), ein Schulfreund (7%), Film-, Pop- und Rockstars (jeweils 8%).

Neben der Mutter ist für 17% die Großmutter ein Vorbild gewesen, 9% nennen eine Lehrerin, ebenso viele eine Schwester. Für 6% war die Schulfreundin ein Vorbild. Die Werte für die Lehrerin und die Schulfreundin sind für Frauen ähnlich höher als der Schulfreund und etwas weniger der Lehrer für die Männer.

ZUSAMMENFASSUNG

In diesem Abschnitt waren wir der Frage auf der Spur, warum in ein- und derselben Kultur die einen Männer und Frauen traditionell sind, andere sich aber auf den langen Weg der Veränderung ihres Rollenverständnisses machen und zu neuen Männern und Frauen werden. Bei dieser Fragestellung übersehen wir auf Grund der Analysen nicht, daß manche heute bereits wieder auf dem „Rückweg" sind und sich von den neuen Positionen teilweise verunsichert zurückziehen oder, was für die Jungen gilt, sich gar nicht erst stärker verändern.

Die Antwort auf diese Frage suchten wir methodologisch dadurch zu geben, indem wir möglichst viele Faktoren in eine einzige Regressionsanalyse einbezogen haben. Dadurch sollte sich überlagernde Einflußströme getrennt werden.

Wir zeigen nunmehr an Hand der Ergebnisse der Regressionsanalyse zu den einzelnen Typen, welche Faktoren nachhaltig wirken. Es sind am Ende nicht viele, die zu den erklärenden Einflußfaktoren zu zählen sind.[22]

TRADITIONELLE

Am meisten erklärt im Rahmen der Studie das Lebensalter, warum jemand ein traditioneller Mann, eine traditionelle Frau ist (b=,17). An nächster Stelle folgt die Egozentriertheit: 70% der Traditionellen sind stark egozentriert, hingegen nur 45% der Neuen(b=-,16). Wirkmächtig ist auch der Autoritarismus (b=-,12): 15% schwach autoritären Personen bei den Traditionellen stehen 70% bei den Neuen gegenüber. Zu den einflußstarken Kräften gehört auch die Verbundenheit mit der religiös-kirchlichen Tradition (Messe b=-,10, soziorelogiöser Index b= -,11, „mittlere" Konfessionslosigkeit (b=-,18). In diesem Paket der Persönlichkeitsmerkmale gehört auch noch die Fähigkeit zur Solidarität (b=,07). Es sind also bei den Traditionellen in erster Linie Persönlichkeitsmerkmale der Befragten, die erklären, warum sie traditionell sind und fühlen.

Die anderen möglichen Faktoren sind im Vergleich dazu weniger wichtig. Zu den signifikant wirksamen gehört hier Geschlecht: Männer haben einen höheren Anteil an Traditionellen als Frauen (b=-,09); auch die Ortsgröße (b=,06) spielt eine Rolle: Je kleiner die Agglomeration ist, desto eher die Wahrscheinlichkeit von Traditionalismus.

Aus dem Bereich der biographischen Herkunft wirkt der Faktor Kindheitsglück: Traditionelle waren in ihrer Kindheit weniger glücklich als andere Kinder.

---

22 Wiederum berücksichtigen wir lediglich Zusammenhänge mit einem Signifikanzniveau zwischen 95 und 100.

Tabelle 29: Was die Zugehörigkeit zu den Traditionellen miterklärt

Die Polung des Betakoeffizienten hängt davon ab, wie die einzelnen Skalen geordnet sind. Bei den Indizes (sie sind in Großbuchstaben ausgewiesen) ist der Skalenwert 1=sehr stark.

	beta	Signifikanzniveau
Alter	0,17	100,00
EGOZENTRIERT	-0,16	100,00
AUTORITARISMUS	-0,12	100,00
Geschlecht	-0,09	99,95
SOLIDARITÄT	0,07	99,51
MESSE	-0,10	99,19
ORT	0,06	99,15
KIRCHLICH-RELIGIÖS	-0,11	98,90
Kindheitsglück	0,07	98,84
konfessionslos_mittel	-0,18	98,14

PRAGMATISCHE

Auch bei den Pragmatischen stehen als wirkmächtige Faktoren die schon bekannten Persönlichkeitsmerkmale im Vordergrund. Dazu gehören der Autoritarismus (b=-,20), hier aber - anders als bei den Traditionellen - auch die Bereitschaft zur Solidarität (b=-,14) sowie, erstaunlicherweise, die Egozentrierung (b=-,09). Diese drei Merkmale gehen im pragmatischen Geschlechtsrollentyp eine nicht geläufige Symbiose ein. Solidarität verträgt sich bei ihnen offenbar mit der Egozentierung.

Politisch sind die Pragmatischen auf der rechten Seite der Skala. Von den Vierzigern abwärts nimmt ihre Zahl zu. Alle übrigen Faktoren haben keine signifikante Wirkung.

Tabelle 30: Was die Zugehörigkeit zu den Pragmatischen miterklärt

	beta	Signifikanzniveau
AUTORITARISMUS	-0,20	100,00
SOLIDARITÄT	-0,14	100,00
EGOZENTRIERT	-0,09	99,97
rechts-links	-0,06	98,96

UNSICHERE

Auch bei den Unsicheren stehen zwei Persönlichkeitsmerkmale an der Spitze der Liste der Regressionskoeffizienten und damit der miterklärenden Einflußkräfte. Es sind – umgekehrt wie bei den Pragmatischen – im Verbund die niedrigere Egozentriertheit (b=,17) zusammen mit einer schwächeren Solidarität (b=,15). Unsichere sind auch unterdurchschnittlich zufrieden. Sie wohnen in kleinen und mittleren Städten. Sie gehören zu den Jüngeren, sind unter Männern stärker vertreten als unter den Frauen. Unter den Partnerinnen der Befragten sind Angestellte mit Weisungsbefugnis und einfache sowie mittlere Beamtinnen.

Tabelle 31: Was die Zugehörigkeit zu den Unsicheren miterklärt

	beta	Signifikanzniveau
EGOZENTRIERT	0,17	100,00
SOLIDARITÄT	0,15	100,00
ORT	-0,07	99,72
ZUFRIEDEN	0,07	98,51
Geschlecht	-0,07	98,46
P: Angestellter mit Weis.	-0,15	97,78
Alter	-0,07	97,48
P: Beamter einfach, mittel	0,35	97,05

NEUE

Die neuen sind unter dem Durchschnitt autoritär. Gleichzeitig haben sie eine gute Ausstattung mit Solidarität (b=-,09) und eine etwas geringere mit Egozentriertheit (b=,05). Politisch stehen sie links, religiös am Rand der Kirche oder sind unter den „kirchennahen" Konfessionslosen (b=,19). Unter den Berufslosen (Erwerbslose, Schüler und Studierende, Rentner und Pensionäre) sowie unter den einfachen Arbeitern sind sie nicht sehr stark vertreten.

Tabelle 32: Was die Zugehörigkeit zu den Neuen miterklärt

	beta	Signifikanzniveau
AUTORITARISMUS	0,33	100,00
Geschlecht	0,12	100,00
SOLIDARITÄT	-0,09	100,00
rechts-links	0,06	99,43
berufslos	-0,09	99,39
KIRCHLICH-RELIGIÖS	0,11	99,19
EGOZENTRIERT	0,05	97,08
ZUFRIEDEN	-0,06	96,97
konfessionslos_nah	0,19	96,92
Arbeiter: einfach	0,21	96,42

Tabelle 33: Einflußfaktoren im Überblick – Sozialvariable, Persönlichkeitsmerkmale, Kindheit

	neu	unsicher	pragmatisch	traditionell
Alter		-,07		,17
Geschlecht	,12	-,07		-,09
ORT		-,07		,06
rechts-links	,06		-,06	
Berufslos	-,09			-,16
Arbeiter: einfach	,21			
PartnerIn: Angestellter mit Weis.		-,15		
PartnerIn: Beamter einfach, mittel		,35		
AUTORITARISMUS	,33		-,20	-,12
EGOZENTRIERT	,05	,17	-,09	
KIRCHLICH-RELIGIÖS	,11			-,11
konfessionslos_nah	,19			
konfessionslos_mittel				-,18
MESSE				-,10
SOLIDARITÄT	-,09	,15	-,14	,07
ZUFRIEDEN	-,06	,07		
Kindheitsglück				,07

2. MÄNNLICHE LEBENSINSZENIERUNG

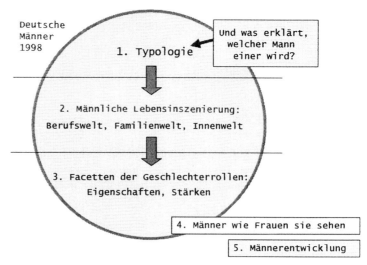

Theoretisch kann davon ausgegangen werden, daß im Zuge der Veränderung der Männerrolle eine vielgestaltige Ausweitung des Lebensfeldes geschieht. Die traditionelle Konzentration des Mannes auf die Außenwelt (Berufswelt, Öffentlichkeit) wird aufgebrochen, ihre Bedeutung wird relativiert. Andere lebensweltliche Bereiche kommen stärker ins Blickfeld des „neuen Mannes" und werden in neuer Weise „besiedelt": bislang ausgeblendete Teile der familialen Lebenswelt, breite Regionen der persönlichen Innenwelt.

Dieser Vermutung gehen wir nunmehr an Hand der Forschungsdaten nach. Zunächst stellen wir dar, welche Wichtigkeit einzelne Lebensbereiche für die Befragten besitzen.

RANGORDNUNG DER LEBENSBEREICHE

Der zentrale Stellenwert der beruflichen Erwerbsarbeit für den Mann wird, so ein Ergebnis der Studie, durch die noch höhere Wichtigkeit der Familie überboten. 82% der befragten Männer halten den Lebensbereich Familie für sehr wichtig. Der Bereich Arbeit erhält 73%. Dahinter folgen gleich die Freunde (68%) sowie die Freizeit (64%). Politik (27%), Religion (12%) und Kirche (9%) rangieren am Ende der Reihe.

Frauen setzen für sich selbst die Akzente etwas anders. Ihnen sind Familie (90%) und Freunde (71%) wichtiger, dann erst kommt die Arbeit (60%). Religion und Kirche haben höhere Werte als bei den Männer, ein Hinweis darauf, daß die Religion eher weiblich ist; dagegen ist die Politik männlich (für 16% der Frauen, aber 27% der Männer sehr wichtig).

2. Männliche Lebensinszenierung

Abbildung 24: Für Männer ist eher die Arbeit, für Frauen hingegen die Familie ein wichtiger Lebensbereich

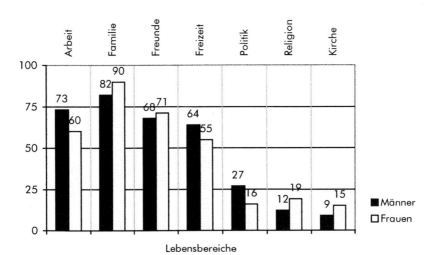

Wir haben auch Angaben darüber, wie Frauen die Bewertung der Lebensbereiche durch die Männer sehen. Aus ihrer Sicht gelangt bei Männern die Arbeit auf den ersten Rang (92%); zwischen der Bewertung durch die Männer über sich selbst und die Bewertung der Frauen für die Männer liegen fast zwanzig Prozentpunkte. Der Stellenwert der Familie für Männer wird hingegen von Frauen etwas niedriger eingestuft.

2. Männliche Lebensinszenierung

Abbildung 25: Wichtigkeit der Lebensbereiche – Männer über sich – Frauen über Männer

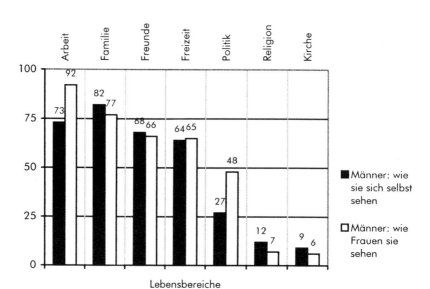

Nach Geschlechtertypen variieren die Einschätzung insbesondere der Wichtigkeit des Lebensbereichs Arbeit, sodann auch der Religion und der Kirche. Dies ist ein erster Hinweis darauf, daß die sozioreligiöse Grundausstattung einer Person mit der Neigung zu einem bestimmten Rollenverständnis zusammenhängt. Der Stellenwert der (außerhäuslichen Erwerbs-)Arbeit ist bei traditionellen Frauen niedrig, bei neuen Frauen liegt der Wert auf Männerniveau. Allen ist die Familie der wichtigste Lebensbereich.

Dieser Befund über die Wichtigkeit der Familie kommt nicht überraschend. Denn in einer zunehmend „kühlen" Gesellschaft erhält jener Lebensraum, der geprägt ist bzw. sein sollte von „Stabilität und Liebe"[23], einen herausragenden Überlebenswert. Hier zählt nicht die Funktion (wie in der Arbeit, in der Öffentlichkeit), sondern die Person ist gemeint. Familie gilt als Kraft gegen die wachsende „psychische Obdachlosigkeit", die durch die tendenzielle „Entnetzung" der mobilen Kultur begünstigt wird. Dies trifft für Männer und Frauen zu. Allerdings sagt die gemeinsame Wertschätzung dieses Lebensraumes Familie noch nichts über die tatsächliche Präsenz von Männern und Frauen in ihm.

Der Stellenwert der (Erwerbs-)Arbeit fällt bei Frauen und Männern je nach Rollentyp unterschiedlich aus. Neue Frauen haben ihren Lebensraum in die Welt

---

23 Berger Brigitte und Peter L., In Verteidigung der bürgerlichen Familie, Frankfurt 1980.

der Erwerbsarbeit ausgeweitet. Ob umgekehrt auch Männer ihren Lebensraum in die Familie hinein ausgedehnt haben, wird dargelegt werden, wenn es um die Familienwelt geht.

(Erwerbs-)Arbeit ist für das männliche Selbstwertgefühl durchgängig zentral. Dieses Ergebnis durchzieht alle Geschlechtsrollenbilder: Bei den traditionellen Männern ist zwar deren Bedeutung geringfügig niedriger (in dieser Gruppe steckt allerdings ein im Vergleich höherer Anteil an Rentnern und Pensionären, für die der Beruf naturgemäß an Bedeutung verloren hat).

Abbildung 26: Arbeit ist für das männliche Selbstwertgefühl wichtig

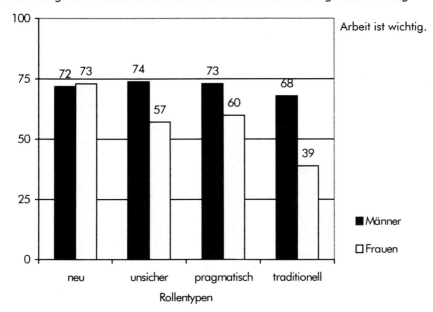

Vergleicht man die Wichtigkeit der Arbeit nach männlichen und weiblichen Rollenbildern getrennt, so werden bei den Frauen doch deutliche Differenzen sichtbar: für 3 von 4 neuen Frauen ist die Arbeit ein wichtiger Lebensbereich; immerhin noch für jeweils knapp 60% der unsicheren und pragmatischen Typen, aber nur noch für 40% der traditionellen weiblichen Befragten.

Insgesamt zeigt diese Analyse über die Wichtigkeit der Lebensbereiche, daß sich die neuen Frauen und die neuen Männer angeglichen haben. Dies ist vornehmlich durch die Veränderung der Frauen geschehen, die hinsichtlich Erwerbsarbeit und Politik mit den Männern zumindest annähernd gleichgezogen haben.

BERUFSWELT/ÖFFENTLICHKEIT

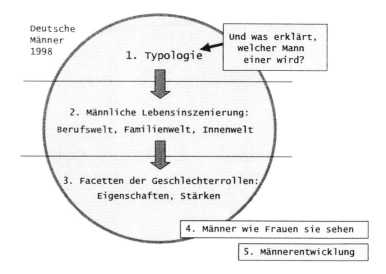

„Der Mann erfährt in seiner Arbeit seinen persönlichen Sinn." Dieser Satz findet bei 69% der traditionellen Männer Zustimmung. Nur 6% von ihnen lehnen diese Aussage ab. Arbeit, im engeren Sinn Erwerbsarbeit, ist also ein zentrales Merkmal des traditionellen Mannes.

Diese zentrale Bedeutung der (Erwerbs-)Arbeit für die überkommene Männerrolle zeigt sich in weiteren Aussagen: „Der Beruf soll in erster Linie dazu da sein, ein gesichertes Einkommen zu garantieren." Zustimmung bei traditionellen Männern: 91%.

18% der Traditionellen meinen schließlich: „Ein Mann, der beruflich nicht aufsteigt, ist ein Versager."

WICHTIGKEIT DES BERUFS, DER ERWERBSARBEIT

Ändert sich nun die Männerrolle, büßt die berufliche Arbeit für Männer ihre zentrale Wichtigkeit ein. Männer ohne beruflichen Aufstieg gelten bei neuen Männern überhaupt nicht mehr als Versager. Mit 21% sehen dreimal so wenig neue als traditionelle Männer (69%) in der beruflichen Arbeit ihren Lebenssinn. Berufliche Arbeit wird von neuen Männern nicht mehr so eindeutig als bei den traditionellen darauf bezogen, daß sie Einkommen garantieren soll.

Tabelle 34: Ändert sich die Männerrolle, ändert sich das Verhältnis zur beruflichen Arbeit

nur Männer	traditionell	pragmatisch	unsicher	neu
Arbeit garantiert Einkommen	91%	86%	61%	67%
Lebenssinn in Arbeit	69%	61%	25%	21%
ohne Aufstieg Versager	18%	17%	8%	3%

Diese Unterschiede werden durch die Berufstätigkeit des Befragten nur geringfügig beeinflußt:

Tabelle 35: Aussagen zur Arbeit nach Cluster und Berufstätigkeit
Mittelwerte: Höhere Mittelwerte = Ablehnung

nur Männer	Einkommen		Versager		Sinn	
	berufstätig	ohne Beruf	berufstätig	ohne Beruf	berufstätig	ohne Beruf
traditionell	1,42	1,49	3,55	3,49	2,12	2,13
pragmatisch	1,67	1,46	3,51	3,54	2,36	2,25
unsicher	1,93	1,98	3,99	3,90	3,17	3,03
neu	2,10	2,13	4,47	4,68	3,43	3,28

Abbildung 27: Der Mann erfährt in Arbeit seinen Sinn – aufgeschlüsselt nach Alter

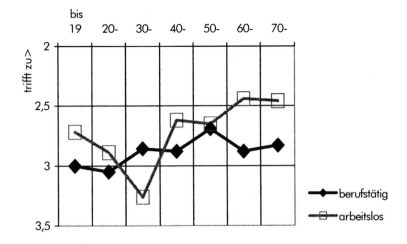

Tabelle 36: Männer ohne Beruf - nach Männerbild und Alter

nur Männer	bis 19	20-29	30-39	40-49	50-59	60-69	70-
traditionell	71%	27%	4%	3%	30%	83%	96%
pragmatisch	53%	18%	13%	7%	19%	83%	85%
unsicher	68%	8%	2%	10%	26%	83%	92%
neu	50%	18%	13%	4%	35%	63%	100%
gesamt	62%	16%	7%	75	26%	80%	92%

Tabelle 37: Mittelwerte berufsbezogener Merkmale nach Geschlechterrollen
Mittelwerte: Höhere Mittelwerte = Ablehnung

nur Männer	ohne Beruf	beruflich zufrieden	Leistungsdruck	Beruf garantiert Einkommen	ohne Aufstieg Versager	Mann erfährt in Arbeit Sinn
traditionell	,45	1,93	2,18	1,46	3,53	2,13
pragmatisch	,29	2,19	2,02	1,61	3,52	2,32
unsicher	,25	2,11	2,26	1,94	3,97	3,14
neu	,21	2,24	2,15	2,10	4,51	3,40

WENN ARBEITSKOLLEGIN/ -KOLLEGE VORGEZOGEN WIRD

Welchen Stellenwert die Erwerbsarbeit im Männerselbstbild hat, wird an dem Beispiel untersucht, daß einem Mann eine Arbeitskollegin oder ein Arbeitskollege mit gleicher Qualifikation vorgezogen wird.

Zunächst zur Bevorzugung einer Frau im beruflichen Leben. Die möglichen Reaktionen: es ist entweder kein Problem, man(n) freut sich mit der Kollegin, besonders wenn die Qualifikation stimmt – oder aber es gilt als eine Zurücksetzung und wird durch Einsatz verhindert.

Aus der Sicht der Männer generell ist es also scheinbar kein Problem, sich mit einer gleichwertigen Kollegin als Vorgezogenen abzufinden. Hier gibt es allerdings Differenzen bei Selbst- bzw. Fremdwahrnehmung. Aus weiblicher Sicht wäre das Vorziehen einer Kollegin für Männer eine Zurücksetzung, die sie nicht so ohne weiteres akzeptieren könnten.

Abbildung 28: Frauen meinen: Männer reagieren auf Bevorzugung von Kolleginnen empfindlich

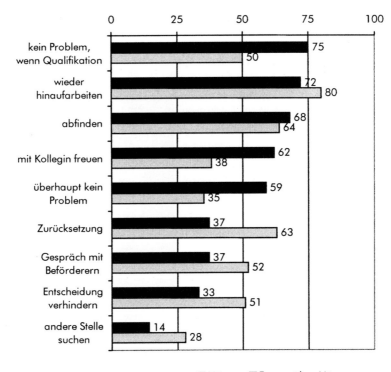

Viel weniger dramatisch wird es dagegen aus weiblicher Sicht von Männern empfunden, wenn ein gleichwertiger Kollege zum unmittelbaren Vorgesetzten befördert wird.

Abbildung 29: Frauen meinen: Männer akzeptieren eher die Bevorzugung von männlichen Kollegen

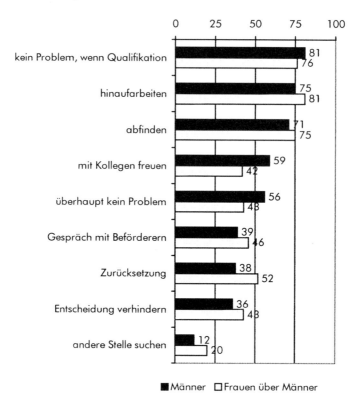

Berufswelt/Öffentlichkeit   2. Männliche Lebensinszenierung

Die Akzeptanz einer gleichwertigen weiblichen Kollegin hängt vom Rollenbild ab. Traditionelle Männer, für die der Platz der Frau vorwiegend zu Hause und bei den Kindern ist, haben damit mehr Probleme als neue Männer, für die eine gleichwertige Berufstätigkeit der Frau akzeptiert ist.

Abbildung 30: Traditionelle Männer haben mit der Bevorzugung qualifizierter Kolleginnen mehr Probleme als neue Männer

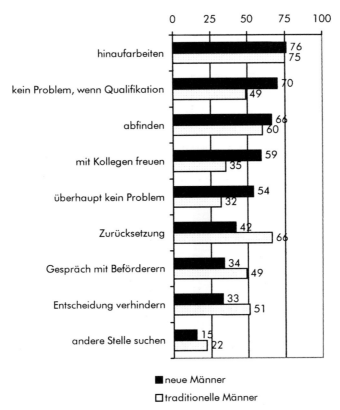

Die einzelnen Aussagen stehen untereinander in enger Verbindung und fädeln sich auf einer Skala auf. Ausgenommen sind die beiden Aussagen: „ich müßte mich abfinden" und „werde mich wieder hinaufarbeiten". Mit den faktorenanalytisch eindimensionalen Variablen wurden zwei Indizes gebildet, und zwar je einer in Bezug auf eine vorgezogene Kollegin („KOLLEGIN") bzw. einen vorgezogenen Kollegen („KOLLEGE").[24]

Abbildung 31: Neue Männer akzeptieren vorgezogene Kolleginnen und Kollegen eher als traditionelle

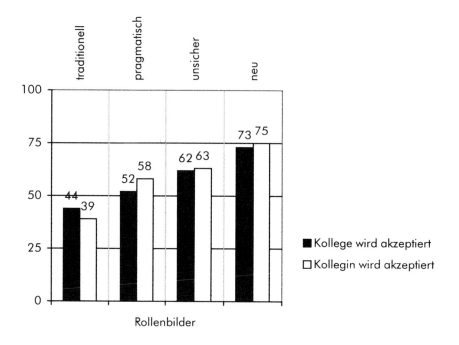

---

24 Faktorenanalysen: Ladungen

KOLLEGIN	KOLLEGE	Item
-,79	-,75	überhaupt kein Problem
-,75	-,72	mit Kollegin freuen
-,72	-,67	kein Problem, wenn Qualifikation stimmt
,51	,50	andere Stelle suchen
,59	,63	Gespräch mit Beförderern
,65	,65	durch Einsatz verhindern
,73	,70	Zurücksetzung

Neue Männer akzeptieren die Bevorzugung einer Kollegin bzw. eines Kollegen weit eher als traditionelle Männer. Bei den neuen Männern stehen im Vordergrund „kein Problem", Freude, Respekt vor der Qualifikation. Es werden kaum Maßnahmen zur Verhinderung ergriffen, der Vorgang wird auch weniger als Zurücksetzung erlebt. Frauen werden von neuen Männern in der Berufswelt als gleichberechtigte Partnerinnen offensichtlich angenommen.

Tabelle 38: Tabelle der Mittelwerte
1=trifft eher zu; 2=trifft eher nicht zu

nur Männer	Mittelwerte		Prozentwerte	
	Kollegin	Kollege	Kollegin	Kollege
(A) kein Problem, wenn Qualifikation stimmt	1,25	1,13	80%	75%
(E) wieder hinaufarbeiten	1,27	1,27	76%	73%
(B) abfinden	1,32	1,34	71%	68%
(F) mit Kollegin freuen	1,38	1,29	58%	62%
(G) überhaupt kein Problem	1,41	1,32	56%	59%
(C) Zurücksetzung	1,60	1,69	38%	37%
(I) Gespräch mit Beförderern	1,63	1,75	39%	37%
(D) durch Einsatz verhindern	1,67	1,77	37%	33%
(H) andere Stelle suchen	1,86	1,92	13%	14%

Abbildung 32: Wenn Kollegin oder Kollege vorgezogen wird (nur Männer)
(Mittelwerte auf Skala 1 bis 2)

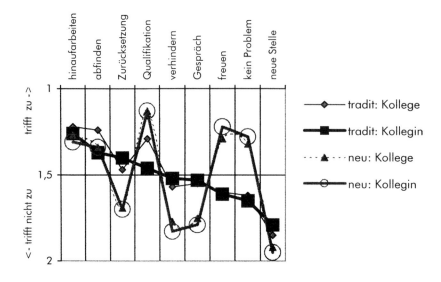

Tabelle 39: Akzeptanz einer bevorzugten Kollegin, eines bevorzugten Kollegen

	Männer			Frauen über Männer		
	Kollege	Kollegin	Differenz	Differenz	Kollege	Kollegin
traditionell	44%	39%	-5	-14	39%	25%
pragmatisch	52%	58%	6	-7	36%	29%
unsicher	62%	63%	1	-14	46%	32%
neu	73%	75%	2	-8	47%	39%
Alle	58%	59%	1	0	32%	32%

Berufswelt/Öffentlichkeit 2. Männliche Lebensinszenierung

ARBEITSPLATZKNAPPHEIT

In traditioneller Sichtweise soll Erwerbsarbeit vorrangig für die Männer vorhanden sein: Es ist ihr Lebensbereich. Nur durch solche einträgliche Arbeit können sie auch ihre Familie erhalten.

Daraus folgt, daß Männern Arbeit vorbehalten bleiben muß, wenn sie knapp wird. Eine europaweite Untersuchung zeigt: Es sind dann zunächst die Ausländer zu entlassen; dieses Ergebnis erbringt auch die vorliegende Männerstudie. In der „Entlassungsliste" folgen dann im Durchschnitt die Älteren, sodann die Frauen und schließlich die Behinderten.[25]

Abbildung 33: Wenn Arbeit knapp wird, beanspruchen Männer Arbeitsplätze für sich

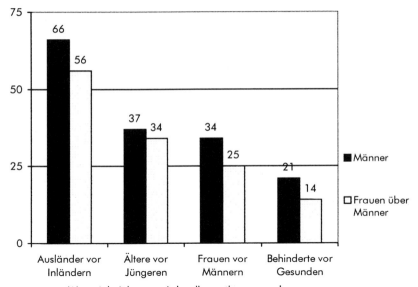

Je mehr ein Befragter traditionelle Rollenmuster akzeptiert, desto höher die Entlassungsbereitschaft. Zur Erinnerung: beim traditionellen Rollenbild wird fast ausschließlich der Mann als Existenzerhalter gesehen, die Frau ist zu Hause und bei den Kindern.

---

25 Zulehner Paul M., Denz Hermann, Wie Europa lebt und glaubt, Düsseldorf 1993, 150f.

Klare Rollenzuschreibungen erzeugen aber auch Druck: man muß sich bewähren und sieht in allen möglichen Arbeitskollegen potentielle Konkurrenten. Mit unterschiedlicher Argumentation wird daher versucht, die Konkurrenz zahlenmäßig niedrig zu halten. Das läßt sich bei den Schwächeren der Gesellschaft, wie Behinderten, Älteren, Ausländern, aber auch bei Frauen trefflich in die Tat umsetzen.

Je mehr das Geschlechterbild im Wandel begriffen ist, bis hin zur Anerkennung der Frau als völlig gleichberechtigte Berufspartnerin, desto schwächer ist die Forderung, andere zum Schutz des männlichen Arbeitsprivilegs zu entlassen.

In dieser Frage unterscheiden sich die vier Typen beträchtlich. Die Reihenfolge bei den konsistent traditionellen Männern lautet: Ausländer, Frauen, Ältere, Behinderte. Anders bei den anderen drei Typen: hier rangieren die Älteren vor den Frauen.

Am größten sind die Unterschiede zwischen den vier Clustern hinsichtlich des Entlassens von Frauen. Während 71% der Traditionellen dafür sind, Frauen zu entlassen, sind es unter den Neuen lediglich 8%. Neuerlich zeigt sich, wie für die Traditionellen die Erwerbsarbeit vorrangig Männersache ist. Die neuen Männer hingegen sind bereit, Arbeit auch dann zu teilen, wenn diese knapp wird.

Abbildung 34: Am größten sind die Unterschiede zwischen den Rollentypen, wenn es um die Entlassung von Frauen geht, wenn Arbeit knapp wird

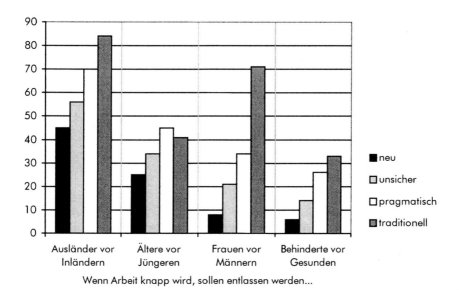

Die Einstellung von neuen Männern zur beruflichen Arbeit wird begleitet durch ein höheres Maß von Besorgnis darüber, der Arbeitsplatz könnte verloren gehen. 47% der neuen Männern sind darum besorgt. Unter den traditionellen Männern sind es dagegen nur 31%.

Tabelle 40: Besorgt über Arbeitsplatzverlust

nur Männer	sehr stark (1)	stark (2)	(1+2)/5
traditionell	17%	14%	31%
pragmatisch	26%	18%	44%
unsicher	25%	15%	40%
neu	30%	18%	47%

Die vier Aussagen zur Arbeitsplatzknappheit stehen in einer engen Verbindung miteinander und lassen sich zu einem Index verdichten.[26] Hier das Ergebnis: Die Bereitschaft zum Entlassen ist hinsichtlich aller vier Gruppen (Ausländer, Frauen, Ältere, Behinderte) bei den Traditionellen am stärksten (57%; im Vergleich dazu bei den Neuen 7%).

Abbildung 35: Männertypen und Arbeitsplatzknappheit (Index, nur Männer)

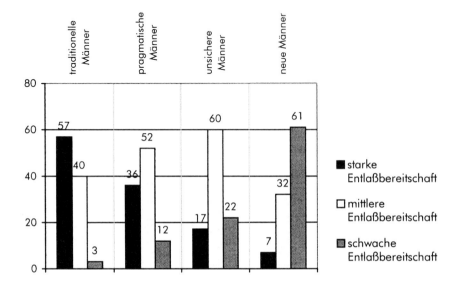

---

26 Index Arbeitsplatzknappheit

Ladung	Item	1	2	3	4	5
,79	Wenn es nur wenige Arbeitsplätze gibt, haben Männer eher ein Recht auf Arbeit als Frauen.	14%	16%	27%	15%	28%
,74	Wenn es nur wenige Arbeitsplätze gibt, haben Gesunde eher ein Recht auf Arbeit als Behinderte.	7%	11%	26%	17%	38%
,62	Wenn es nur wenige Arbeitsplätze gibt, haben Jüngere eher ein Recht auf Arbeit als Ältere.	15%	21%	33%	13%	17%
,62	Wenn es nur wenige Arbeitsplätze gibt, haben Inländer eher ein Recht auf Arbeit als Ausländer.	39%	22%	19%	9%	10%

Berufswelt/Öffentlichkeit 2. Männliche Lebensinszenierung

POLITISCHE ANLIEGEN

Politik ist eine traditionelle Männerdomäne. Für 28% der befragten Männer ist sie ein sehr wichtiger Lebensbereich. Neuen Männern ist die Politik noch etwas wichtiger als den traditionellen.

Gefragt wurde, welche politischen Themen Männern wie Frauen wichtig sind und wie Frauen diesbezüglich die Männer sehen.

Frauen und Männer haben zunächst, im Durchschnitt besehen, ähnliche politische Prioritäten. Ausgenommen ist lediglich die Wichtigkeit der Frauenförderung, welche Frauen begreiflicher Weise höher einstufen.

Aus ihrer Selbstwahrnehmung beurteilen Männer die Bedeutung der meisten politischen Themen als wichtiger, als das von Frauen gesehen wird. Ausnahme: Wohlstand und Arbeitsplatz erhalten. Aus der weiblichen Sicht werden besonders die Bedeutung von Frauenförderung, Gerechtigkeit für die Dritte Welt, Jugend, Weltfriede und Umweltschutz bei den Männern heruntergespielt.

Abbildung 36: Politische Anliegen der Männer – Selbstbild und Frauenfremdbild

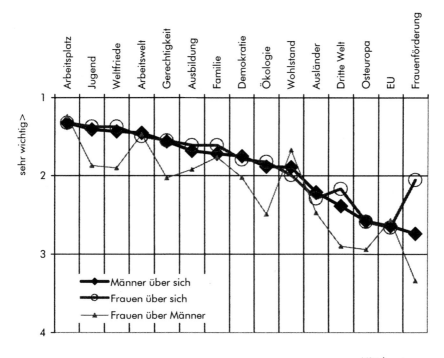

Zwischen den traditionellen und neuen Männern und Frauen sind die Unterschiede in der Einschätzung der Frauenförderung kraß. Diesbezüglich stehen auch die neuen Männer den neuen Frauen deutlich nach. Die neuen Frauen erweisen im übrigen eine hohe politische Involviertheit. Bei ihnen sind die Mittelwerte zumeist am höchsten und weisen damit in Richtung auf 1=sehr wichtig.

Abbildung 37: Politische Anliegen – traditionelle und neue Frauen/Männer

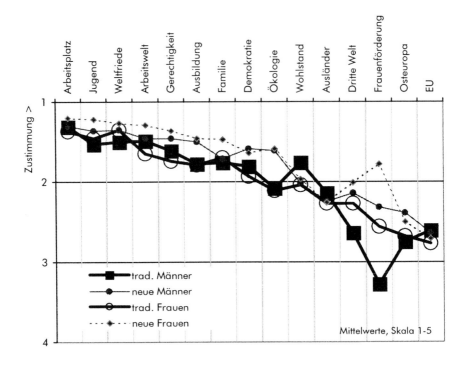

MÄNNERVERANTWORTUNG

Befragt zu ihrer Verantwortung für wissenschaftliche Erfolge und Katastrophen gibt es signifikante Unterschiede zwischen den Geschlechterrollen.

Neue und unsichere Männer lehnen die geschlechtsspezifische Rollenzuschreibung für den wissenschaftlichen Erfolg am stärksten ab, pragmatische und traditionelle Männer stimmen dieser Meinung dagegen am ehesten zu. Geringere Differenzen gibt es bezüglich der Übernahme von Verantwortung für Weltkriege und Umweltkatastrophen, auch wenn hier die Bereitschaft zur Verantwortung „männlicher Entscheidungen" bei pragmatischen und traditionellen Männern höher ist.

Abbildung 38: Männerverantwortung (Mittelwerte)
hoher Mittelwert bedeutet Ablehnung

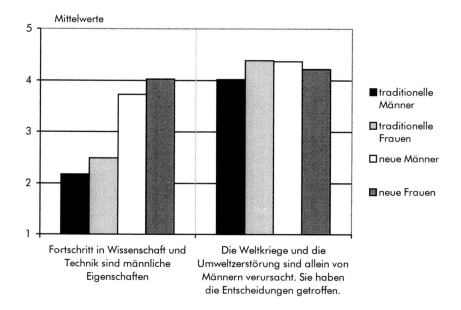

Die Meinung der Frauen ist, geteilt nach Rollenbild, ähnlich wie jenes der Männer.

Tabelle 41: Frauen sehen die Rolle der Männer in Wissenschaft und Krieg ähnlich wie diese

Prozentwerte	Fortschritt in Wissenschaft und Technik sind männliche Errungenschaften		Weltkriege und Umweltzerstörung sind allein von Männern verursacht	
	Männer	Frauen	Männer	Frauen
neu	20%	10%	7%	8%
unsicher	27%	19%	10%	15%
pragmatisch	43%	33%	14%	13%
traditionell	69%	58%	11%	4%

AUF EINEN BLICK

Traditionelle Männer sind, so belegen die Analysen, bis heute Berufsmänner. Sie sehen in der Erwerbsarbeit ein Männerprivileg. Dieses verteidigen sie. Schon Kollegen werden zu Konkurrenten. Noch mehr ist dies der Fall, wenn ihnen eine qualifizierte Kollegin vorgezogen wird. Sollte aber Erwerbsarbeit knapp werden, treten sie nachdrücklich für die Entlassung von Personengruppen ein, die ihren Arbeitsplatz gefährden: Ausländer, Frauen, Ältere, Behinderte. Diese hätten im Fall der Verknappung von Arbeit zurückzustehen.

Neue Männer sind dabei, sich von diesen Positionen zu lösen. Kolleginnen sind kaum eine Konkurrenz, auch plädieren sie nicht für die Entlassung anderer, um den eigenen Arbeitsplatz zu sichern.

Abbildung 39: Neue Männer haben ein neues Verhältnis zur Erwerbsarbeit dargestellt mit den Indizes KOLLEGIN, KOLLEGE, ARBEITSPLATZ

KOLLEGIN	Wenn eine Kollegin beruflich vorgezogen wird: mit Kollegin freuen überhaupt kein Problem kein Problem, wenn Qualifikation stimmt - andere Stelle suchen - Gespräch mit Beförderern - durch Einsatz verhindern - Zurücksetzung
KOLLEGE	wie Kollegin
ARBEITSPLATZ	Wenn Arbeit knapp wird, sollen entlassen werden: Ausländer, Frauen, Ältere, Behinderte

Berufswelt/Öffentlichkeit 2. Männliche Lebensinszenierung

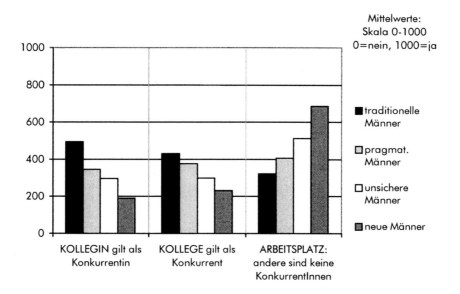

FAMILIENWELT

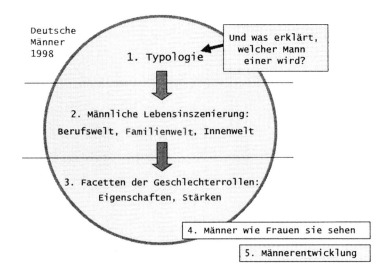

Die Trennung von Öffentlichkeit und Privatheit ist charakteristisch für moderne Freiheitsgesellschaften. Sie ermöglicht zumindest in den „kleinen Lebenswelten" eine selbstbestimmte Art, das Leben zu deuten und zu gestalten. Die private Lebenswelt rangiert daher in der Liste der Lebensbereiche ganz oben. Von hoher Wichtigkeit sind Familie, Freunde und Freizeit. Um diese drei Aspekte der privaten, kleinen Lebenswelt geht es nunmehr. Wir fangen mit der Freizeit an und behandeln hier das Vereinsleben mit, studieren sodann das Freundschaftsnetz, um schließlich die familiale Lebenswelt, einschließlich von Ehe/Partnerschaft zu analysieren.

FREIZEIT

Freizeit ist den Menschen in unserer Kultur zwar nicht so wichtig wie Familie und Arbeit. Für Männer ist sie aber traditionellerweise ein wichtiger Lebensbereich. Nur 20% der befragten Männer verbringen diese Freizeit allein. Freizeit ist also gesellige Zeit. Die meiste freie Zeit wird in der Familie verbracht, sodann mit Freunden bzw. Freundinnen. Bereits an dritter Stelle folgt das Fernsehen. Unterschiede zwischen Frauen und Männern werden sichtbar. Männer treiben mehr Sport und sind in Vereinen aktiv; Frauen unternehmen mehr mit der Familie oder beschäftigen sich alleine.

Familienwelt   2. Männliche Lebensinszenierung

Abbildung 40: Freizeitbeschäftigung bei Männern und Frauen

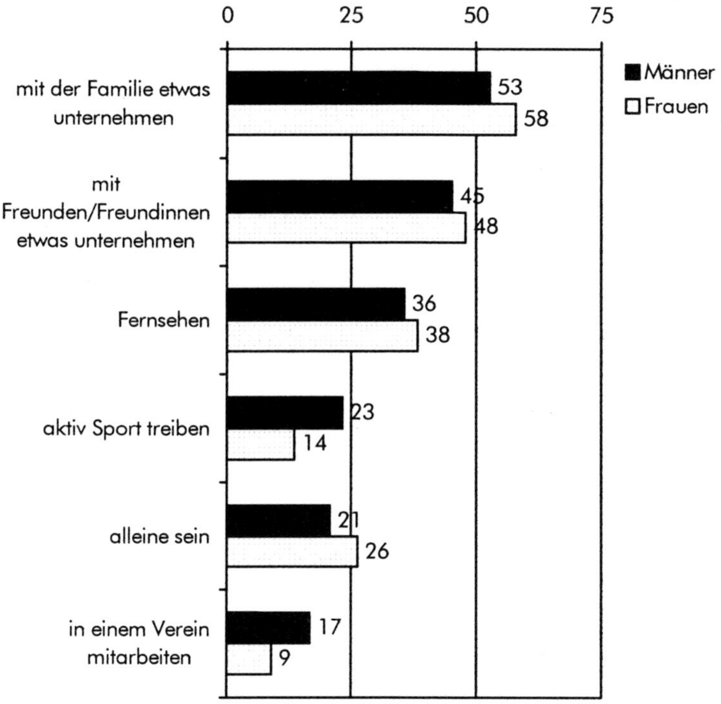

Freizeitbeschäftigung	Männer	Frauen
mit der Familie etwas unternehmen	53	58
mit Freunden/Freundinnen etwas unternehmen	45	48
Fernsehen	36	38
aktiv Sport treiben	23	14
alleine sein	21	26
in einem Verein mitarbeiten	17	9

Die Antworten auf die Frage nach den Freizeitbeschäftigungen sind stark altersabhängig: „Aktiv Sport betreiben" sowie „mit der Familie etwas unternehmen" ist Sache der Jüngeren. Ab 45 Jahren liegt der Anteil der Männer, die mit der Familie etwas unternehmen, sogar über jenem der Frauen.

2. Männliche Lebensinszenierung — Familienwelt

Abbildung 41: Sport für junge Männer, Familie für Ältere

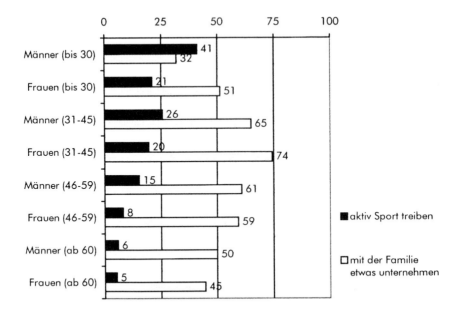

Das Vereinsleben

Von besonderer Bedeutung ist für Männer das Vereinsleben, und das durch alle Altersstufen. Je älter ein Mann, desto aktiver ist er in einem Verein. Andersherum: Sollte Vereinsaktivität im Lauf der Biographie nicht zunehmen, nimmt die Bereitschaft der Männer, in Vereinen mitzuwirken, ab. Die Klage vieler Vereine, kultureller, sozialer, religiöser, daß ihnen die Jungen fehlen, scheint zuzutreffen.

Abbildung 42: Vereinsarbeit ist in allen Altersstufen eine Männerdomäne

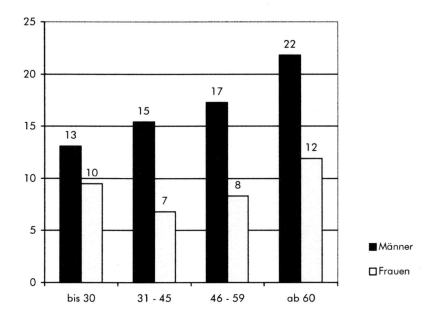

Männer sind in erster Linie in Sportvereinen Mitglied und aktiv. Es folgen der Gesangverein, die Katastrophenhilfe sowie die beruflicher Vertretung. Frauen sind weniger in Vereinen aktiv als Männer. Sie sind mehr als die Männer selbst der Auffassung, daß sich ihr Ehemann/Partner kirchlich engagiert.

Abbildung 43: Vereinsaktivitäten der Männer – aus der eigenen Sicht sowie der Sicht von Frauen
In welchen Vereinen arbeiten Sie aktiv mit?

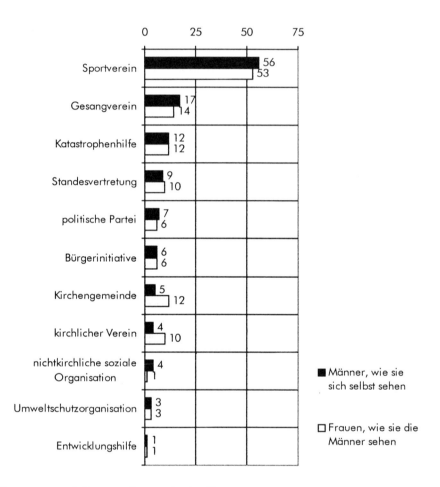

Männer- und Frauenfreundschaften

Nur wenig Unterschiede zwischen den Geschlechtern gibt es bezüglich Männer- und Frauenfreundschaften. Generell hat jede Seite mehr gleichgeschlechtliche Bekannte. Geringfügige Differenzen gibt es beim Vergleich der Rollentypen: traditionell orientierte Personen haben am meisten Männer- und am wenigsten Frauenbekanntschaften; beim neuen Typus gibt es dagegen die wenigsten Freundschaften unter Männern und die meisten unter den Frauen.

Abbildung 44: Männerfreundschaften der Männer

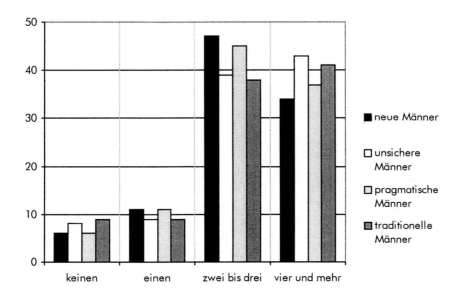

Abbildung 45: Frauenfreundschaften der Frauen

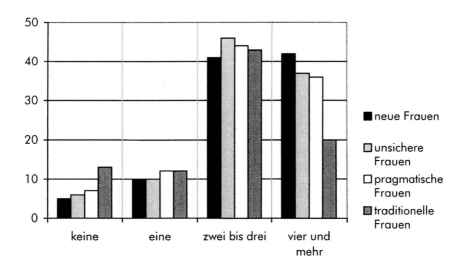

Abbildung 46: Männern sind Männerfreundschaften wichtiger als Frauen Frauenfreundschaften

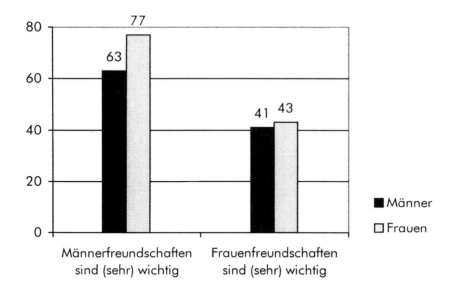

Abbildung 47: Durchschnittliche Anzahl der Freunde und Freundinnen

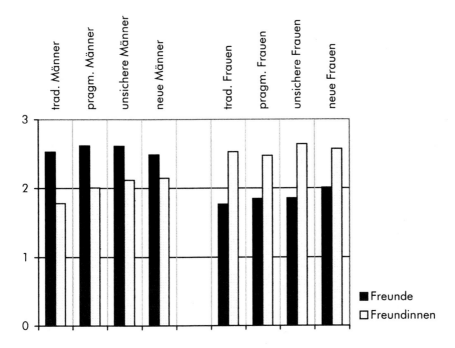

Bei Detailanalysen mit der Geschlechterrolle unterscheiden sich die einzelnen Typen bezüglich Männerbekanntschaften nicht sehr voneinander. Interessanter ist der Vergleich bei Frauenfreundschaften: Je mehr sich das Muster in Richtung eines traditionellen Typus hinwendet, desto weniger Bedeutung haben Frauenbekanntschaften - für Männer wie für Frauen. Für traditionelle Frauen sinkt auch die Bedeutsamkeit von Männerfreundschaften: ein Zeichen dafür, daß sie generell mehr an das Haus gebunden sind?

Abbildung 48: Wichtigkeit von Freundschaften

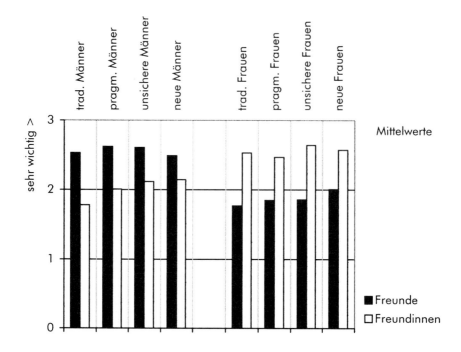

Qualität von Männerfreundschaften

Gefragt wurde nach den Qualitäten von Männerfreundschaften. Sie gelten im Durchschnitt als locker, ehrlich, konfliktfrei und verbindlich, weniger für den Beruf wichtig und nicht als oberflächlich und kurzlebig.

Die Qualität von Männerfreundschaften beurteilen Frauen und Männer ziemlich gleich. Lediglich bei der Frage nach der beruflichen Wichtigkeit von Männerfreundschaften differieren die Einschätzungen der Geschlechter.

Auch die Unterschiede zwischen den traditionellen und den neuen Männern fallen nichts ins Gewicht. Die neuen Männer sehen die Männerfreundschaften vergleichsweise etwas „lockerer" als die traditionellen Männer.

Abbildung 49: Wie erleben Sie Männerfreundschaften?

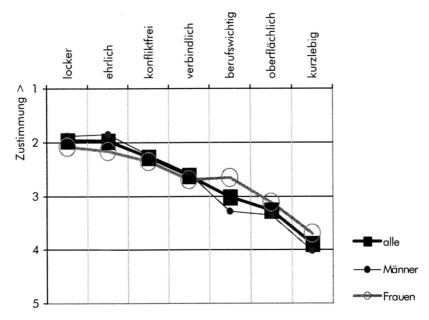

Abbildung 50: Männerfreundschaften nach Rollenbild und Geschlecht

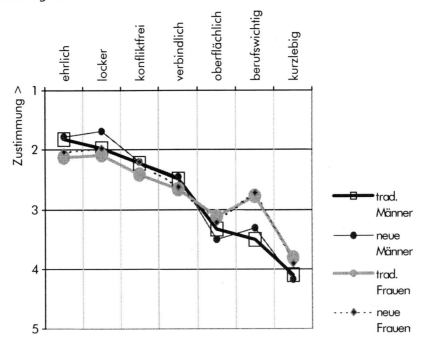

Männervereine

„Sind Sie auch in einem Verein oder in einer Gruppe Mitglied, in dem/in der ausschließlich Männer Mitglied sind?" 20% aller befragten Männer haben diese Frage bejaht. 14% der neuen Männer haben zugestimmt, hingegen sind 23% der neuen Frauen der Ansicht, daß dies so ist.

Tabelle 42: Reine Männervereine

	Männer über sich	Frauen über Männer
traditionell	18%	14%
pragmatisch	21%	29%
unsicher	19%	23%
neu	15%	23%
alle	18%	23%

EHE/PARTNERSCHAFT

Freunde zur Ehe/Partnerschaft hinzu

Freunde gelten als Entlastung von der Ehe. Sie können Seiten der Persönlichkeit von Partnern/Partnerinnen entfalten, für die der Partner, die Partnerin selbst nicht „der beste Entwicklungshelfer" ist. Freunde oder Freundinnen entlasten zudem vom Innendruck der zu kleinen Lebenswelt, sie weiten den Horizont.

Der Satz „Auch wenn eine Ehe/Partnerschaft sehr gut ist, ist es doch gut, zusätzlich noch Freunde zu haben" findet mit einem Mittelwert von 1,8 auf der fünfteiligen Skala hohe Zustimmung. Traditionelle Frauen lehnen ihn am meisten ab. Neue Frauen akzeptieren ihn hingegen am stärksten. Frauen sind somit in dieser Frage mehr polarisiert als die Männer. Aber auch hier haben die neuen Männer eine überdurchschnittliche Zustimmung.

Abbildung 51: Freunde zur Ehe/zur Partnerschaft hinzu

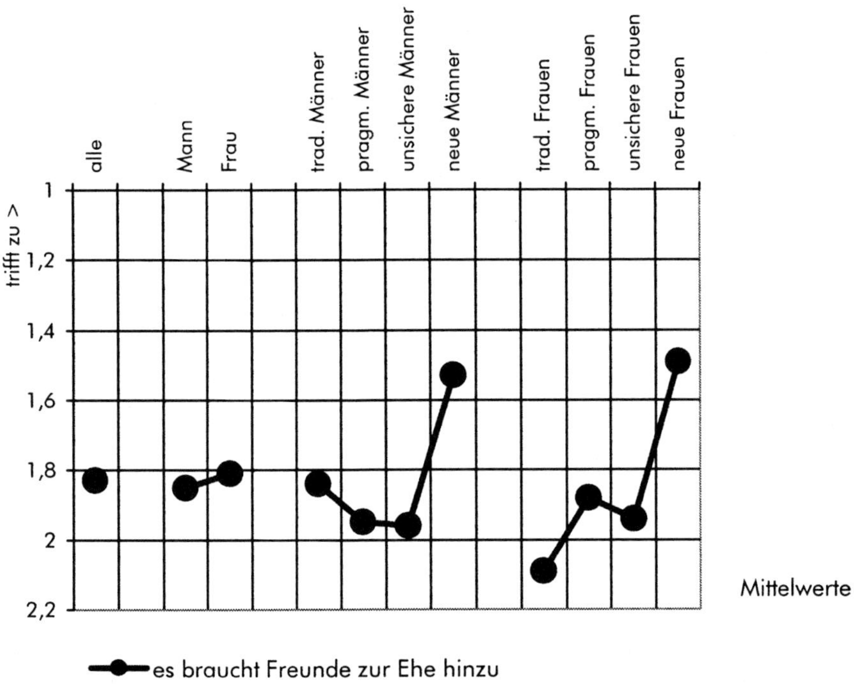

——•—— es braucht Freunde zur Ehe hinzu

Mittelwerte

Die ideale Lebensform

Für sechs von zehn Personen ist die ideale Lebensform die Familie mit Kindern. Zwei weitere Zehntel wünschen eine dauerhafte Beziehung mit Kindern, jedoch ohne Heirat. Das heißt, daß acht von zehn Personen im Idealfall Kinder möchten.

9% wünschen eine dauerhafte Beziehung ohne Kinder (unter den Männern 10%).

Frauen sagen den Männern häufiger nach, (kurze) Beziehungen ohne Kind bzw. überhaupt keine Beziehung zu wünschen.

Abbildung 52: Ideale Lebensform nach Geschlecht

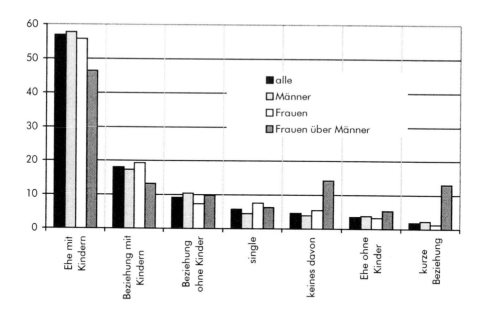

Die traditionellen Frauen votieren mit fast drei Vierteln am stärksten für die Ehe mit Kindern als idealer Lebensform. Der niedrigste Wert findet sich bei den neuen Männern: jeder zweite in dieser Gruppe hält die Ehe mit Kindern für die ideale Lebensform. Die neuen Männer bevorzugen dauerhafte Beziehungen ohne Trauschein, mit oder ohne Kinder.

Abbildung 53: Ideale Lebensform nach Rollentypen

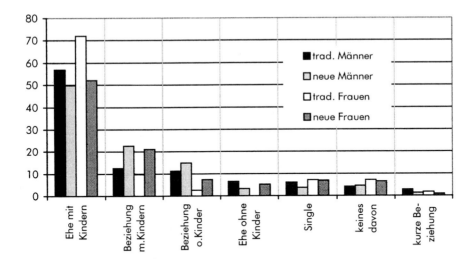

Die Zufriedenheit mit der Partnerschaft (Mittelwert von 1,8 auf einer fünfteiligen Skala: 1=sehr zufrieden, 5=völlig unzufrieden) ist im Gesamtdurchschnitt noch etwas größer als jene mit dem häuslichen Leben (2,0). Männer und Frauen unterscheiden sich, was ihr eigenes Gefühl betrifft, wenig. Anders ist es mit der Einschätzung der Zufriedenheit der Männer durch die Frauen. Hier liegen die Werte für beide Varianten der Zufriedenheit erheblich niedriger.

Unsichere und traditionelle Personen, Frauen wie Männer, sind insgesamt unzufriedener als die Pragmatischen und die Neuen. Die höchste Zufriedenheit findet sich bei den neuen Männern, gefolgt von den neuen Frauen. Der Wandel im Rollenbild wird offensichtlich durch höhere Zufriedenheit belohnt.

Abbildung 54: (Un)Zufriedenheit mit Partnerschaft und häuslichem Leben nach Rollentypen

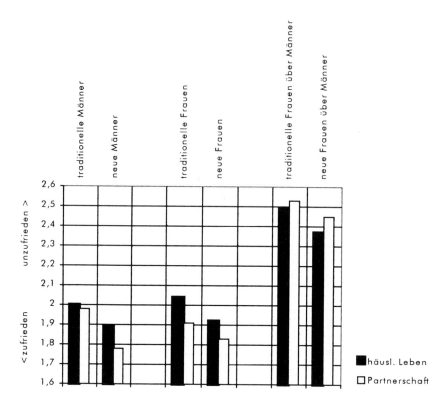

Eheideal

„Wie stellen Sie sich eine ideale Ehe bzw. Partnerschaft vor? Was sind die 5 wichtigsten Dinge?" Diese Frage wurden von Frauen und Männern jeweils für sich selbst, sodann auch von den Frauen in Hinblick auf die Männer beantwortet. Die bekannten Spitzenreiter in der Liste der idealen Eigenschaften sind: Vertrauen, Liebe, Treue, Ehrlichkeit. Selbständigkeit und religiöse Überzeugung werden hingegen als unwichtig angesehen. Im Mittelfeld liegen Ideale wie Harmonie, sexuelle Gemeinsamkeit, Kompromißbereitschaft.

Abbildung 55: Die ideale Ehe – Männer und Frauen

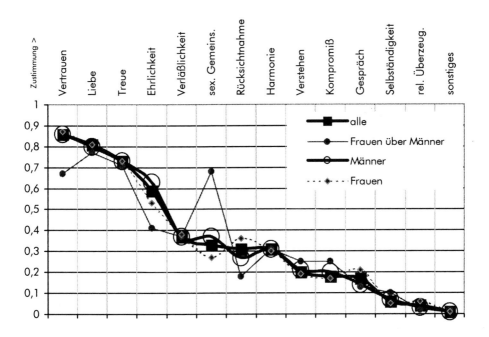

In einem ersten Schritt werden Differenzen zwischen traditionellen und neuen Rollentypen sichtbar gemacht. Die Traditionellen legen mehr Wert auf Harmonie und Treue; für die Neuen ist dagegen Gesprächs- bzw. Kompromißbereitschaft für eine Beziehung wichtiger.

Zwischen den Rollentypen gibt es Unterschiede hinsichtlich der Idealeigenschaften sexuelle Gemeinsamkeit, Vertrauen, Rücksichtnahme und Ehrlichkeit. Insbesondere beurteilen hier die Frauen die Männer ziemlich anders als diese sich selbst. Neue Frauen sind hier noch kritischer als die traditionellen.

Abbildung 56: Die ideale Ehe – nach Rollentypen

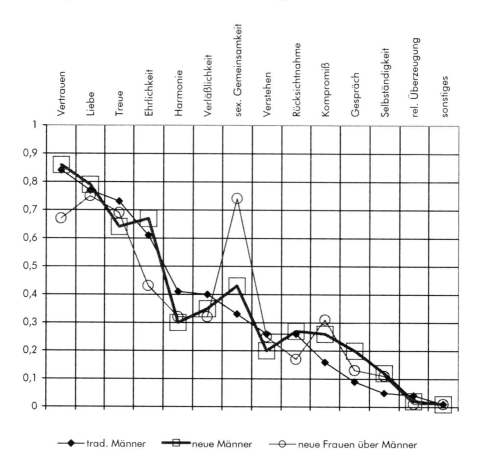

Wer ist der Stärkere in der Partnerschaft?

Auf den Wandel im innerfamilialen Gefüge deutet die Frage hin, wer in der Ehe/in der Partnerschaft die stärkere Person ist.

Im Schnitt sagen 27%, der Stärkere in der Partnerschaft sei der Mann, 19% hingegen geben dieses Attribut der Frau. Die übrigen halten beide für gleich stark.

Männer halten Männer für stärker, Frauen die Frauen. Das Gefälle von den Traditionellen zu den Neuen, sowohl bei den Männern wie bei den Frauen, ist offenkundig: die neuen denken paritätischer, halten beide für balanciert gleich stark. Vor allem die einseitige Stärke der Männer geht zurück.

Tabelle 43: Wer ist in der Partnerschaft stärker?

	Frau ist stärker	Mann ist stärker
alle	19%	27%
Männer	16%	33%
Frauen	23%	20%
trad. Männer	17%	52%
pragmatische Männer	19%	31%
unsichere Männer	13%	29%
neue Männer	18%	21%
trad. Frauen	22%	36%
pragmatische Frauen	17%	16%
unsichere Frauen	26%	24%
neue Frauen	27%	13%

An den in der folgenden Abbildung gezeigten Mittelwerten (1=Mann ist stärker, 2=beide gleich, 3=Frau ist stärker) ist diese Entwicklung schön zu sehen. Zunächst kommt noch einmal ins Bild, daß sich Männer eher für stärker halten, als Frauen dies sehen. Sodann wird die neuartige Einschätzung bei den neuen Männern und den neuen Frauen anschaulich. Neue Frauen haben einen klaren Überhang zur Auffassung, daß die Frau in der Ehe/Partnerschaft stärker ist als der Mann.

Abbildung 57: Wer ist die stärkere Person in einer Partnerschaft/Ehe?

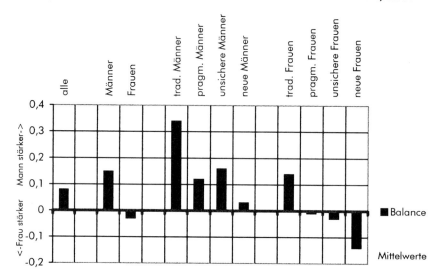

Das Schlimmste in der Partnerschaft

Zählen Vertrauen und Ehrlichkeit zu den Spitzenidealen, dann wird verständlich, daß das Hintergangenwerden als Vertrauensbruch, als das Schlimmste gewertet wird. Hier sind sich alle einig. Ein Partnerschaftsethos wird sichtbar. Frauen sagen über Männer, daß es für diese besonders schlimm ist, wenn sie von der Partnerin/dem Partner körperlich betrogen werden.

Abbildung 58: Das Schlimmste in der Partnerschaft

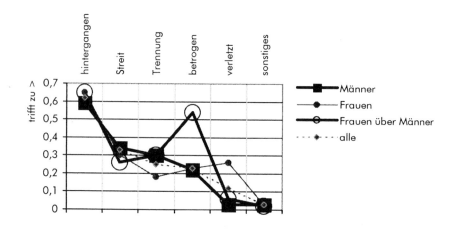

Für ein Drittel, für Männer mehr als Frauen, ist die Trennung schlimm.

Wird die Zugehörigkeit zu einem Rollentyp berücksichtigt, bleibt das Bild ähnlich: die Frauen meinen einhellig, ob traditionell oder neu, daß körperlich betrogen werden für Männer schlimm ist. Frauen, traditionelle und noch mehr neue wiederum, leiden selbst überdurchschnittlich darunter, verletzt zu werden.

Abbildung 59: Das Schlimmste in der Partnerschaft – nach Rollentypen

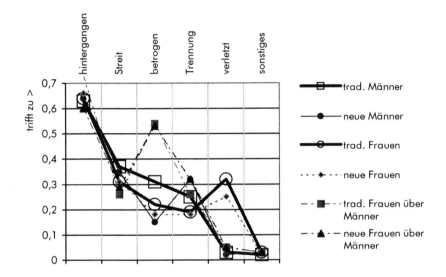

„Freiheiten" in der Beziehung

In der Beziehung der meisten Paare gibt es einen ausgeprägten Hang zur Gemeinsamkeit. 64% der Männer gehen eher selten ohne ihre Partnerin aus; 66% sind noch nie mit einer Freundin allein ausgegangen. 55% haben auch noch nie allein ein Wochenende verbracht. 71% waren noch nie allein im Urlaub.

Neue Männer haben höhere Werte unter „eher selten" in den Antwortkategorien „mit Freundinnen allein ausgehen" (traditionell 25%, neu 40%) sowie „Wochenende allein verbringen" (traditionelle 35%, neu 50%).

Tabelle 44: Freiheiten in Beziehung - Männer und Frauen über sich selbst
Höhere Mittelwerte bedeuten geringere Zustimmung

	mit gleichgeschlechtlichen Freunden ausgehen	mit andersgeschlechtlichen Freunden ausgehen	Wochenende allein	Urlaub allein
Mann	1,98	2,60	2,50	2,70
Frau	1,91		2,46	2,65

Tabelle 45: Freiheiten in Beziehung – Männer über Frauen (Partner/innen)
Höhere Mittelwerte bedeuten geringere Zustimmung

	mit ihren Freunden ausgehen	mit gemeinsamen Freunden ausgehen	Wochenende allein	Urlaub allein	Abend allein
Männer über Frauen	1,92	2,25	2,52	2,68	2,07

Tabelle 46: Freiheiten in Beziehung – nach Rollentypen
Höhere Mittelwerte bedeuten geringere Zustimmung

	mit Freunden ausgehen	mit Freundinnen ausgehen	Wochenende allein	Urlaub allein
traditionelle Männer	1,89	2,66	2,49	2,71
pragmatische Männer	2,07	2,63	2,57	2,69
unsichere Männer	2,02	2,63	2,48	2,69
neue Männer	1,88	2,46	2,43	2,67
traditionelle Frauen	2,10[27]		2,65	2,71
pragmatische- Frauen	1,95		2,41	2,64
unsichere Frauen	1,89		2,42	2,61
neue Frauen	1,83		2,45	2,66

FAMILIE, KINDERERZIEHUNG UND HAUSHALT

Daß die „Familie" in unseren Gesellschaften der wichtigste Lebensbereich ist, belegt auch[28] diese Studie. Das gilt für Männer wie für Frauen. Wie sieht aber die innerfamiliale Architektur aus? Wer ist wofür zuständig? Wie werden die Aufgaben verteilt?

In traditioneller Sichtweise ist die Familie Frauensache. So wie die Männer Berufsmänner waren, waren die Frauen Familienfrauen. Frauen waren für die meisten Aufgaben der Familie zuständig. Inmitten männerzentrierter Gesellschaften bildeten sich auf diese Weise gleichsam „matriarchale Inseln inmitten des Patriarchats".

Die Frauen(rechts)bewegung hat diese eindeutige Zuweisung der Frauen zur Familienwelt aufgebrochen. Der Weg der Frauen in die Bildungsgesellschaft hat den Prozeß beschleunigt. Zudem wurden in den wirtschaftlich guten Jahren nach dem Zweiten Weltkrieg weibliche Arbeitskräfte benötigt. Frauen sollten Zugang zum Beruf erhalten, ihrer Bildung gemäß, mit entsprechendem Einkommen. Dieses sollte wiederum die Grundlage beruflicher Selbstrealisierung und ange-

---

27 Hier liegt eine Unschärfe im Fragebogen vor, weshalb diese beiden Antwortkategorien nicht verläßlich unterschieden werden konnten.

28 Für die Länder Europas: Zulehner Paul M., Denz Hermann, Wie Europa lebt und glaubt, Düsseldorf 1993.

messener ökonomischer Unabhängigkeit sein. Neue Frauen, so ist daher anzunehmen, verstehen sich nicht mehr als Familienfrauen, sondern als „Balancefrauen". Unter weiterhin patriarchalen Bedingungen besteht ihr Lebenskunststück darin, Berufswelt und Familienwelt miteinander in Einklang zu bringen.

Diese Ausweitung des lebensweltlichen Raumes der Frauen aus der Familienwelt in die Berufswelt fordert – immer noch theoretisch und rollenpolitisch besehen – eine Entlastung der Frauen von ihrer bisherigen Alleinzuständigkeit für die Familie. Männer müssen, so die Forderung, häusliche und familiale Aufgaben übernehmen, wenn nicht die Frauen die ganze Last der Entwicklung allein tragen sollen. Die Programme laufen plakativ unter dem Motto „Halbe-halbe". Näherhin: So wie Frauen sich von der Familienwelt in die Berufswelt „hinausentwickelt" haben, wird von den Männern im Gegenzug eine Bewegung von der Berufswelt hinein in die Familienwelt verlangt.

Ob und in welchem Ausmaß die Entwicklung stattfindet, ist Thema dieses Kapitels über die Familienwelt[29].

Zunächst das Grundergebnis: Die meisten Aufgaben werden als partnerschaftlich zu erledigende betrachtet. Die Prozentwerte für diese Antwortmöglichkeit, daß „beide dafür Sorge tragen", liegen zwischen 46% (daß es gemütlich ist), 51% (materielle Existenz sichern) und 70% (daß über die Partnerschaft gesprochen wird).

Tabelle 47: Wer wofür sorgt - aus der Sicht der Männer

	daß es gemütlich ist	gemeinsam etwas unternommen wird	bei einem Streit wieder Ausgleich	notwendige Entscheidungen	über die Partnerschaft sprechen	über Probleme sprechen	die materielle Existenz sicher	die Zukunft planen
eher ich = der Mann	28%	18%	21%	23%	19%	20%	30%	19%
beide	46%	68%	61%	66%	70%	68%	51%	68%
eher die/der Frau/Partner(in)	25%	14%	18%	12%	12%	13%	19%	13%

Dann aber gibt es doch familiale Aufgaben, die mehr bei Männern, und andere, die mehr bei Frauen liegen. Innerfamiliäre Aufgaben, die eher von Männern wahrgenommen werden, betreffen die sozioökonomischen Grundlagen: Siche-

---

29 Vgl. als zeitgeschichtlichen Vergleich die sog. Brigitte-Studie: Metz-Göckel Sigrid, Müller Ursula, Der Mann. Die Brigitte-Studie, Weinheim 1986, 45-70.

rung der materiellen Existenz, Entscheiden, Zukunft planen. Frauen und Männer sehen dies sehr ähnlich, im Schnitt schreiben die Frauen den Männern etwas weniger allein wahrgenommene familiale Aufgaben zu.

Beziehungsarbeit ist eher Frauenaufgabe. Die Frau sorgt für Gemütlichkeit, die Lösung von Problemen, den Abbau von Spannungen sowie den Streitausgleich. Kurz: Männer sorgen für das Einkommen, Frauen für das Auskommen.[30] Männer sind Familienerhalter, Frauen Familiengestalterinnen.

Abbildung 60: Familienaufgaben – Männer und Frauen im Vergleich

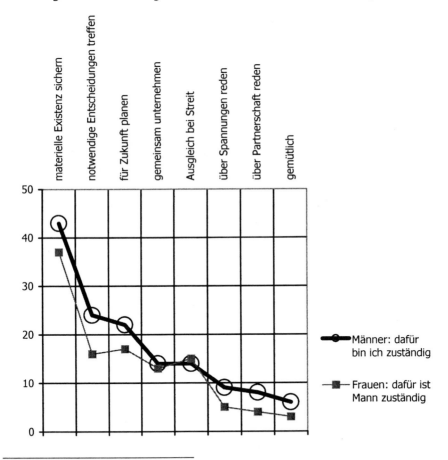

---

30 Faktorenanalytisch fallen die acht Items auf zwei Faktoren auseinander. Zum einen gehören Zukunftsplanung, Existenzsicherung und Entscheiden; zum anderen die restlichen, die den Beziehungsbereich betreffen: mit herausragend hohen Ladungen Gespräch über Partnerschaft und Spannungen, mit niedrigeren Ladungen Streitausgleich, gemeinsames Unternehmen sowie Gemütlichkeit.

Dabei ist die Entwicklung keineswegs nur frauenfreundlich. Denn die Männer sehen sich immer weniger alleinzuständig für die Erhaltung der Familie. Das bedeutet, daß die familiären Aufgaben der Frauen zunehmen. Sie werden von den Männern nicht nur für die innere Familienarchitektur verantwortlich gemacht, sondern auch für die ökonomisch-planerische Seite.

Abbildung 61: Männer lassen nach, allein die Familienerhalter zu sein

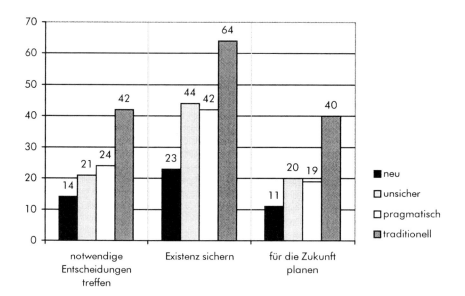

Werden die Ergebnisse (für Männer) nach den Geschlechtertypen aufgeschlüsselt, ergibt sich folgendes Bild: Die traditionellen Männer ordnen sich selbst die Sicherung der familiären Grundlagen zu. In diesem Bereich lassen sich auch die stärksten Veränderungen wahrnehmen. Denn diese Aufgaben werden von neuen Männer nicht von ihnen allein, sondern zusammen mit ihren Partnerinnen wahrgenommen. Neue Männer sind partnerschaftliche Männer. Im emotionalen Bereich jedoch sind die Unterschiede zwischen traditionellen und neuen Männern gering. Verharren hier auch die neuen Männer in einer „halbierten Existenz"?

Abbildung 62: Familiäre Männeraufgaben – nach Rollentypen (nur Männer)
Prozentangaben der Zustimmung

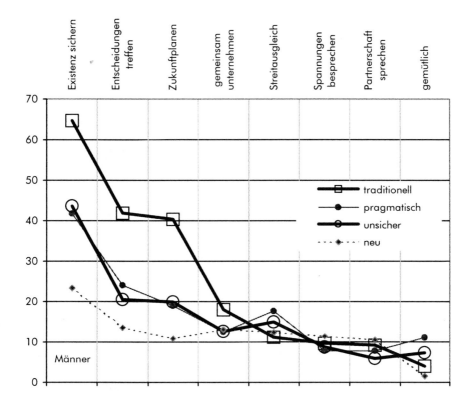

Bemerkenswert ist die Sicht der traditionellen und der neuen Frauen. Beide sind der Auffassung, daß die familialen Aufgaben – sofern nicht partnerschaftlich wahrgenommen – eher zu den Frauen tendieren. Das überrascht vor allem bei den neuen Frauen, die ja zumeist berufstätig sind. Kommt hier eine Enttäuschung darüber zum Vorschein, daß Männer familiäre Aufgaben ungern übernehmen? Oder sind sie nicht bereit, den Männern mehr familiale Aufgaben zu überlassen oder sie an solchen zu beteiligen? Die Studie kann diese Fragen nicht beantworten.

2. Männliche Lebensinszenierung   Familienwelt

Die Ergebnisse lassen sich in zwei Indizes verdichtet zusammenfassen. Die familienerhaltenden Aufgaben ergeben den einen, die familiengestaltenden den anderen Index.[31] Dabei wird noch einmal sehr deutlich sichtbar, daß Männer familienerhaltend und Frauen familiengestaltend sind. Deutlich wird auch, daß von den traditionellen Männern zu den neuen hin der (alleinige) familienerhaltende Beitrag geringer wird, der familiengestaltende aber kaum zunimmt. Anders bei den neuen Frauen, die sich mehr familienerhaltend einschätzen als die traditionellen Frauen.

Abbildung 63: Männer sind familienerhaltend und Frauen familiengestaltend

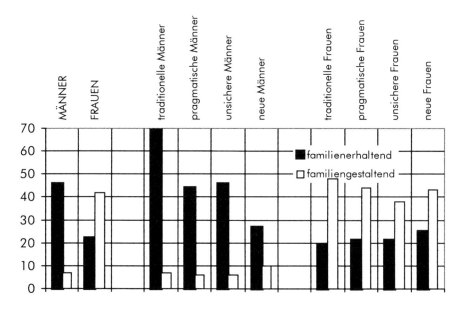

---

31 Faktorenanalyse Familiengestalter (1) und Familienerhalter (2)

	familiengestaltend	familienerhaltend
über Partnerschaft reden	,83	,03
über Spannungen reden	,83	,03
gemütlich	,62	-,26
Ausgleich bei Streit	,48	-,06
gemeinsam unternehmen	,43	,22
notwendige Entscheidungen treffen	,10	,75
für Zukunft planen	,09	,80
materielle Existenz sichern	-,23	,77

Abbildung 64: Familiale Aufgaben – traditionelle/neue Männer und Frauen im Vergleich

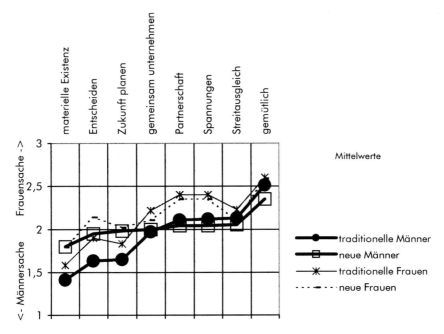

Männer als Väter

Mehr als die Hälfte der Väter spielt mit Kindern und geht mit ihnen spazieren. Sie nehmen auch schulische Verantwortung für die Kinder wahr. Pflegerische Tätigkeiten hingegen werden lediglich von einer Minderheit der Männer wahrgenommen.[32] Nur einer von zehn Männern betet mit seinem Kind. Kurz: Männer tun sich mit gesunden Kindern leichter als mit pflegebedürftigen und kranken. Sie bevorzugen stark die außerhäuslichen Aktivitäten.

Was kaum überrascht: Frauen beobachten bei den Männern durchgehend weniger Aktivitäten mit Kindern, als diese angeben.

---

32 Die im Fragebogen verwendeten Items ordnen sich auch faktorenanalytisch zwei Dimensionen zu:

	PFLEGE: innenorientiert	SCHULE: außenorientiert
ins Bett bringen	,80	
pflegen	,80	
waschen	,77	
spielen	,73	
zum Kinderarzt gehen	,72	
spazieren gehen	,61	
beten	-	-
Schulfeste		,85
Elternsprechtage		,84
Hausaufgaben		,79
Sport		,64

Abbildung 65: Was Väter mit Kindern tun – Männer über sich selbst und Frauen über die Männer

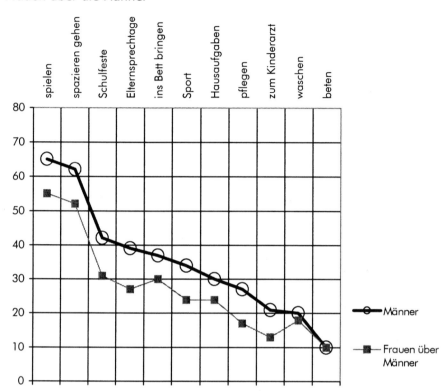

Diese „Schieflage" bleibt auch erhalten, wenn man die Männer nach ihrem Rollenbild aufteilt. Generell tun aber neue Männer mehr mit ihren Kindern als traditionelle. Wiederum ist das Beten ausgenommen; das ist reine Frauensache.

Traditionelle Männer sind dabei noch zurückhaltender; Kindererziehung ist hier noch Frauensache. Die neuen Männer zeigen sich schon engagierter: knapp die Hälfte gibt an, auch regelmäßig mit den Kleinen Elternsprechtage oder Schulfeste zu besuchen sowie die Kinder ins Bett zu bringen. Die Frauen sind davon aber nicht so sehr überzeugt: lediglich beim letzten Punkt stimmen auch fast 40% der neuen Frauen zu. Die Differenzen zwischen den Männerangaben und den Frauenangaben ist übrigens bei den neuen Rollentypen größer als bei den traditionellen: Sind neue Frauen kritischer, oder übertreiben neue Männer?

Abbildung 66: Tätigkeiten von Vätern mit Kindern – dargestellt mit Hilfe der Indizes SCHULE und PFLEGE, also außen- und innenorientierte Aktivitäten
Grundgesamtheit: Personen mit Kindern

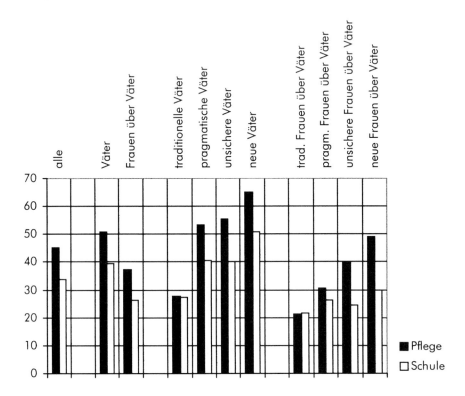

Familienwelt   2. Männliche Lebensinszenierung

Abbildung 67: Tätigkeiten der Väter – nach Rollentypen

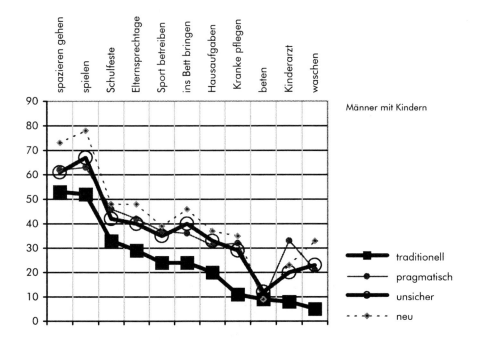

2. Männliche Lebensinszenierung — Familienwelt

Abbildung 68: Männertätigkeiten mit Kindern – neue und traditionelle Männer/Frauen

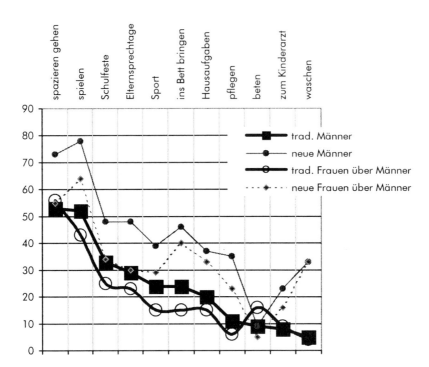

Wenn ein Kind krank ist

Ein krankes Kind braucht eine anwesende Bezugsperson. Bleiben Väter daheim, wenn ein Kind krank ist? 7% von den Personen mit Kindern sagen, daß Väter (fast) immer, 16% meistens, 24% manchmal zuhause bleiben. Bei mehr als der Hälfte (52%) ist das nie der Fall (gewesen).

Männer (Mittelwert=3,72) beurteilen sich günstiger, als Frauen (MW=4,19) sie sehen.

An der Antwortkategorie „nie" läßt sich die Veränderung von den traditionellen zu den neuen Vätern gut ablesen. Bleibt jeder zweite traditionelle Vater „nie" beim kranken Kind zuhause, ist es unter den neuen Männer nur mehr jeder vierte.

Tabelle 48: Neue Männer bleiben öfter zuhause, wenn ein Kind krank ist

	(fast) immer	meistens	manchmal	selten	nie	MW
traditionelle Väter	4%	5%	13%	27%	50%	4,14
pragmatische Väter	12%	7%	28%	27%	26%	3,48
unsichere Väter	6%	7%	27%	30%	30%	3,70
neue Väter	9%	6%	36%	21%	28%	3,52
traditionelle Frauen über Väter	2%	5%	7%	26%	59%	4,35
pragmatische Frauen über Väter	1%	4%	12%	28%	54%	4,29
unsichere Frauen über Väter	5%	5%	16%	19%	55%	4,12
neue Frauen über Väter	1%	3%	25%	25%	45%	4,10
Väter	8%	7%	26%	27%	33%	3,72
Frauen über Väter	3%	4%	16%	24%	52%	4,19
alle	5%	6%	22%	26%	41%	3,92

Wenn die Kinder krank sind, bleiben nach eigenen Angaben fast 40% der Männer zumindest manchmal zu Hause. Lediglich zwanzig Prozent der Frauen sind derselben Ansicht. Wieder ist die Differenz bei den neuen Rollentypen (Neue-Männer-Angaben minus Neue-Frauen-Angaben) deutlich größer als bei den traditionellen.

Die Umfrage enthält Daten darüber, was – rekonstruiert aus der Erinnerung – die Väter der Befragten mit ihnen als Kinder unternommen haben. Wir stellen das Ergebnis zunächst an Hand der Antwortkategorie „nie" dar. Auf diese Weise erhalten wir eine Liste jener Aktivitäten, die „früher" schon von Vätern wahrgenommen worden sind. Dazu gehören: mit dem Kind die Zukunft planen, die Freizeit am Wochenende verbringen, Strafaktionen (von der Mutter dem Vater vorbehalten?), spielen. Pflegerische Tätigkeiten waren „früher" noch weniger Männersache als heute (bei Krankheit pflegen: 53% nie; anziehen und waschen 67% nie).

Insgesamt haben Männer den Eindruck, daß sich die Väter mehr mit ihnen befaßt haben, als die Frauen dies bei sich erinnern. Das betrifft insbesondere die Antworten Zukunft planen, Strafaktionen und spielen.

Tabelle 49: Opas mit Kindern

	nie Männer	nie Frauen	MW Mann	MW Frau
Zukunft planen	14%	20%	1,87	1,97
Freizeit am Wochenende	18%	19%	1,93	1,89
Strafaktionen	25%	37%	2,08	2,28
spielen	30%	35%	2,16	2,24
für Schule lernen	42%	44%	2,28	2,32
Pflege bei Krankheit	53%	53%	2,43	2,46
anziehen, waschen	67%	68%	2,63	2,64
Summen	2,49	2,76		

Um die Aktivitäten der Großväter mit jenen der Väter vergleichen zu können, haben wir die Antworten jeweils zu einem Index addiert und in eine dreiteilige Skala gefügt. Das ergibt die drei Subgruppen „viel", „mittel" und „wenig".

Schon das Grundergebnis ist bezeichnend: 7% der Großväter, aber 32% der Väter haben „viel" mit den Kindern gemacht; 36% der Großväter hingegen wenig, aber nur 15% der Väter.

Interessant ist die Kombination beider Angaben: je mehr der Großvater mit Kindern unternahm, desto mehr tun auch deren Kinder als Väter. Aber auch dort, wo der Großvater wenig gemacht hat, finden wir deren Söhne zumeist im Bereich mittleren Engagements für Kinder.

Tabelle 50: Engagement von Großvätern und Vätern für ihre Kinder

nur Männer	Vater viel	Vater mittel	Vater wenig	Gesamt
Großvater viel	54%	38%	8%	7%
Großvater mittel	36%	52%	12%	57%
Großvater wenig	22%	56%	22%	37%
Alle	32%	53%	15%	

Familienwelt   2. Männliche Lebensinszenierung

Väter haben also insgesamt „zugelegt", was ihren Einsatz für die Kinder betrifft.

Wir können diese Veränderungen auch an vier einzelnen Tätigkeiten veranschaulichen, zu denen es Angaben sowohl über die Großväter als auch über die Väter gibt. Es sind die Tätigkeiten Lernen, Pflegen, Waschen und Spielen. Sehr deutlich wird, wie die Zahlen für die Väter jeweils beträchtlich über jenen der Großväter liegen.

Abbildung 69: Teilaufgaben – Großväter und Väter

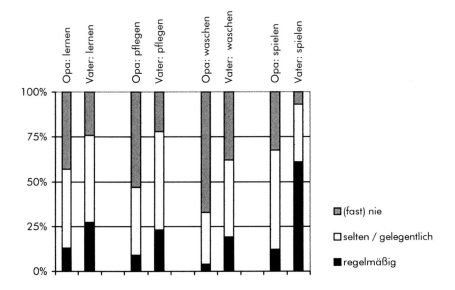

Vergleicht man dazu die Männer nach ihrem Rollenbild, zeigt sich zunächst, daß alle vier Typen dazugelegt haben. Den stärksten Zuwachs erbringen die neuen Männer. Am größten ist er bei den Tätigkeiten Anziehen und Waschen von Kindern.

Abbildung 70: Neue Männer haben im Vergleich zu ihren Großvätern am meisten an Kindernähe gewonnen

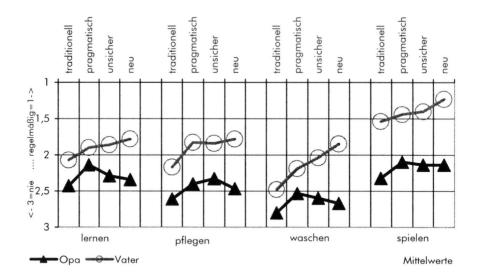

Kennt das Kind den Beruf des Vaters?

Neue Männer öffnen ihrem Kind mehr Zugang zu ihrer beruflichen Lebenswelt als traditionelle Männer. Nach Auskunft von 59% der traditionellen Männer wissen die Kinder über ihren Beruf ungefähr Bescheid. Bei den neuen Männern sind es schon 73%. Aus der Sicht von Frauen liegen diese beiden Werte noch weiter auseinander. 53% der traditionellen Frauen meinen, Kinder wüßten über den Vaterberuf ungefähr Bescheid. Bei den neuen Frauen sind es 83%. Damit liegen sie über den Angaben der (neuen) Männer über sich selbst.

Tabelle 51: Kind kennt Beruf des Vaters

	ungefähre Kenntnis	Vater spricht nicht darüber	Vater nicht berufstätig
alle	72%	7%	21%
Männer (Väter)	70%	8%	22%
Frauen über Väter	74%	6%	20%
Mann traditionell	59%	9%	32%
Mann pragmatisch	71%	6%	23%
Mann unsicher	74%	9%	17%
Mann neu	73%	9%	18%
Frau traditionell	53%	12%	34%
Frau pragmatisch	70%	7%	23%
Frau unsicher	80%	4%	16%
Frau neu	83%	3%	14%

Weiterer Kinderwunsch

23% der befragten Deutschen wünschen ein (weiteres) Kind. Der (zusätzliche) Kinderwunsch hängt natürlich ab von der Zahl der schon vorhandenen Kinder. Bei neuen Männern und Frauen ist der (zusätzliche) Kinderwunsch überdurchschnittlich hoch. Entgegen manchen Alltagsmeinungen ist der Kinderwunsch bei Männern stärker als bei Frauen!

Tabelle 52: Kinderwunsch
Es wünschen sich noch Kinder:

	ja		ja
Mann mit keinem Kind	48%	Mann traditionell	14%
Mann mit einem Kind	22%	Mann pragmatisch	28%
Mann mit zwei Kindern	4%	Mann unsicher	24%
Mann mit drei Kindern	5%	Mann neu	32%
Männer	25%	Männer	25%
Frau mit keinem Kind	44%	Frau traditionell	10%
Frau mit einem Kind	22%	Frau pragmatisch	15%
Frau mit zwei Kindern	6%	Frau unsicher	22%
Frau mit drei Kindern	2%	Frau neu	23%
Frauen	19%	Frauen	19%
alle Deutschen	23%	alle Deutschen	23%

Erziehungsurlaub

„Für einen Mann ist es eine Bereicherung, zur Betreuung seines kleinen Kindes in Erziehungsurlaub zu gehen." An diesem Satz scheiden sich die Traditionellen und die Neuen sehr deutlich. Auffällig ist die „Umreihung" der Pragmatischen und der Unsicheren. Die Pragmatischen können dem Erziehungsurlaub mehr abgewinnen als die Unsicheren.

Insgesamt erhält der positiv bewertete Erziehungsurlaub bei einem Drittel der deutschen Bevölkerung eine Zustimmung. Frauen und Männer unterscheiden sich in dieser Frage nicht.

Abbildung 71: Erziehungsurlaub ist Bereicherung für einen Mann

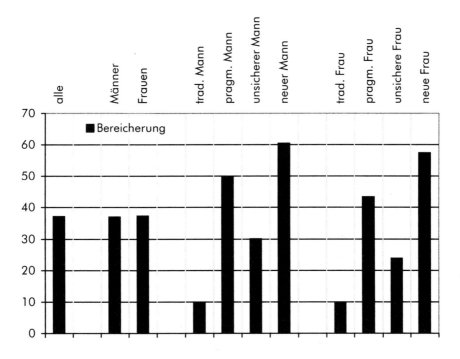

Wer für die Familienarbeit und die Kindererziehung zuständig sein soll, wurde in einer eigenen Frage erhoben. Vier Antwortmöglichkeiten waren vorgegeben:

a) Es ist für alle Beteiligten besser, wenn der Mann voll im Erwerbsleben steht und die Frau zu Hause bleibt und sich um Haushalt und Kinder kümmert.

b) Mindestens solange die Kinder noch klein sind, ist es besser, wenn die Frau zu Hause bleibt.

c) Grundsätzlich sollen die Frauen genauso berufstätig sein können wie Männer. Männer und Frauen sollten sich deshalb die Arbeit im Haushalt und die Sorge um die Kinder teilen oder sich dabei abwechseln.

d) Es ist für alle Beteiligten besser, wenn die Frau voll im Erwerbsleben steht und der Mann zu Hause bleibt und sich um Haushalt und die Kinder kümmert.

Die letzte Antwortmöglichkeit haben von den 1200 Männern drei unsichere Männer und von den 814 Frauen eine traditionelle Frau gewählt. Die restlichen Befragten verteilen sich auf die ersten drei Antwortmöglichkeiten. Der „reine" Hausmann neben der Berufsfrau hat also kulturell (noch?) keine Grundlage. Eine der Ursachen, warum (bisher) so wenige Männer die gesetzlich eröffnete Möglichkeit des Erziehungsurlaubs in Anspruch nehmen?

47% aller befragten Männer und Frauen favorisieren das Modell „b" (Frau zu Hause, solange Kinder klein sind), 41% das Modell „c" (partnerschaftlich), 12% das Modell „a" (Familienfrau). Etwas mehr Männer als Frauen plädieren dafür, daß die Frau zuhause bleibt, solange die Kinder klein sind, etwas mehr Frauen als Männer sind dafür für das partnerschaftliche Modell.

Erwartungsgemäß kräftig sind die Unterschiede zwischen den Rollenbildern. Das kommt nicht überraschend, zumal die Abgrenzung der vier Rollentypen stark auf die Balance Familienwelt und Erwerbswelt gesetzt hat. Vor allem beim egalitär-partnerschaftlichen Modell sind die Anteile sehr verschieden. Der große Sprung liegt bei den neuen Männern von „Frau zu Hause, solange Kinder klein sind" zur „partnerschaftlichen" Arbeitsteilung. Daraus folgt, daß neue Männer sich vorstellen können, Hausmänner zu sein und sich um die Kinder zu kümmern. Neue Frauen sehen dies sehr ähnlich.

Familienwelt   2. Männliche Lebensinszenierung

Abbildung 72: Wunschrollenbilder

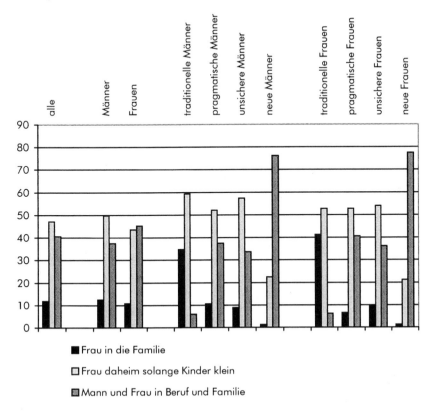

■ Frau in die Familie
□ Frau daheim solange Kinder klein
▨ Mann und Frau in Beruf und Familie

Daß Frauen die Familienarbeit allein machen sollen, schwindet allmählich aus dem Bewußtsein der Deutschen. Unter den Personen bis einschließlich 19 Jahren halten dieses Modell nur noch 5% für richtig. Das Modell „Frau daheim, solange Kinder klein" hat bei den Älteren die meiste Zustimmung, fällt dann bei den 40ern zurück, um von da an wieder leicht zuzunehmen. Dafür ist bei den unter 40jährigen das egalitär-partnerschaftliche Modell rückläufig. Das gilt insbesondere für Männer, weniger für Frauen. Kündigt sich hier eine partielle Entwicklung zurück zur traditionellen Arbeitsteilung zwischen den Geschlechtern an? Europaweite Untersuchungen liefern hierfür zumindest Anhaltspunkte.[33]

---

33 Vgl. Zulehner Paul M., Denz Hermann, Wie Europa lebt und glaubt, Düsseldorf 1993.

Abbildung 73: Das Modell der puren Familienfrau ist bei den Jüngeren kaum noch anzutreffen

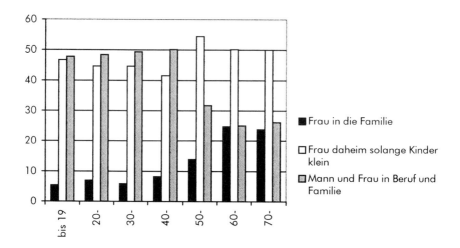

Tabelle 53: Die jungen Frauen denken egalitärer als die jungen Männer

	Frau in die Familie	Frau daheim solange Kinder klein	Mann und Frau in Beruf und Familie
Männer bis 19	7%	51%	42%
Männer 20-29	8%	46%	46%
Männer 30-39	6%	51%	43%
Männer 40-49	9%	43%	48%
Männer 50-59	16%	56%	28%
Männer 60-69	27%	51%	23%
Männer 70-	23%	52%	26%
alle Männer	13%	50%	38%
Frauen bis 19	3%	40%	57%
Frauen 20-29	6%	42%	52%
Frauen 30-39	5%	35%	60%
Frauen 40-49	7%	40%	53%
Frauen 50-59	11%	52%	38%
Frauen 60-69	22%	50%	28%
Frauen 70-	25%	49%	26%
alle Frauen	11%	44%	45%

Erziehungsziele

Gefragt, welche Eigenschaften Männer ihrem Nachwuchs mitgeben wollen, antworten männliche und weibliche Personen ähnlich. Hier treten kaum Differenzen auf. An der Spitze der Wunschliste liegen Verantwortungsgefühl, Manieren, Fleiß und Durchsetzungsfähigkeit.

Tabelle 54: Erziehungsziele für deutsche Kinder

	alle		alle
Verantwortungsgefühl	72%	Bereitschaft, mit anderen zu teilen	48%
gute Manieren	69%	Leistungsbewußtsein	47%
Fleiß	64%	Energie, Ausdauer	43%
Durchsetzungsfähigkeit	63%	Gastfreundschaft	43%
Achtung, Toleranz	57%	Phantasie	40%
Geborgenheit	55%	Solidarität	34%
Weltoffenheit	51%	Selbstzucht und Selbstdisziplin	32%
freie Entfaltung	50%	Gehorsam	22%
Sparsamkeit	49%	Karrierebewußtsein	21%
Ruhe und Ausgeglichenheit	48%	festen Glauben, religiöse Bindung	20%
Unabhängigkeit, Selbständigkeit	48%	Selbstlosigkeit	12%

Abbildung 74: Erziehungsziele aus der Sicht von Männern und von Frauen

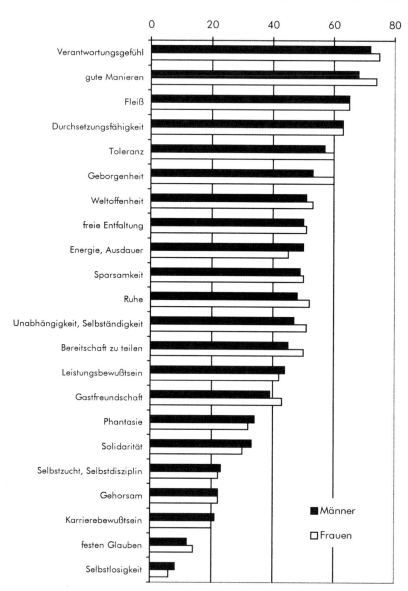

Vergleicht man die Erziehungsziele von traditionellen und neuen Männern, dann stößt man auf interessante Ergebnisse: Traditionelle Männer haben die gleichen Hauptprioritäten, die schon im Gesamtergebnis genannt wurden; beim neuen Rollenbild gibt es zum Teil andere Prioritäten. An der Spitze der Wunschliste liegen neben Verantwortungsgefühl jetzt Weltoffenheit, Toleranz sowie Durchsetzungsfähigkeit.

Familienwelt　　　　　　　　　　　　　　　2. Männliche Lebensinszenierung

Die vielfältigen Erziehungsziele lassen sich an Hand einer Faktorenanalyse, die nur mit den männlichen Befragten durchgeführt wurde, in fünf Gruppen bündeln. Für vier[34] dieser fünf Gruppen wurde ein Index errechnet. Die Erziehungsdimensionen (in der Klammer die jeweilige Ladung) sind:

- **Offenheit:** dazu zählen: Weltoffenheit (0,674): Solidarität (0,681), Gastfreundschaft (0,630) und Phantasie (0,574);
- **Guter Charakter:** Fleiß (0,749): hierher gehören auch gute Manieren (0,627) sowie Sparsamkeit (0,611);
- **Soziale Verantwortung**: enthält Geborgenheit (0,672), Verantwortungsgefühl (0,598) und Toleranz (0,502),
- **Karriere** (0,687) mit den Teildimensionen Durchsetzungsfähigkeit (0,601) und Leistung (0,507).

Für Männer sind Fleiß und soziale Verantwortung von besonderer Bedeutung; mit Abstand folgen Weltoffenheit und Karriere. Vergleicht man die Erziehungsziele mit dem Rollentypen, so ergeben sich bei den Dimensionen Karriere und Fleiß nur geringfügige Differenzen. Bei Weltoffenheit und soziale Verantwortung scheiden sich allerdings die Geister: Fast die Hälfte aller neuen Männer bezeichnen diese Erziehungsziele als sehr wichtig; in den übrigen Vergleichsgruppen ist die Zustimmung weitaus geringer.

Abbildung 75: Erziehungsziele (Indizes) nach Rollenbild (nur Männer)

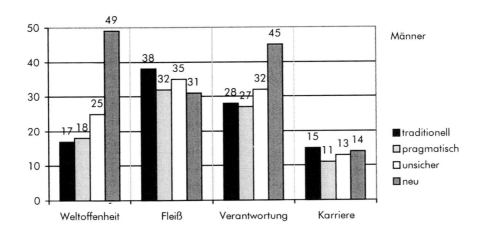

---

34 Die fünfte Gruppe setzt sich aus derart unterschiedlichen Teildimensionen zusammen (Selbstlosigkeit, Glaube, Gehorsam, Selbstdisziplin), daß die Fallzahlen in den einzelnen Indexkategorien für eine weitere Berechnung zu gering gewesen wären.

Haushalt

Frauen, die Familienarbeit mit Erwerbsarbeit verbinden, verlangen von ihren Partnern, daß sie nicht nur die Sorge um die Kinder, sondern auch um den Haushalt mit ihnen teilen.

Die diesbezüglichen Daten der Studie erbringen neuerlich die schon bekannte „Schieflage": Männer beteiligen sich am Haushalt, aber nur partiell. Es gibt offensichtlich männerspezifische Hausarbeiten. Dazu zählen in ansteigender Reihenfolge: kranke Angehörige besuchen, Gartenarbeit, Steuererklärung ausfüllen, sich um alte Eltern kümmern, Müll wegschaffen, Möbel kaufen, mit Behörden verhandeln, neues Bild aufhängen, Haushaltsreparaturen, Auto waschen.

An die Partnerin wird hingegen von Männern delegiert: bügeln, Wäsche waschen, Wäsche aufhängen, kochen, putzen, abwaschen, Blumen pflegen, aufräumen, staubsaugen, einkaufen.[35]

Mit diesen beiden Blöcken von männer- und frauenspezifischen Haushaltsarbeiten wurden zwei Indizes gebildet. Dabei werden Verteilungen deutlich:

---

35 Männer- und frauenspezifische Haushaltsarbeiten

	männliche Hausarbeiten	weibliche Hausarbeiten
Haushaltsreparaturen	0,76	
Müll wegschaffen	0,73	
neues Bild aufhängen	0,68	
mit Behörden verhandeln	0,65	
Auto waschen	0,61	
neue Möbel kaufen	0,61	
kranke Angehörige besuchen	0,57	
Steuererklärung ausfüllen	0,52	
Gartenarbeit	0,44	
sich um Eltern kümmern	0,37	
einkaufen		0,65
putzen		0,79
Wäsche waschen		0,77
Wäsche aufhängen		0,78
bügeln		0,67
Blumen pflegen		0,62
staubsaugen		0,70
kochen		0,70
aufräumen		0,74
abwaschen		0,71

- Im Schnitt machen 40% der Männer männerspezifische Hausarbeiten und 10% frauenspezifische.
- Männer (48%) sehen die Lage für sich günstiger als Frauen (33%).
- Neue Männer machen im Schnitt mehr Hausarbeiten als traditionelle.
- Der Zuwachs an Haushaltstätigkeiten bei den neuen Männern bezieht sich weniger auf die männerspezifischen Aufgaben (traditionell: 9%, neu 22%; aus der Frauensicht allerdings nur von 2 auf 10%!), sondern auf die frauenspezifischen. Neue Männer nehmen also den Frauen einen kleinen Teil der Haushaltsarbeit ab.[36]

---

36 Zuwachs an Haushaltstätigkeiten bei neuen Männern (Differenz traditionelle – neue Männer):

Differenz	Haushaltstätigkeit	DIFF trad-neu	Differenz	Haushaltstätigkeit	DIFF trad-neu
groß	abwaschen	-32	mittel	Müll wegschaffen	-10
	putzen	-31		Gartenarbeit	-9
	Aufräumen	-29		sich um alte Eltern kümmern	-8
	Einkaufen	-28	klein	kranke Angehörige besuchen	-6
	Kochen	-26		Auto waschen	-1
	Wäsche aufhängen	-26		Haushaltsreparaturen	-1
	Wäsche waschen	-26		Möbel kaufen	0
	Staubsaugen	-25		neues Bild aufhängen	1
	Bügeln	-16		mit Behörden verhandeln	1
	Blumen pflegen	-12		Steuererklärung ausfüllen	3

Abbildung 76: Männer- und frauenspezifische Haushaltsarbeiten

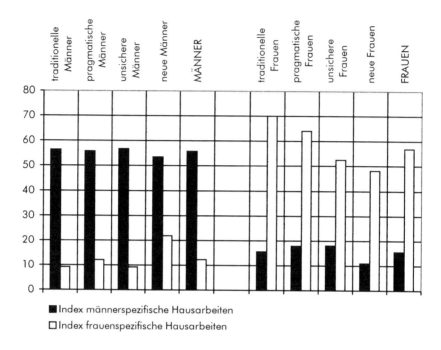

Abbildung 77: Neue Männer machen eher frauenspezifische Haushaltsarbeiten

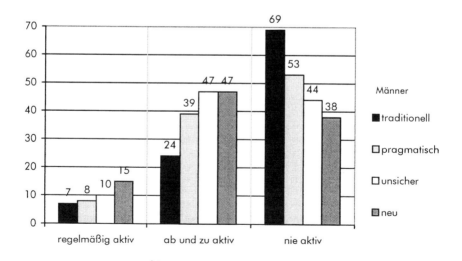

Abbildung 78: Haushaltsarbeiten, von Männern an die Partnerin delegiert – nach Rollentypen (nur Männer)

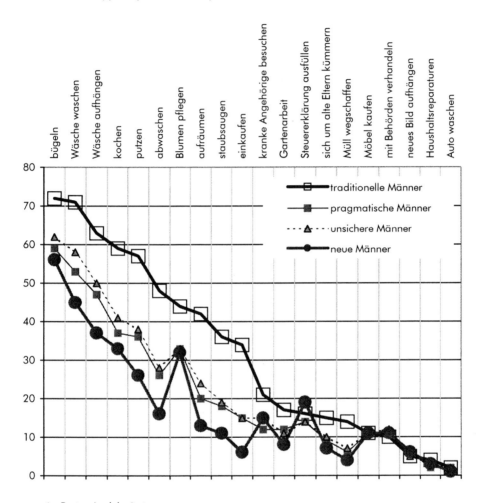

An Partnerin delegiert...

Gefragt wurde auch, von wem die Initiative zu den Hausarbeiten ausgeht – von der Partnerin bzw. im Frauenfragebogen: vom Partner oder von der Frau selbst. 57% vertreten im bundesweiten Schnitt die Ansicht, die Initiative gehe von einem selbst aus. 64% der Männer sind dieser Ansicht, daß die Initiative von ihnen selbst ausgeht; unter den Frauen sehen das 54% so. Die größten Unterschiede in der Sichtweise von Männern und Frauen sind bei den Pragmatischen und den Unsicheren.

Tabelle 55: Der neue Mann ergreift eher die Initiative für die Hausarbeit, die Frauen sehen es ähnlich, wenn auch skeptisch

Wenn Sie solche Hausarbeit erledigen, von wem geht dabei die Initiative aus? Antwort: „meistens von mir selbst" bzw. aus der Sicht der Frauen: „meistens vom Mann."

	Männer	Frauen
traditionell	56%	58%
pragmatisch	58%	45%
unsichere	70%	51%
neu	68%	62%
alle	64%	54%

Zusammenfassend wurde gefragt, wer unterm Strich die Hausarbeit macht: der Mann, die Frau, oder beide zusammen: „Wie ist ungefähr die Verteilung der Hausarbeit zwischen Ihnen und Ihrer Frau/Partnerin, Ihrem Partner?" bzw. im Frauenfragebogen „Ehemann/Partner/in"? Vier Antwortmöglichkeiten waren vorgegeben:

1. macht praktisch mein/e Frau/Partnerin, allein,

2. macht überwiegend mein/e Frau/Partner/in,

3. ist zu gleichen Hälften aufgeteilt,

4. mache überwiegend ich.

Die Antworten im Frauenfragebogen waren analog dazu.

Die Ergebnisse zeigen, wie frauenlastig insgesamt die Haushaltsarbeit ist. 9% der Männer sagen, daß sie die Hausarbeit allein machen. Zwei Drittel sehen die Hausarbeit bei den Frauen angesiedelt: 12% ausschließlich, 51% überwiegend. Hausarbeit ist somit nach wie vor Frauensache, Männer sind zumeist lediglich Helfer und Entlaster. Nicht einmal ein Drittel teilt die Arbeit zu gleichen Hälften. So die Sicht der Männer.

Die Frauen sehen dies noch ungünstiger. Zwar sind, fast identisch wie bei den Männern, 28% der Ansicht, die Hausarbeit werde zur Hälfte geteilt. Daß aber Männer dafür zuständig seien, allein und überwiegend, das sehen nur 3% so. So bleiben für „ich (die Frau) allein" 69%!

Tabelle 56: Verteilung der Hausarbeit – Männer- und Frauensicht

MÄNNER	Frau allein	Frau überwiegend	zu gleichen Hälften	Mann
trad. Männer	23%	54%	15%	8%
pragmatische Männer	13%	48%	31%	9%
unsichere Männer	9%	56%	26%	9%
neue Männer	6%	46%	38%	10%
Männer	12%	51%	27%	9%

FRAUEN	Mann allein	Mann überwiegend	zu gleichen Hälften	Frau
trad. Frauen	1%	4%	16%	79%
pragmatische Frauen	1%	1%	24%	74%
unsichere Frauen	2%	2%	29%	67%
neue Frauen	0%	2%	36%	63%
Frauen	1%	2%	28%	69%

Verwaltung der Haushaltskasse

Der Großteil aller Befragten praktiziert eine gemeinsame Haushaltskasse, zu der jede und jeder offenen Zugang hat; für fast zwei Drittel trifft diese Form der partnerschaftlichen Haushaltsfinanzierung zu. 15% der Befragten haben hingegen getrennte persönliche Kassen in Verbindung mit einer gemeinsamen Haushaltskasse. Nur 8% haben völlig getrennte Kassen.

Gibt jeder fünfte traditionelle Mann seiner Frau Haushaltsgeld, ist es unter den neuen Männern nur mehr jeder zwanzigste. Bei den neuen Männern gibt es häufiger als bei den traditionellen die Mischform getrennter Kassen mit gemeinsamer Haushaltskasse.

Abbildung 79: Haushaltsfinanzierung
Wie ist die Finanzierung des Haushaltes geregelt?

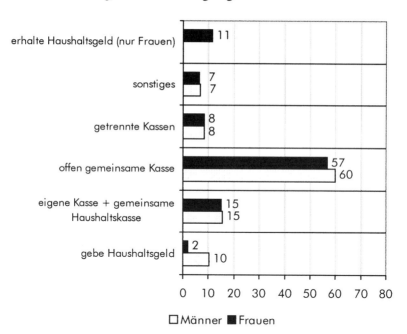

Eine Kleinigkeit, die in dieser Abbildung auffällt: die sehr wenigen Männer, die von ihrer Frau Haushaltsgeld erhalten, geben dies augenscheinlich nicht zu.

Tabelle 57: Haushaltsfinanzierung

	gebe Haushaltsgeld	eigene Kasse + gemeinsame Haushaltskasse	offen gemeinsame Kasse	getrennte Kassen	sonstiges
alle	7%	15%	58%	8%	7%
Frauen	2%	16%	56%	8%	7%
Männer	10%	15%	60%	8%	6%
Mann traditionell	21%	10%	54%	10%	6%
Mann pragmatisch	6%	15%	66%	6%	7%
Mann unsicher	11%	16%	60%	8%	6%
Mann neu	5%	21%	58%	9%	7%
Frau traditionell	3%	11%	47%	8%	16%
Frau pragmatisch	2%	12%	62%	9%	5%
Frau unsicher	2%	18%	54%	11%	7%
Frau neu	2%	19%	58%	6%	4%

AUF EINEN BLICK

Die Familienwelt ist herkömmlicherweise Frauenwelt. Unter der Annahme, daß die Gesellschaft patriarchal ist, sind die Familien „matriarchale Oasen" in ihr. Männer bleiben im Familienalltag weithin am Rand. Ihre marginale Anwesenheit beschränkt sich auf männerspezifische Arbeiten sowie saubere Aktivitäten mit Kindern. Ihre „Domäne" ist eben nicht die Familie, sondern die außerfamiliale berufliche und öffentliche Lebenswelt sowie die Welt der Männerfreizeit. Allerdings heißt das nicht, daß die Familie für den traditionellen Mann bedeutungslos ist: Sie ist gleichsam Hintergrundsicherung für sein Männerleben. Der Preis, den er dafür zahlt, ist, daß er für den Erhalt der Familie zuständig ist. Das ist die traditionelle Aufteilung familialer Zuständigkeiten: Der Mann sorgt für das Einkommen, die Frau für das Auskommen. Der Mann ist Familienerhalter, nicht Familiengestalter: das ist die Aufgabe der Familienfrau.

Neue Männer setzen sich ein Stück weit von dieser familiären Hintergrundexistenz ab. Sie sind im Familienalltag mehr anwesend. Sie weiten ihre Aktivitäten ansatzhaft in die weiblichen Haushaltsaufgaben aus. Was sie mit ihren Kindern tun, ist bunter und betrifft auch pflegerisch-unsaubere Aktivitäten. Der Familienerhalt wird mit der Frau partnerschaftlicher geteilt. Das eröffnet die Möglichkeit, daß Frauen *und* Männer Familienleben und Erwerbsleben besser miteinander verbinden.

Die familienpolitische Kernfrage ist, ob diese Ausweitung des Lebensschwerpunkts neuer Männer auf die Familie und die entsprechende der Frauen auf die Berufswelt gesellschaftspolitisch unterstützt wird.

Abbildung 80: Neue Männer sind ansatzweise in der Familienwelt anwesend
dargestellt mit den Indizes FAMILIENERHALTER, FAMILIENGESTALTER, PFLEGE, SCHULE, MÄNNLICHE UND WEIBLICHE HAUSHALTSARBEITEN

FAMILIEN-ERHALTER	notwendige Entscheidungen treffen; für Zukunft planen; materielle Existenz sichern
FAMILIEN-GESTALTER	über Partnerschaft reden; über Spannungen reden; daß es gemütlich ist; Ausgleich bei Streit; gemeinsam unternehmen
PFLEGE	mit Kindern: ins Bett bringen; pflegen; waschen; spielen; zum Kinderarzt gehen; spazieren gehen
SCHULE	mit Kindern: Schulfeste; Elternsprechtage; Hausaufgaben; Sport
MÄNNLICHE HAUSHALTS-ARBEITEN	Haushaltsreparaturen; Müll wegschaffen; neues Bild aufhängen; mit Behörden verhandeln; Auto waschen; neue Möbel kaufen; kranke Angehörige besuchen; Steuererklärung ausfüllen; Gartenarbeit; sich um Eltern kümmern
WEIBLICHE HAUSHALTS-ARBEITEN	einkaufen; putzen; Wäsche waschen; Wäsche aufhängen; bügeln; Blumen pflegen; staubsaugen; kochen; aufräumen; abwaschen

Familienwelt 2. Männliche Lebensinszenierung

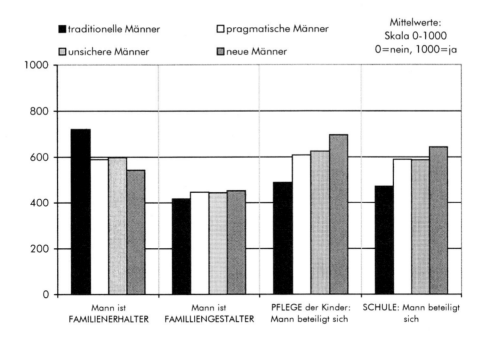

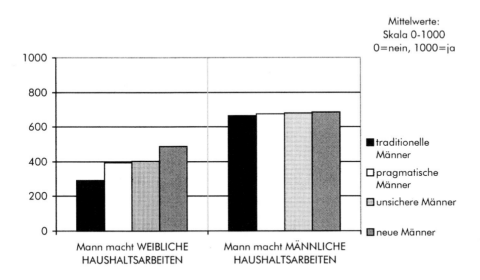

INNENWELT

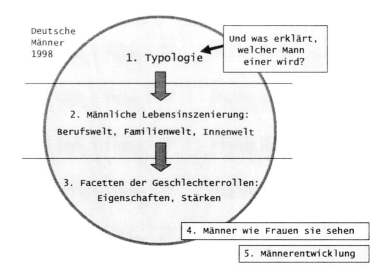

Ist Männern der Zugang zur Innenwelt verschlossen? Landläufig verbreitet sind folgende Auffassungen: Gefühle sind weiblich, Beziehungsarbeit ist Frauensache. Der Mann ist der durch den Verstand Beherrschte. Er läßt sich nicht gehen, versteckt oder verdrängt seine Gefühle. Zumindest die Gefühle der Schwachheit. Wie steht es wirklich um die Innenwelt des Mannes?

Zu solchen Annahmen hat die Studie vielfältige Informationen erhoben. Stichworte werden im Folgenden sein: Gesundheit, Sexualität, Gefühle, Gewalt, Ängste und Ohnmacht, Leid, Tod, Religion.

GESUNDHEIT, ARZT

Ein Drittel (32%) der Männer achtet sehr auf die Gesundheit. Bei Frauen liegt dieser Anteil höher (44%). Traditionelle, Männer wie Frauen, sind um ihre Gesundheit mehr besorgt als neue Männer und Frauen.

Abbildung 81: Achtet auf Gesundheit

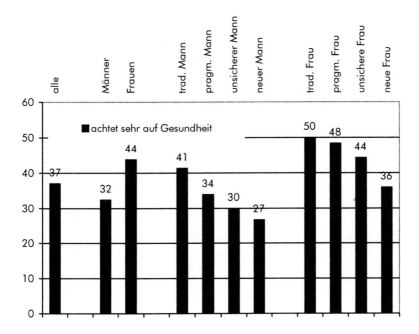

Der Gesundheitszustand wird von den Neuen (Frauen wie Männern) besser eingeschätzt als von den Traditionellen. Insgesamt halten sich Männer für ein bißchen gesünder als die Frauen.

2. Männliche Lebensinszenierung

Tabelle 58: Gesundheitszustand

	völlig gesund	gesund	mittel	nicht gesund	gar nicht gesund	MW
alle	17%	45%	29%	7%	2%	2,32
Männer	18%	45%	29%	6%	2%	2,29
Frauen	16%	45%	29%	8%	2%	2,38
traditionelle Männer	18%	40%	29%	9%	3%	2,39
pragmatische Männer	20%	43%	30%	7%	1%	2,26
unsichere Männer	16%	46%	31%	5%	2%	2,31
neue Männer	19%	51%	25%	4%	1%	2,16
traditionelle Frauen	11%	33%	34%	17%	4%	2,69
pragmatische Frauen	13%	51%	29%	4%	3%	2,33
unsichere Frauen	14%	46%	27%	10%	2%	2,40
neue Frauen	22%	43%	28%	6%	1%	2,22

Männer, so sagt man, stellen die Arbeit über ihre Gesundheit. 59% der Männer und 63% der Frauen teilen diese Ansicht. Bei den traditionellen Männern ist diese Ansicht noch mehr verbreitet (72%); bei den neuen hingegen teilt nur jeder zweite diese Meinung (50%). Die Frauen sind – aufgeschlüsselt nach Rollenbild – ziemlich konstant in ihren Vermutungen.

Abbildung 82: „Männer stellen Arbeit über die Gesundheit", Zustimmung (in Prozent)

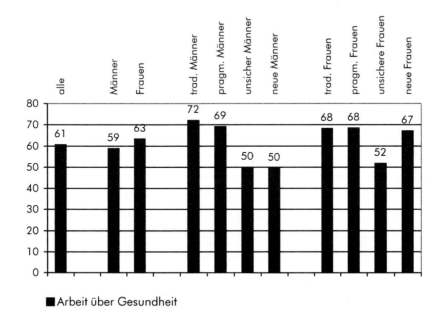

Diese hohe Bewertung der Arbeit durch die Männer hat ihren Preis. Mehr Männer (22%) als Frauen (17%) bleiben „fast nie" von der Arbeit zuhause, weil Beruf und Arbeit für sie zu wichtig sind. Zwei Drittel bleiben bei starken Beschwerden von der Arbeit weg, 11% bei leichten Beschwerden.

2. Männliche Lebensinszenierung   Innenwelt

Abbildung 83: Bleibt zuhause, wenn krank

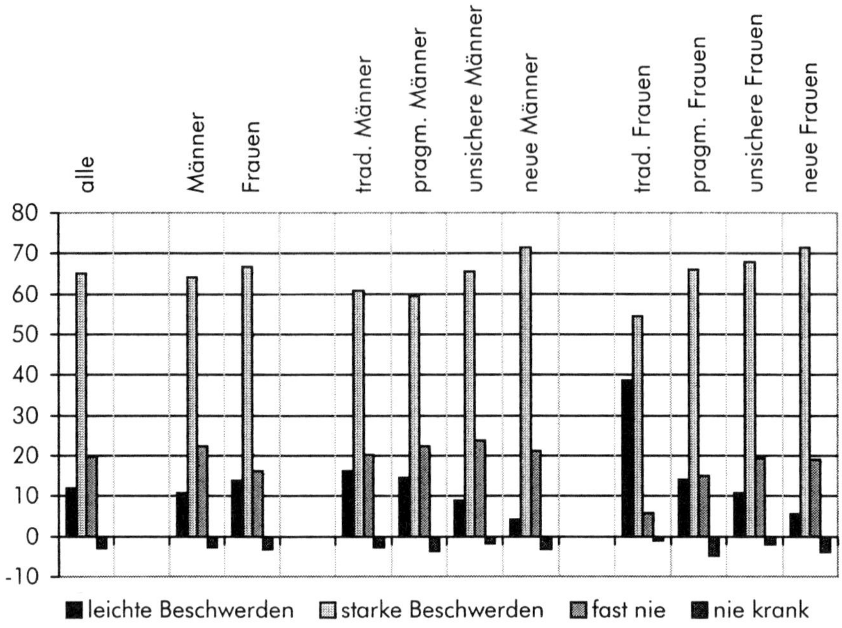

■ leichte Beschwerden ▨ starke Beschwerden ▦ fast nie ■ nie krank

Sind die neuen Männer gesundheitsbewußter? Jedenfalls treffen wir die neuen Männer auch deutlich häufiger beim Arzt (45% jährlich; von den traditionellen Männern sind es lediglich 31%).

Gesundheit und Alter

Mit zunehmendem Alter achten Männer und Frauen vermehrt auf ihre Gesundheit; sie spüren Abnützungserscheinungen und sind mit ihrer gesundheitlichen Verfassung weniger zufrieden.

Abbildung 84: Die Älteren werden gesundheitsbedachter
Achten Sie normalerweise auf Ihre Gesundheit?

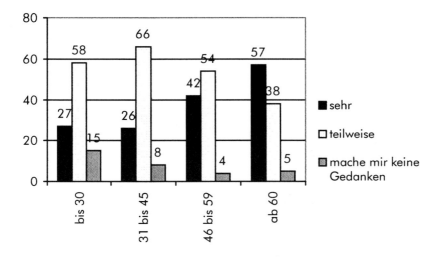

Abbildung 85: Jüngere erleben sich als gesünder
Wie gesund schätzen Sie sich ein?

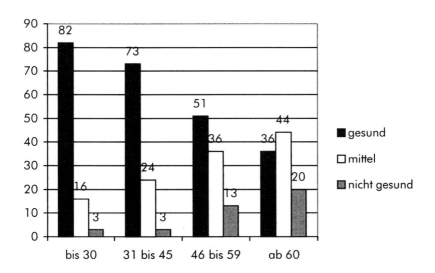

2. Männliche Lebensinszenierung   Innenwelt

Abbildung 86: Mit dem Alter nehmen Arztbesuche zu
Wie häufig gehen Sie durchschnittlich im Jahr zum Arzt?

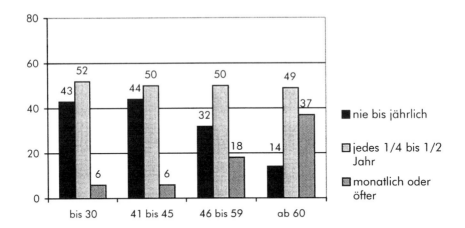

Tabelle 59: Anzahl an Arztbesuchen

	jährlich	halbj.	viertelj.	monatlich	öfter	nie	MW
alle	29%	29%	21%	10%	5%	5%	2,48
Männer	35%	28%	19%	8%	4%	7%	
Frauen	21%	31%	25%	13%	7%	2%	
trad. Männer	31%	26%	21%	9%	6%	6%	2,51
pragmatische Männer	31%	29%	17%	10%	5%	8%	2,53
unsichere Männer	34%	29%	20%	6%	4%	7%	2,38
neue Männer	45%	26%	14%	6%	1%	8%	2,14
trad. Frauen	8%	27%	20%	29%	15%	1%	3,18
pragmatische Frauen	24%	31%	27%	11%	6%	1%	2,49
unsichere Frauen	21%	28%	28%	11%	9%	3%	2,69
neue Frauen	26%	35%	23%	10%	3%	3%	2,38

Bemerkenswert sind die Antworten auf die Frage, ob Männer Angst vor dem Arzt haben. Die Selbstsicht der Männer klafft von der Sicht der Frauen weit auseinander. Nur 7% der Männer geben eine solche Angst zu, während immerhin 63% der Frauen eine solche Angst bei Männern vermuten. Haben Männer keine Angst, oder – falls die Frauen sie „besser" kennen – lassen sie diese nicht zu? Das wäre zumindest für den herkömmlichen Mann typisch, daß er keine Schwäche, also auch keine Angst zeigt.

Abbildung 87: Angst des Mannes vor dem Arzt
Haben Sie Angst zum Arzt zu gehen?

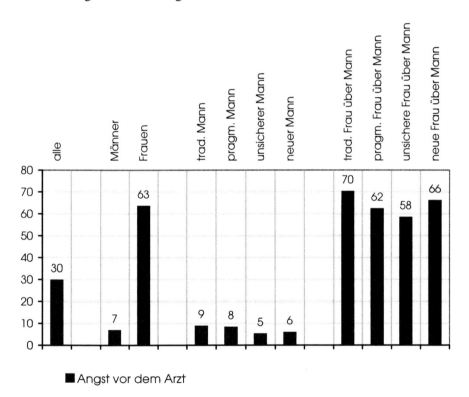

„Neue" Männer geben übrigens Angst vor dem Arzt noch weniger zu als traditionelle (6% zu 9%). Alle Männer, gleich welchen Rollenbilds, reagieren hier ähnlich.

Angst haben die Männer, wo eine solche angenommen wird (das sind wie gesagt unter den Männern 7% und unter den Frauen 63%), vor allem vor einer schlimmen Diagnose sowie einer schmerzhaften Behandlung. Dabei steht bei den Männern die schlimme Diagnose im Vordergrund, Frauen vermuten beides. Auch Zeit und Kosten werden von den Männern mehr gefürchtet, als Frauen ihnen zuweisen. Immerhin 21% der befragten Frauen vermuten auch, daß ein Mann nicht gern zugibt, ein Schwächling zu sein. Kaum ein Mann nimmt das für sich an...

Tabelle 60: Warum Männer Angst vor dem Arzt haben
Warum haben Sie Angst, zum Arzt zu gehen?

	schlimme Diagnose	schmerzhafte Behandlung	zeitintensive Behandlung	Schwächling	Kosten
alle	49%	51%	27%	19%	5%
Männer	53%	34%	30%	1%	13%
Frauen	48%	53%	26%	21%	4%
trad. Mann	58%	32%	42%	0%	11%
pragmatischer Mann	39%	39%	17%	0%	22%
unsicherer Mann	57%	33%	29%	5%	5%
neuer Mann	62%	31%	38%	0%	15%
trad. Frau	58%	48%	28%	24%	3%
pragmatische Frau	50%	61%	17%	14%	2%
unsichere Frau	43%	53%	28%	26%	11%
neue Frau	46%	50%	32%	23%	2%

Abbildung 88: Männer verdrängen die Angst vor Schmerzen
Warum haben Sie Angst, zum Arzt zu gehen?

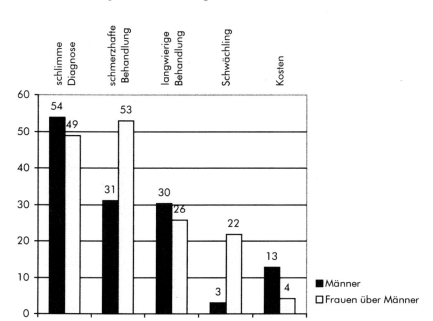

Gesundheit und Leistungsdruck

Das gesundheitliche Empfinden verändert sich im Laufe des Älterwerdens beträchtlich: In den ersten beiden Altersgruppen ist es noch ziemlich ausgeglichen; ab 45 Jahren nehmen Beschwerden und Arztbesuche dagegen signifikant zu. Bei der folgenden Untersuchung, wie sich der Leistungsdruck auf die gesundheitliche Verfassung von Männern und Frauen auswirkt, wird daher ein Filter eingebaut, der lediglich die Befragten bis 45 Jahre berücksichtigt.

Auf den ersten Blick hat der Leistungsdruck keine erkennbare Auswirkungen auf Personen bis 45 Jahre. Jeweils 3 von 4 fühlen sich ziemlich gesund, unabhängig vom Leistungsdruck.

Im Fall einer Erkrankung sinkt allerdings die Bereitschaft leicht, die Krankheit zu Hause auszukurieren, wenn der Leistungsdruck größer ist.

Männer empfinden den Leistungsdruck stärker als Frauen; Frauen achten dagegen mehr auf ihre Gesundheit und sind auch eher dazu bereit, Krankheiten zu Hause auszukurieren.

Tabelle 61: Wie hoch ist der Leistungsdruck in Ihrem Beruf?

	hoher Leistungsdruck	mittlerer Leistungsdruck	wenig Leistungsdruck
Männer	70%	23%	7%
Frauen	57%	28%	15%

Tabelle 62: Achten Sie normalerweise auf Ihre Gesundheit?

	sehr	teilweise	mache mir keine Gedanken
Männer	22%	64%	14%
Frauen	34%	59%	7%

Tabelle 63: Bleiben Sie zu Hause, wenn Sie sich krank fühlen?

	auch bei leichten Beschwerden	nur bei höherem Fieber	(fast) nie	noch nie krank gewesen
Männer	7%	66%	24%	4%
Frauen	7%	74%	16%	3%

Weiterhin besteht ein leichter Zusammenhang zwischen dem beruflichen Leistungsdruck und dem persönlichen Einkommen. Je höher der Verdienst, desto höher auch der Leistungsdruck. Das gilt für Männer und noch etwas mehr für Frauen.

Tabelle 64: Persönliches Nettoeinkommen und hoher Leistungsdruck

in DM	Männer	Frauen
bis 1500	59%	60%
1500 - 2500	65%	63%
2500 - 4000	70%	74%
ab 4000	71%	72%

SEXUALITÄT

Sexuelle Aufklärung

Die sexuelle Aufklärung nimmt im Altersvergleich zu. Die jüngeren Befragten benennen mehr Personen, die sie sexuell aufgeklärt haben. Noch stärker wächst aber der Einfluß von vielfältigen Medien.

Tabelle 65: Sexuelle Aufklärung durch Personen und Zeitschriften
Von wem wurden Sie sexuell aufgeklärt?

	trifft zu
PERSONEN	
Freunde in ähnlichem Alter	31%
von niemandem	27%
Mutter	23%
Vater	17%
ein Lehrer	15%
Geschwister	6%
eine Lehrerin	6%
andere(r)	6%
erwachsene Männer	4%
Freundinnen in ähnlichen Alter	4%
andere Verwandte	1%
erwachsene Frauen	1%
MEDIEN	
Bücher	36%
Jugendzeitschriften	35%
sonstiges	28%
freizügige Zeitschriften	20%
Fernsehen/TV	19%
Fotos	16%
andere Zeitschriften	10%
Kino	8%
Videos	6%

Das sind die Antworten auf die Fragen: „Wenn Sie an Ihre Kindheit/Jugend denken: Von wem, also von welchen Personen, wurden Sie sexuell aufgeklärt?" Von 21 möglichen Positionen haben die über 70jährigen im Schnitt 2,22 genannt, die unter 19jährigen hingegen 3,85, also fast doppelt so viele.

Tabelle 66: Zunahme an „Aufklärern"
durchschnittliche Zahl der Nennungen

	PERSONEN	MEDIEN	Zahl der Nennungen
bis 19	1,63	2,22	3,85
20-	1,64	2,03	3,66
30-	1,48	1,91	3,39
40-	1,41	1,82	3,23
Schnitt	1,40	1,72	3,12
50-	1,27	1,46	2,73
60-	1,15	1,31	2,46
70-	1,06	1,16	2,22

Haben im Durchschnitt die traditionellen Männer 2,92 „Aufklärende" angegeben, waren es unter den neuen 3,36.

Tabelle 67: Neue Männer haben mehr „Aufklärende"
durchschnittliche Zahl der Nennungen

Männer	PERSONEN	MEDIEN	Summe
traditionelle	1,28	1,64	2,92
pragmatisch	1,38	1,81	3,19
unsicher	1,43	1,71	3,14
neu	1,54	1,82	3,36

Spitzenreiter unter den aufklärenden Personen sind Freunde, gefolgt von der Mutter, an dritter Stelle Lehrer. Der Vater und die Lehrerin sind weit abgeschlagen.

Unter den aufklärenden Medien stehen weit oben Bücher, die Zeitschrift „Bravo", freizügige Medien, Fotos.[37]

---

37 Die Nennungen haben eine innere Ordnung, die faktorenanalytisch ermittelt wurde. Folgende Faktoren haben sich herausgebildet:
- Eltern: Vater (,76), Mutter (,73)
- Bücher: Bücher (-,76), Fotos (-,61)
- Pädagogik: „Bravo" (,66), Lehrerin (,52), Fernsehen (,36)
- Bilder: Kino (,57), freizügige Zeitschriften (,50), Videos (,46)
- Gleichaltrige: Freunde (,70), Geschwister (,50)
- Frauen: Bekannte (-,72), Freundinnen (-,67)
- Männer: Bekannte (,66), Zeitschriften (,69)
- nicht zugeordnet: andere Verwandte, Lehrer, niemand

Abbildung 89: Spitzenreiter unter den Aufklärern

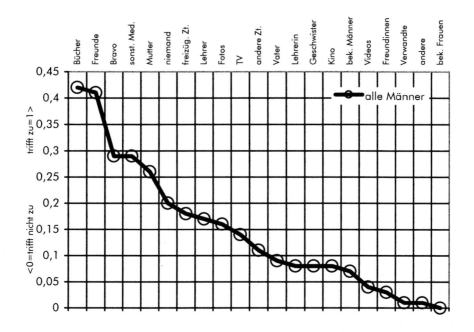

Im Vergleich zwischen den traditionellen und neuen Rollentypen erweisen sich die Freunde als wichtig für beide. Ein Drittel der Traditionellen, aber nur ein Fünftel der Neuen und sogar nur ein Siebtel der Zwischengruppen nannte „niemand". Bei den Neuen haben stark dazugewonnen: „Bravo", das Fernsehen, Bücher. Auch die Schule spielt eine stärkere Rolle. Gleich blieb die Bedeutung der Mutter, geringfügig gewonnen haben die Väter.[38] Vergleicht man die Ergebnisse nach Altersgruppen getrennt, so wird ersichtlich, daß die Aufklärung durch Personen zugenommen hat; neben den Freunden werden die Eltern zunehmend wichtig. Aber auch der Einfluß der Medien, insbesondere von Jugendzeitschriften, ist deutlich gestiegen.

---

38 Tabelle : Unterschiede zwischen den Rollentypen (Männer)

MW: 0=ungenannt, 1=genannt	traditionell	pragmatisch	unsicher	neu
sonst. Med.	0,42	0,3	0,19	0,23
Freunde	0,37	0,39	0,52	0,31
Niemand	0,32	0,13	0,14	0,23
Bücher	0,32	0,48	0,52	0,31
Fotos	0,21	0,13	0,19	0,08
Mutter	0,21	0,22	0,38	0,23
Lehrer	0,16	0,13	0,19	0,23
Geschwister	0,11	0,13	0,05	0
bekannte Männer	0,11	0,13	0	0
andere Zeitschriften	0,11	0,22	0	0,08
Kino	0,05	0,09	0,14	0
Vater	0,05	0,04	0,19	0,08
Lehrerin	0,05	0,09	0,05	0,15
freizügige Zeitschriften	0,05	0,17	0,33	0,15
TV	0,05	0,22	0,05	0,31
Bravo	0,05	0,3	0,38	0,46
Verwandte	0	0	0,05	0
Freundinnen	0	0,04	0,05	0
bekannte Freunde	0	0	0	0
andere	0	0	0	0,08
Videos	0	0,04	0,05	0,08

Tabelle 68: Jugendzeitschriften sind noch wichtiger als die Eltern für die Aufklärung der nächsten Generation

	bis 30	31 bis 45	46 bis 59	ab 60
PERSONEN				
Freunde in ähnlichem Alter	36%	32%	30%	27%
Mutter	35%	24%	18%	12%
ein Lehrer	21%	18%	12%	6%
Vater	21%	19%	15%	11%
MEDIEN				
Jugendzeitschriften	59%	47%	19%	5%
Fernsehen/TV	36%	23%	7%	2%
Bücher	32%	34%	41%	40%
freizügige Zeitschriften	28%	24%	14%	8%

Anhand der Extremgruppen kann man erkennen, daß neue Männer vor allem bei den Eltern einen Aufklärungsgewinn zu verzeichnen haben. Vater und Mutter haben sich hier wesentlich mehr darum bemüht als beim traditionellen Mann (neu: Vater 22%, Mutter 24%; traditionell: Vater 12%, Mutter 11%). Allerdings muß in diesem Zusammenhang nochmals festgestellt werden, daß ein enger Zusammenhang zwischen der Geschlechterrolle und dem Alter besteht. 70% der neuen Männer sind jünger als 45 Jahre, aber nur einer von drei Traditionellen. Aufklärung und sexuelle Revolution sind doch ein Kind der späten sechziger und beginnenden siebziger Jahre – da sind jene Befragten bevorzugt, die in dieser Zeit Jungen waren.

Sexuelle Aktivität

„Sex ist für Männer wichtiger als für Frauen." Dieser Satz ist bei den Befragten umstritten. 44% stimmen ihm zu, 32% lehnen ihn ab. Männer und Frauen urteilen in dieser Frage anders. 55% Zustimmung bei Frauen stehen 37% bei den Männern gegenüber. Auch das Rollenbild wirkt sich nachhaltig aus: Weit mehr Traditionelle als Neue (Männer wie Frauen) bejahen diesen Satz zu. Verliert also Sex die Dominanz im männlichen Selbstbild?

2. Männliche Lebensinszenierung — Innenwelt

Tabelle 69: „Sex ist für Männer wichtiger als für Frauen"

	Männer
alle	37%
traditionell	54%
pragmatisch	43%
unsicher	33%
neu	21%

	Frauen
alle	55%
traditionell	68%
pragmatisch	57%
unsichere	46%
neue	53%

Erkundet wurde auch die sexuelle Aktivität. Dabei war uns klar, wie problematisch solche direkte Fragen zum sexuellen Intimbereich sind. Die seit den Siebzigern erfolgte Enttabuisierung der Sexualität erleichtert aber solche Forschung. Trotz der Antwortverweigerung von durchschnittlich 45% werden zumindest Trends sichtbar. Die Frage war nur an die Männer gestellt worden.

69% der befragten Männer hatten in den vergangenen zehn Jahren nur mit einer Partnerin, mit einem Partner Sex gehabt. 20% lebten längere Zeit ohne Sex, weil sie keine/n Partner/in hatten, dazu kommen 9% ohne Gelegenheit. 2,4% lebten mindestens drei Monate bewußt keusch.

Tabelle 70: „Wie häufig hatten Sie in der vergangenen Woche Geschlechtsverkehr?"

	gar nicht	einmal	zweimal	dreimal	mehr	MW
trad. Männer	49%	27%	15%	4%	4%	0,88
pragmatische Männer	40%	23%	19%	9%	8%	1,22
unsichere Männer	42%	23%	21%	8%	7%	1,15
neue Männer	28%	25%	24%	13%	9%	1,49
Männer	40%	24%	20%	9%	7%	1,18

40% der befragten Männer hatten in der vergangenen Woche keinen Sexualverkehr, 24% einmal, 20% zweimal, 9% dreimal, 7% noch öfter. Der Mittelwert für alle Männer liegt bei 2,18 (keiner=1, also: „einmal pro Woche").

Mit Männern haben 4% der Männer Erfahrungen. Diese werden zu 45% ausschließlich mit einem Partner unterhalten.

Wer unverheiratet in einer festen Beziehung lebt, ist sexuell am aktivsten (Mittelwert von 0=„gar nicht" bis 4=„mehr als dreimal in der Woche": 1,89). Es folgen die verheirateten Männer (1,22), sodann die geschiedenen (1,09). Der Mittelwert für die ledigen Männer ohne feste Beziehung liegt bei 0,46, bei den Verwitweten bei 0,35.

Die meiste sexuelle Aktivität haben Männer zwischen 20 und 29. Dann sinkt der Mittelwert bei jeder Alterskohorte und erreicht bei den über 70jährigen 0,24 – was sehr geringe sexuelle Tätigkeit signalisiert. Bei den unter 19jährigen liegt der Mittelwert bei 0,57.

Generell (die Verwitweten ausgenommen) haben traditionelle Männer weniger Sexualverkehr als die neuen Männer. Im Schnitt verkehren ledige traditionelle Männer in fester Beziehung einmal in der Woche, neue ledige in fester Beziehung zweimal. Besonders groß ist der Abstand zwischen den Traditionellen und den Neuen bei den Geschiedenen.

Neue Männer haben viel häufiger Geschlechtsverkehr als alle anderen Vergleichsgruppen, sind mit der Sexualität ihrer Partnerschaft/Ehe am meisten zufrieden (45% gegenüber 35% bei den traditionellen Männern und 30% bei den unsicheren; die pragmatischen Männern sind mit 43% auch überdurchschnittlich zufrieden) und haben das höchste Selbstwertgefühl („guter Liebhaber").

Abbildung 90: Neue Männer sind sexuell aktiver als traditionelle

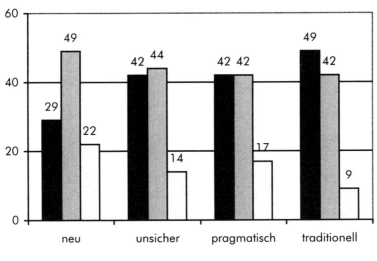

Die höhere sexuelle Aktivität bei neuen Männern betrifft vor allem die unter 30jährigen sowie dann wieder die 40-60jährigen. In der Alterskohorte der Dreißiger (30-39) sind die traditionellen und pragmatischen Männer sexuell aktiver als die neuen. Die Unsicheren und die Traditionellen sind in den 60ern überdurchschnittlich sexuell tätig.

Abbildung 91: Die neuen Männer sind bis Dreißig und von Vierzig bis Sechzig sexuell überdurchschnittlich aktiv

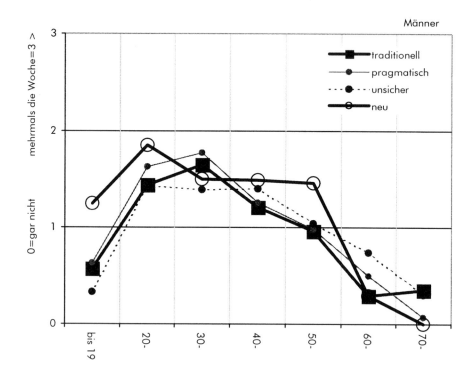

Abbildung 92: Neue Männer sind mit der Sexualität in der Partnerschaft am meisten zufrieden

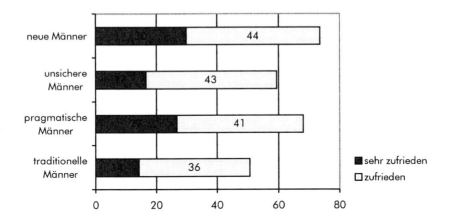

Abbildung 93: Sexuelle Aktivität je nach Lebensstand und Rollenbild

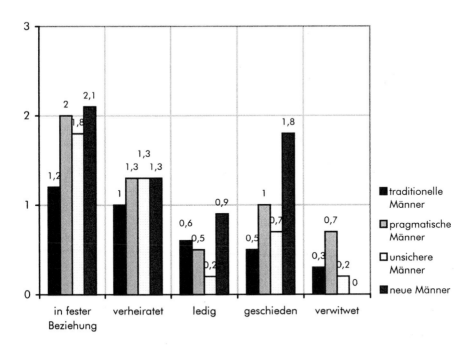

Das Urteil über die Sexualität in Ehe bzw. Partnerschaft fällt im Schnitt gut aus.

Zwei Drittel beurteilen mit 1 oder 2. Nur 10% bewerten mit 4 oder 5. Der „Notenschnitt" liegt bei 2,31.

Die durchschnittliche Sexualnote ist bei den neuen Männern besser als bei den traditionellen. Kombiniert man Lebensstand und Rollenbild mit der sexuellen Zufriedenheit, dann schneiden Personen in fester Beziehung (verheiratet oder ledig) besser ab als geschiedene und verwitwete Männer.

67% der Frauen schätzen in der Partnerschaft sexuelle Gemeinsamkeit. Von den Männern legen hingegen 37% Wert darauf. Dieser Wert liegt nach Ansicht der Frauen zu hoch, sie vermuten solche Wertschätzung nur bei 27% der Männer. Dieser Wert liegt bei den Traditionellen (Männer wie Frauen) niedriger als bei den Neuen.

Der Unterschied zwischen Frauen und Männern ist beträchtlich. Ist Männersex weniger kommunikativ, auf Gemeinsamkeit ausgerichtet? Werden neue Männer sexuell etwas kommunikativer?

Tabelle 71: Wertschätzung der sexuellen Gemeinsamkeit in der Partnerschaft/in der Ehe

	Männer über sich	Frauen über Männer	Frauen über sich
traditionell	34%	18%	61%
pragmatisch	38%	28%	64%
unsicher	35%	33%	69%
neu	44%	27%	74%
alle	37%	27%	67%

39% der befragten Männer wären in ihrer momentanen Beziehung gern sexuell aktiver. Dieser Wunsch besteht zwar insbesondere bei jenen, die in der vergangenen Woche keinen Sexualverkehr hatten. Doch haben diesen Wunsch mindestens ein Drittel in allen Kategorien, unabhängig von der Sexualverkehrsfrequenz. Die Unterschiede nach Rollenbild sind diesbezüglich marginal.

Tabelle 72: Wären Sie in Ihrer momentanen Beziehung gern sexuell aktiver?

	gern aktiver
gar nicht	43%
einmal	42%
zweimal	34%
dreimal	31%
mehr	36%
alle	39%

Gefragt wurden jene, die gern sexuell aktiver wären, danach, was ihre sexuelle Aktivität einschränkt. Als Gründe, die zur Einschränkung sexueller Aktivität führen, werden vor allem Streß (37%), Gewöhnung und Langeweile (14%) sowie körperliche Probleme (12%) genannt.

„Lust auf andere/n Frau/Mann" und „psychisches Problem" wurden selten genannt. Die Unterschiede nach Rollentypen sind geringfügig. Bei den neuen Männern kommt Gewöhnung selten vor, Streß hingegen mehr.

Tabelle 73: Was mehr sexuelle Aktivität hindert
Was schränkt Ihre sexuelle Aktivität ein?

N=342	Gewöhnung	Lust auf andere/n Frau	Krankheit	psychisches Problem	Streß	räumliche Trennung	anderes
traditionell	17%	10%	16%	6%	27%	11%	43%
pragmatisch	21%	6%	16%	7%	46%	6%	33%
unsicher	12%	5%	8%	3%	36%	7%	47%
neu	6%	6%	11%	9%	36%	12%	41%
alle	14%	6%	12%	6%	37%	9%	41%

Mit wem besprechen Männer und Frauen ihre Probleme?

Auf den ersten Blick herrschen klare Verhältnisse: Männer und Frauen lösen ihre Probleme am häufigsten untereinander, wobei Männer diese Auffassung stärker vertreten. Frauen fragen eher ihre Mutter oder Freundinnen um Rat. Im Freundeskreis tendieren beide stärker zu Vertretern des eigenen Geschlechts.

Abbildung 94: Gespräch über persönliche Probleme – nach Geschlecht

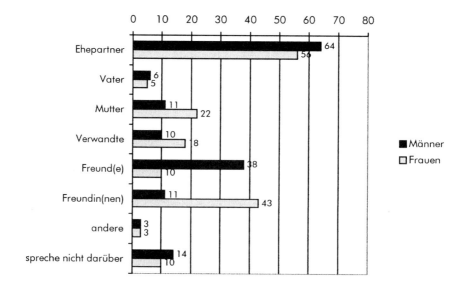

Abbildung 95: Gespräch über persönliche Probleme – nach Geschlecht und Rollenbild

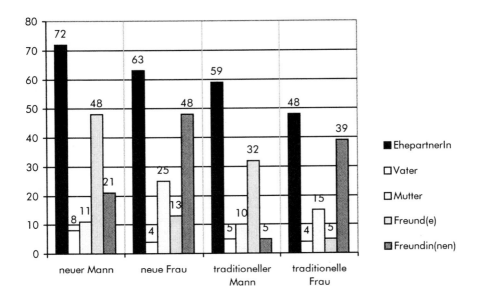

Vergleicht man die Extremgruppen miteinander, ergibt sich dagegen ein differenziertes Bild: Neue Männer und Frauen haben eine signifikant höhere Bereitschaft, ihre Probleme mit dem Partner, mit der Partnerin zu besprechen; aber auch Freunde und Freundinnen werden häufiger um Rat gefragt. Der neue Mann läßt sich viermal so oft von Bekannten des anderen Geschlechts helfen wie der traditionelle. Die neue Frau läßt sich dagegen häufiger von ihrer Mutter in Problemsituationen unterstützen. Insgesamt steigt beim neuen Typus die Bereitschaft, vorhandene Probleme von sich aus anzusprechen.

Bei der Problemlösungskompetenz liegen nach Selbsteinschätzung die Frauen voran. Sie sind eher dazu in der Lage, Probleme auch auszusprechen. In den anderen Teilbereichen sind die Differenzen nicht so ausgeprägt.

Abbildung 96: Problemlösung – Männer und Frauen im Vergleich

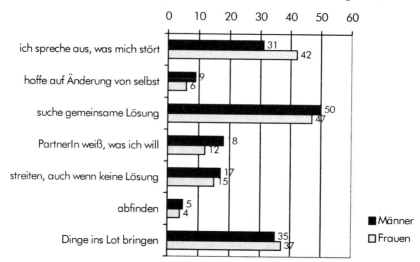

Beim Vergleich der Extremgruppen im Rollenverständnis wird wiederum sichtbar, daß sich die neuen Rollentypen vermehrt um eine partnerschaftliche Konfliktlösung bemühen, bei der Probleme klar zur Sprache kommen, während bei den traditionellen Typen Problemfelder eher indirekt angesprochen werden (mein Partner, meine Partnerin weiß meistens selbst, was ich will).

Abbildung 97: Problemlösung – nach Rollentypen

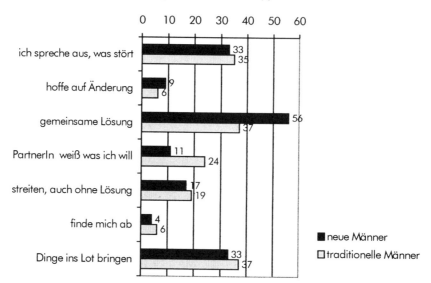

Untersucht man bei drei Fragestellungen nochmals das Rollenverhalten getrennt nach Geschlecht, so stellen sich die traditionellen Männer als jene heraus, die Konflikten eher aus dem Weg gehen. Sie sprechen zwar aus, was sie stört, wollen darüber aber nicht gerne diskutieren. Partnerschaftliche Konfliktbewältigung streben nur etwa ein Drittel dieser Gruppe an; sie verlassen sich eher darauf, daß die Partnerin auf ihre Wünsche eingeht.

Neue Männer sind dagegen wesentlich mehr partnerschaftlich orientiert. Beim Vergleich traditioneller mit neuer Frauen sind die Differenzen weniger stark; die Tendenz ist aber ähnlich: zwar nennen neue Frauen Probleme eher beim Namen, jedoch sind sie ebenfalls mehr an partnerschaftlicher Konfliktlösung interessiert.

Abbildung 98: Problemlösung – Männer und Frauen nach Rollentypen im Vergleich

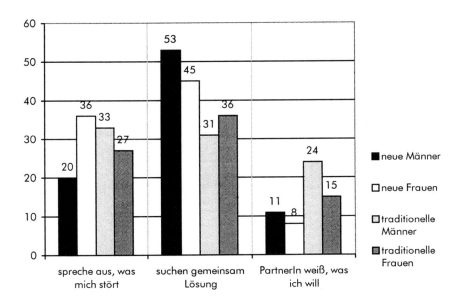

Gespräch über Sexualität

„Sprechen Sie mit jemandem über Gefühle oder Probleme im Zusammenhang mit der Sexualität?" 45% aller Befragten haben dieser Aussage zugestimmt. Bei den Männern waren es im Schnitt 41%, bei den Frauen 50%.

Abbildung 99: Neue Männer reden mehr über Sexualität
Sprechen Sie mit jemandem über Gefühle oder Probleme im Zusammenhang mit Sexualität?

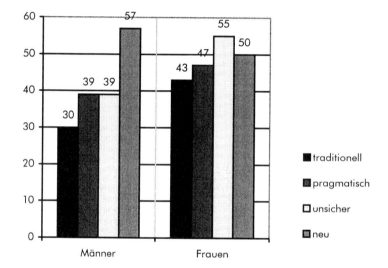

Der Unterschied unter den Männern ist auffällig. Haben 30% der traditionellen Männer jemanden zum Sprechen über Sexualität, so sind es unter den neuen fast doppelt so viele (57%, Differenz: 27). Der Unterschied bei den Frauen ist nicht so groß (Differenz: 12), und besteht vor allem zwischen traditionellen (43%) und unsicheren Frauen (55%).

30% aller Befragten, Männer und Frauen, stimmen der Aussage zu, daß Männer sich schwer tun, mit ihrer Partnerin über Sexualität zu sprechen. Wiederum sehen allerdings die Frauen (48%) die Sache etwas anders als Männer (40%). Und wiederum stoßen wir auf einen merklichen Unterschied zwischen den traditionellen (47%) und den neuen (36%) Männern. Dem entspricht auch das eigene Verhalten: Während ein knappes Drittel der traditionellen Männer (30%) mit einem anderen Menschen über Sexualität redet, ist es mehr als die Hälfte der neuen Männer (57%).

Tabelle 74: Gespräche über Sexualität

	Sprechen Sie (die Männer) mit jemandem über Gefühle oder Probleme im Zusammenhang mit der Sexualität?		„Männer tun sich schwer, über Sexualität mit ihrer Partnerin zu sprechen".- Zustimmung	
	Männer	Frauen über Männer	Männer	Frauen über Männer
traditionell	30%	43%	47%	52%
pragmatisch	39%	47%	46%	51%
unsicher	39%	55%	34%	40%
neu	57%	50%	36%	51%
alle	41%	50%	40%	48%

Untersucht wurde auch, welchen Rat ein befragter Mann einem seiner besten Freunde erteilen würde, der mit der Partnerin (dem Partner) sexuelle Probleme hat.

Der insgesamt häufigste Ratschlag, das Problem mit der Ehefrau zu besprechen, wird von den einzelnen Rollentypen unterschiedlich wahrgenommen. Am meisten sind neue Männer davon überzeugt (85%) – am wenigsten Traditionelle (71%).

Die Antwort weist in vier Richtungen[39]:

---

39 Die Grundlage bildet folgende Faktorenanalyse:

nur Männer	partnerschaftsinterne Lösung	psychologische Beratung	abreagieren	Freunde versus Arzt
	Ladung	Ladung	Ladung	Ladung
sich eine andere Frau/Mann suchen	0,59	-0,10	-0,11	-0,18
mit seiner Ehefrau/Partner(in) darüber reden	-0,68	-0,21	0,07	0,02
sexuelle Probleme gibt es nicht	0,61	-0,14	0,13	0,20
zu einem Psychologen gehen	-0,10	0,73	-0,02	-0,01
seine Ehefrau/Partner(in) zu einem Psychologen schicken	0,14	0,72	0,03	0,02
ins Bordell gehen	0,31	0,01	-0,67	0,06
onanieren	-0,11	-0,01	-0,82	0,02
sich bei Freunden aussprechen	-0,06	0,05	0,11	-0,83
ärztlichen Rat einholen	-0,23	0,22	0,18	0,56

1. Gespräch mit der Ehefrau. Dem steht faktorenanalytisch als Gegenteil genau gegenüber „sich eine/n andere/n Frau/Mann suchen"; wer mit dieser Dimension stark ausgestattet ist, neigt auch zur Ansicht, daß es sexuelle Probleme gar nicht gäbe.
2. Die zweite Richtung beansprucht die Unterstützung eines Psychologen: für den betroffenen Freund selbst oder seine Partnerin/seinen Partner;
3. die dritte Variation heißt onanieren oder Bordell;
4. sich einen ärztlichen Rat einholen, aber nicht mit Freunden sprechen, ist die vierte Richtung.

Tabelle 75: Einer Ihrer besten Freunde hat mit seiner Ehefrau/Partner(in) sexuelle Probleme. Was raten Sie ihm (maximal drei Nennungen)

nur Männer	traditionell	neu	alle
sich eine andere Frau/Mann suchen	6%	1%	5%
mit seiner Ehefrau/Partner(in) darüber reden	71%	86%	79%
sexuelle Probleme gibt es nicht	1%	1%	1%
zu einem Psychologen gehen	14%	13%	14%
seine Ehefrau/Partner(in) zu einem Psychologen schicken	7%	4%	7%
ins Bordell gehen	5%	2%	3%
onanieren	3%	2%	3%
sich bei Freunden aussprechen	22%	20%	22%
ärztlichen Rat einholen	30%	31%	32%

Eine Rangordnung möglicher Ratschläge wird sichtbar. Erste Adresse ist die Partnerin (79%), gefolgt vom Arzt (32%) sowie Freunden (22%). Selbst zum Psychologen zu gehen, raten 14%. Die Frau hingegen hinzuschicken, empfehlen lediglich 7%. Bordell und onanieren scheiden fast aus (jeweils 3%).

Die neuen Männer raten mehr zum Gespräch mit der Partnerin und weniger zum selbstbezogenen Ausweg des Bordells oder Onanierens. Sich eine andere Frau zu suchen, wird von neuen noch weniger geraten als von traditionellen Männern.

Es gibt hier auch kaum Unterschiede nach marioreligiöser Ausstattung.

Homosexualität

Hinsichtlich der Homosexualität ist unsere Kultur polarisiert. Die Antworten auf die Aussage: „Homosexualität ist einfach eine andere Form zu leben. Man sollte sie in unserer Gesellschaft offen zeigen dürfen.", verteilen sich über die ganze Skala. Jeweils 19% stimmen diesem Satz völlig zu oder lehnen ihn gänzlich ab. 30% haben sich mit ihrer Antwort auf die Mitte (3) positioniert. Die übrigen (17 bzw. 15%) neigen zu den beiden Polen.

Daß Lebensgemeinschaften unter Homosexuellen in der Gesellschaft Anerkennung finden, ist für Männer wichtig: dafür haben sich nur 8% eindeutig und weitere 16% abgemildert ausgesprochen. 46% lehnen den Satz ab, davon 28% vehement.

Die Akzeptanz von Homosexualität ist bei den Traditionellen niedrig. Sie liegt bei 16%. Männer und Frauen denken diesbezüglich gleich. Anders bei den Neuen. Hier nimmt die Akzeptanz sprunghaft zu: zwei Drittel der neuen Männer und drei Viertel der neuen Frauen halten die Homosexualität für eine „andere Form", die „man offen zeigen dürfen" solle.

Beide Aussagen korrelieren hoch miteinander (r=,47). Wir bilden mit ihnen den Index HOMOSEXUALITÄT. Er drückt Akzeptanz von Homosexualität aus.

Diese ist besonders hoch bei Männern, die selbst sexuelle Erfahrungen mit Männern haben (4% unter allen Männern, 9% bei den neuen Männern, 2% bei den traditionellen).

90% der befragten Männer bezeichnen sich als heterosexuell. Deren Anteil sinkt von den traditionellen Männern (93%) zu den neuen Männern (88%) leicht.

Tabelle 76: Einstellung zur Homosexualität

	Hat sexuelle Erfahrungen mit Männern	für Mann wichtig: Anerkennung homosexueller Lebensgemeinschaften (Zustimmung)		„Homosexualität ist einfach eine andere Form zu leben. Man sollte sie in unserer Gesellschaft offen zeigen dürfen." (Zustimmung)	
	Männer	Männer	Frauen	Männer	Frauen
traditionell	2%	12%	24%	16%	16%
pragmatisch	4%	24%	30%	32%	37%
unsicher	2%	22%	30%	34%	44%
neu	9%	37%	28%	64%	75%
alle	4%	23%	29%	36%	47%

Tabelle 77: Sexuelle Ausstattung der befragten Männer (in Prozent)

	bisexuell	homosexuell	heterosexuell	asexuell
traditionell	6%	1%	93%	1%
pragmatisch	8%	1%	87%	4%
unsicher	7%	1%	91%	2%
neu	8%	3%	88%	1%
Alle	7%	1%	90%	2%

Die positive Bewertung der Homosexualität korreliert bei Männern mit eigenen sexuellen Erfahrungen mit anderen Männern.

Tabelle 78: Sexuelle Erfahrung mit Männern und Bewertung der Homosexualität (in Prozent)

Akzeptanz der Homosexualität	stark	mittel	schwach	Gesamt
sexuelle Erfahrung mit Männern	57%	31%	12%	4%
keine sexuelle Erfahrung	22%	43%	35%	96%
alle	24%	43%	33%	100%

Es liegt nahe: die Bewertung der Homosexualität ist bei den Homosexuellen am positivsten, es folgen die Heterosexuellen, dann die Bisexuellen. Niedrig sind die Werte bei den Asexuellen (aber die Besetzung dieser Kategorie ist extrem niedrig).

Tabelle 79: Sexuelle Ausstattung und Bewertung der Homosexualität

	Akzeptanz der Homosexualiltät			hat sex. Erfahrung mit Männern
	stark	mittel	schwach	
bisexuell	23%	32%	44%	16%
homosexuell	36%	50%	14%	36%
heterosexuell	24%	43%	33%	3%
asexuell	5%	62%	33%	0%
Alle	24%	43%	33%	4%

Da die Bewertung der Homosexualität zur Zeit gesellschaftlich intensiv diskutiert wird, haben wir eine Regressionsanalyse[40] durchgeführt, um zu eruieren, aus welchen Einflußfaktoren diese Bewertung gespeist wird. Das Ergebnis der Analyse zeigt, daß neben der Wohnortgröße vor allem Persönlichkeitsmerkmale im Spiel sind. Zu einer positiven Bewertung von Homosexualität neigen eher die Solidarischen, weniger die Egozentrierten und Autoritären. Es sind die Jüngeren, politisch stehen sie eher links, sie orientieren sich auch weniger religiös-kirchlich. Die Zugehörigkeit zu einer der Großkirchen ist nicht sehr signifikant, nur wer einer „sonstigen Religionsgemeinschaft" angehört, ist stark abweisend gegenüber der Homosexualität. Die Evangelischen sind leicht positiver (beta=,08, Signifikanz 91), die Katholiken eher leicht negativ eingestellt (beta=-,06,

---

40 Tabelle: Was die Einstellung zu Homosexualität miterklärt

	beta	Signifikanz
SOLIDARITÄT	0,14	100,00
ORT	-0,14	100,00
EGOZENTRIERT	-0,13	100,00
AUTORITARISMUS	-0,20	100,00
sonstige	0,58	99,73
MESSE	-0,12	99,18
ALTER	0,10	99,14
rechts-links	-0,08	98,79
P: Facharbeiter	0,26	97,98
ja, mit Partner	-0,76	97,47
verheiratet/zusammen	0,08	96,43
ledig ohne feste Beziehung	-0,24	95,03

Signifikanz 88). Personen mit einer positiven Haltung zur Homosexualität leben mit einem Partner bzw. unverheiratet mit einer Partnerin.

Männliche Sexualität

Für die Männer konnte ein Index für „männliche Sexualität" errechnet werden.[41] Er bündelt Informationen über:

- Gespräche über Gefühle rund um Sexualität,
- Häufigkeit des Sexverkehrs letzte Woche,
- wie die Sexualität in Ehe/Partnerschaft bewertet wird,
- ob sich der Befragte für einen guten Liebhaber hält.

Gestützt durch die Ergebnisse der Regressionsanalyse[42], werfen wir zur Veran-

---

41 Faktorenanalyse zur männlichen Sexualität:

Ladung	
,48	Gespräch über Gefühle rund um Sexualität
-,81	Häufigkeit des Sexverkehrs letzte Woche
,75	Sexualität in Ehe/Partnerschaft
,56	Selbsteinschätzung guter Liebhaber

42 Tabelle: Regressionsanalyse zur männlichen Sexualität

M_SEX	beta	Signifikanz
ALTER	0,37	100,00
ZUFRIEDENHEIT	0,36	100,00
VATER als Kind erlebt	0,15	100,00
Kindheitsglück	-0,13	99,99
berufslos	0,18	99,98
lebt ohne Partner	0,25	99,67
ja. mit PartnerIn	-0,09	99,58
Landwirt	-0,90	99,15
P: Landwirt	1,38	98,83
P: Freiberuflich	0,57	98,73
ledig in fester Bez	-0,18	98,44
P: Angestellter m.W.	0,19	97,94
P: berufslos	-0,08	97,75
Angestellter m.W.	-0,18	97,68
P: Beamter höherer	-0,85	97,50
P: Beamter gehoben	-0,59	97,43
P: Beamter einfach. mittel	-0,50	96,72
Angestellter o.W.	-0,17	95,67

schaulichung der Zusammenhänge einen Blick in einige wichtige Kreuztabellen. Dabei zeigt sich, daß die positive Bewertung der Sexualität mit den Jahren stark abnimmt. Männer, die in der Kindheit glücklich waren, die „viel Vater" erlebt haben, besitzen auch einen besseren Zugang zur eigenen Sexualität und leben sie zufriedener. Insgesamt ist befriedigend gelebte Sexualität ein deutlicher Beitrag zur allgemeinen Lebenszufriedenheit.

Deutliche Unterschiede hinsichtlich der Sexualität scheint es in den einzelnen Berufsgruppen zu geben. Leitende Angestellte und höhere Beamte haben einen niedrigen positiven Wert.

Abbildung 100: Männliche Sexualität und Alter
(Index Männliche Sexualität)

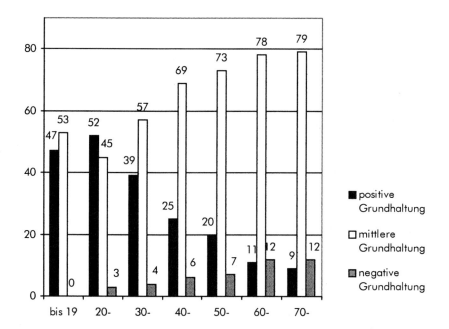

Tabelle 80: Männliche Sexualität und Leben mit Partner bzw. Partnerin

PARTNER/IN	positiv	mittel	negativ	alle
ja mit Partnerin	28%	66%	6%	86%
(ja, mit Partner)	(56%)	(33%)	(11%)	(1%)
nein	26%	63%	11%	13%
alle Gruppen	28%	65%	7%	

Tabelle 81: Männliche Sexualität und Kindheitsglück

Kindheitsglück	positiv	mittel	negativ	alle
sehr glücklich	37%	57%	7%	18%
glücklich	30%	66%	4%	46%
mittel	23%	68%	9%	28%
unglücklich	22%	70%	8%	7%
(sehr unglücklich)	33%	56%	11%	1%
alle Gruppen	29%	65%	6%	

Abbildung 101: Männliche Sexualität und Lebenszufriedenheit

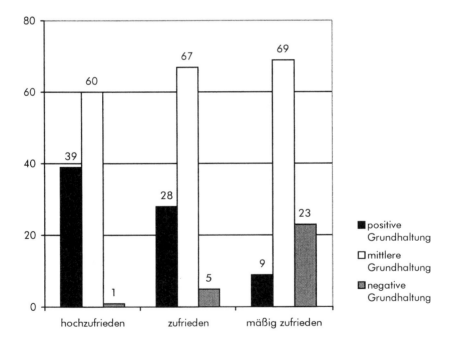

Tabelle 82: Männliche Sexualität und Vatererleben in der Kindheit

Vaterleben	positiv	mittel	negativ	alle
stark	32%	64%	4%	55%
mittel	25%	67%	9%	40%
schwach	15%	72%	13%	5%
alle	28%	66%	6%	

Tabelle 83: Männliche Sexualität und Beruf des Befragten/der Partnerin

	Beruf des Befragten	nach Beruf der Partnerin
	positiv	positiv
Berufslos	25%	26%
Arbeiter: einfach	34%	34%
Facharbeiter	28%	29%
Angestellter o.W.	32%	29%
Angestellter m.W.	33%	33%
Angestellter leitend	18%	18%
Beamter einfach. mittel	37%	50%
Beamter gehoben	33%	43%
Beamter höherer	14%	67%
Selbständiger	32%	8%
Landwirt	56%	33%
Freiberuflich	36%	18%
alle Gruppen	29%	28%

GEFÜHLE

Über den Fragebogen verteilt, finden sich einige Anhaltspunkte über die Gefühlsstärke von Männern. Vermutet wird eine relative Gefühlsschwäche. In Diskussionen ist zu hören: „Gefühl ist weiblich. Den heutigen Männern fehlen Fähigkeiten. Ihnen fehlt es, weich sein zu können, leiden zu können, Gefühle zu haben." Oder: „Männern fällt der Zugang zu ihren Gefühlen schwer."

Bei der Analyse jener Eigenschaften und Stärken, die Männern bzw. Frauen zugeordnet wurden, konnte schon verdeutlicht werden, daß diese Ansicht von vielen Befragten geteilt wird. Daß „gefühlvoll" typisch männlich sei, meinen lediglich 41%. Ebenso hoch ist der Wert bei der Eigenschaft „mitfühlend". Anders die Werte für Frauen: sie liegen bei 90%. Dem entspricht, daß 57% der befragten Männer in der Gefühlswärme ein Merkmal ihrer Traumfrau sehen. Gefühle sind also in der Zuschreibung weiblich.

76% halten „Gefühle" für eine Stärke eher von Frauen; nur 2% hingegen sehen in ihnen eine Männerstärke; die restlichen 22% meinen, Gefühle seien eine Stärke von beiden. Das bedeutet, daß „Gefühle" als Stärke lediglich bei 24% der Männer geortet wird.

23% sind der Auffassung, daß den Männer „fehlt, Gefühle zu haben". Nur 36% lehnen diesen Satz ab. Dazu kommt, daß nach Ansicht von 54% den Männern der Zugang zu ihren Gefühlen schwer fällt. Die Unterschiede zwischen Frauen und Männern und nach dem Rollentyp sind nicht sehr groß.

Gewinnen neue Männer einen Zugang zu ihren Gefühlen? Tut sich das Tor zu den Räumen der Innenwelt auf?

Mit vier der Aussagen über Gefühle läßt sich – weil sie faktorenanalytisch eindimensional sind – ein Index GEFÜHLSSTÄRKE bilden.

Tabelle 84: Index GEFÜHLSSTÄRKE

Ladung	Item
-,65	Den heutigen Männern fehlen Fähigkeiten. Ihnen fehlt es, weich sein zu können, leiden zu können, Gefühle zu haben.
,62	Typisch männlich: gefühlvoll
-,60	Männern fällt der Zugang zu ihren Gefühlen schwer.
,55	Männerveränderung: sie äußern mehr Gefühle.

Gemessen mit diesem Index, beurteilt sich ein Viertel der Männer als gefühlsstark (die Skala wurde gedrittelt: stark – mittel – schwach). Männer schätzen sich selbst als gefühlsstärker ein, als Frauen sie sehen. Neue Männer sehen sich gefühlsstärker als traditionelle. Neue Frauen schreiben den Männern mehr Gefühl zu als ihre traditionellen Geschlechtsgenossinnen.

Befragt, ob sich Männer in den letzten 10 Jahren verändert haben, meinen 63%, daß sie „heute mehr Gefühle äußern". Frauen und Männer sehen dies ähnlich. Die neuen Männer und die neuen Frauen sind mit 71% überdurchschnittlich, die Traditionellen (Männer 61%, Frauen 50%) hingegen unterdurchschnittlich dieser Ansicht.

Abbildung 102: Neue Männer sind gefühlsstärker als traditionelle

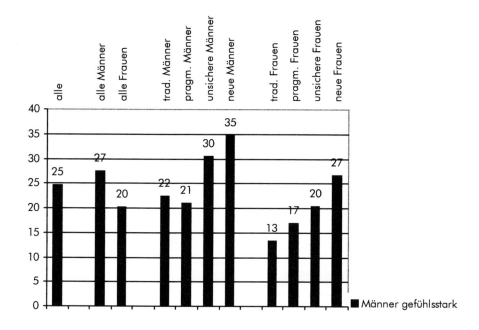

ÄNGSTE

Zur Innenwelt gehören die Ängste. Diese sind vielfach diffus, haben jedoch auch erkennbare Gesichter. Einigen Ängsten unserer Zeit sind wir nachgegangen: der Angst um den Arbeitsplatz, vor Krankheit, vor der Zerstörung der Lebensgrundlagen.

Männer haben mehr Angst um den Arbeitsplatz, Frauen eher vor Krankheit und Umweltzerstörung. Vergleicht man traditionelle und neue Rollentypen, so fürchten sich Traditionelle mehr vor Krankheit; neue dagegen sind eher um Krieg, Umwelt, soziale Spannungen sowie um den Erhalt des Arbeitsplatzes besorgt.

Abbildung 103: Neue Männer und Frauen befürchten mehr Umweltzerstörung und soziale Spannungen

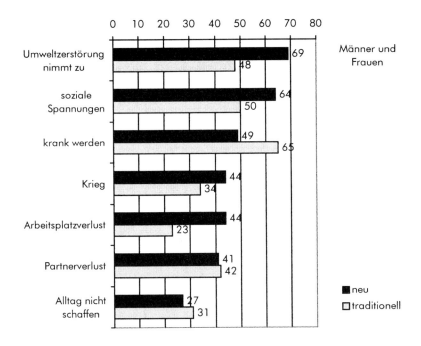

Dabei kommt aber auch die Altersverteilung bei neuen und traditionellen Personen zum Tragen. Bei den Älteren dominiert zunehmend die Angst vor der Erkrankung; bei den Jüngeren ist dagegen die Sicherung des Arbeitsplatzes ein vorrangiges Anliegen.

Abbildung 104: Junge Männer und Frauen sorgen sich um den Arbeitsplatz, Ältere um ihre Gesundheit

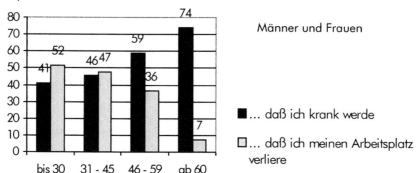

MÄNNERGEWALT

Die Gewaltneigung der Männer wurde in der Studie durch mehrere Frageformulierungen angepeilt. Dabei erhält die so gemessene Gewaltneigung viele Facetten: Sie ist gegen Frauen und Kinder gerichtet, aber auch rassistisch gefärbt. Gewalt gegen Männer spielt mit, Gewaltentwicklung durch vermeintlich zu enge Bindung an eine Frau, durch gesellschaftliche Regeln, die den Mann angeblich einengen. Schließlich ist Gewalt auch als Kraftakt im Blick. Brisant ist die folgende Faktorenanalyse durch die Kombination rassistischer, projektiver und sexistischer Einstellungen. Sie deckt ein Syndrom auf, das selten explizit geäußert wird.

Tabelle 85: Gewaltneigung (Faktorenanalyse)

Ladung	
,66	Außereheliche Beziehungen des Mannes wiegen weniger schwer als die einer Frau.
,65	Die weiße Rasse ist am besten dazu geeignet, Führung und Verantwortung in der Weltpolitik zu übernehmen.
,63	Ein Mann muß sich vor den anderen auch durch Kraftakte erweisen.
,63	Wenn eine Frau vergewaltigt wird, hat sie wahrscheinlich den Mann provoziert.
,60	Zu enge Bindungen zu einer Frau sind für den Mann bedrohlich.
,54	Manchmal muß man Kinder schlagen, damit sie zur Vernunft kommen
,42	Männer sind unfreier als Frauen. Sie fühlen sich Vorschriften und gesellschaftlichen Regeln mehr verpflichtet als Frauen.

Mit der so bestimmten Gewaltneigung sind 4% der deutschen Männer stark ausgestattet, 37% mittel und 59% schwach. Zwischen den vier Haupttypen von Männern bestehen aber deutliche Unterschiede. Kann von den traditionellen Männern nur ein starkes Drittel als gewaltarm gelten (36%), sind es von den neuen Männern immerhin 91%. Mit dem Aufkommen neuer Männer könnte Männergewalt gegen Frauen, Kinder, Natur und Andersartige stark zurückgehen.

Abbildung 105: Gewaltneigung von Männern in Deutschland

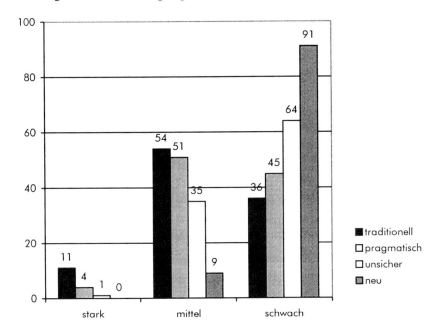

LEID UND TOD

Zwar versuchen in modernen Gesellschaften Europas die Menschen, aus dem Leben das Beste herauszuholen. Dazu wird Glück optimiert und Leid minimiert. Leid und Tod aus einer Kultur zu verdrängen, die zudem das „Leben als letzte Gelegenheit"[43] versteht, liegt nahe. Verbindet sich diese „Lebenspolitik" der Leidminderung mit der männlichen Tradition der Leidvermeidung? Oder kommt die Entwicklung der Männer, die den Zugang zur Innenwelt sucht, auch zu einer

---

43 Gronemeyer Marianne, Leben als letzte Gelegenheit. Sicherheitsbedürfnisse und Zeitknappheit, Darmstadt 1993.

neuen Form des Umgangs mit dem Leid?

Diese Frage ist auch deshalb nicht belanglos, weil Leid und Liebe eng verwoben sind. In der deutschen Sprachkultur sagen Liebende erfahrungsgestützt zueinander: „Ich kann dich leiden!" Der Zugang zum Leid ist daher auch der Zugang zur Liebe. Winfried Wieck hat die Vermutung zum Buchtitel gemacht, daß Männer lieben lassen, also die Liebe an die Frauen delegiert haben. Auch das könnte eine unerwünschte Nebenwirkung des fehlenden Zugangs zu einer produktiven Leidbewältigung sein.

Wie steht es also mit dem Verhältnis der Männer zu Leid und Tod?

Umgang mit Leid

Leidenserfahrung nimmt mit dem Alter stark zu. Nur ein knappes Fünftel der unter 30jährigen, aber mehr als die Hälfte der über 60jährigen haben schon viel Leid erlebt. Frauen sind davon subjektiv noch stärker betroffen als Männer. Ob sie es auch „objektiv" sind, kann aufgrund unserer Untersuchung nicht entschieden werden. Vielleicht haben auch bei diesem Thema die Männer weniger Zugang zu ihrer Innenwelt, mehr Schwierigkeiten, sich wahrzunehmen und zu äußern.

Abbildung 106: Im Lauf des Lebens sammelt sich – vor allem bei Frauen – Leiderfahrung

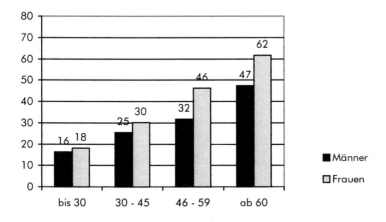

Männer reißen sich angesichts des Leids zusammen. Da ist zwischen den Traditionellen wie den Neuen kein Unterschied. Traditionelle neigen eher dazu, über Leid nicht nachzudenken. Aber ihnen stehen mehr Ressourcen an Gläubigkeit zur Leidbewältigung zur Verfügung.

Abbildung 107: Angesichts des Leids reißen sich Männer zusammen

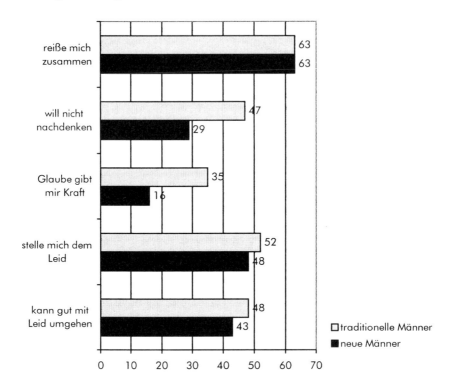

Verhältnis zum Tod

Im Alter denkt man mehr darüber nach und hofft, durch Gottvertrauen sich der Situation stellen zu können.

Abbildung 108: Ältere beschäftigt der Tod mehr, sie haben mehr Glaubensressourcen

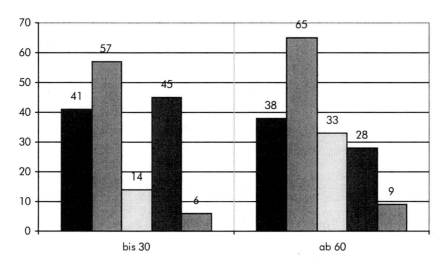

■ Tod macht Angst
▨ Tod macht nachdenklich
☐ Glaube gibt Stärke, sich dem Tod zu stellen
■ denkt nicht über den Tod nach
▨ wünscht manchmal den Tod herbei

Abbildung 109: Kaum jemand wünscht den Tod herbei

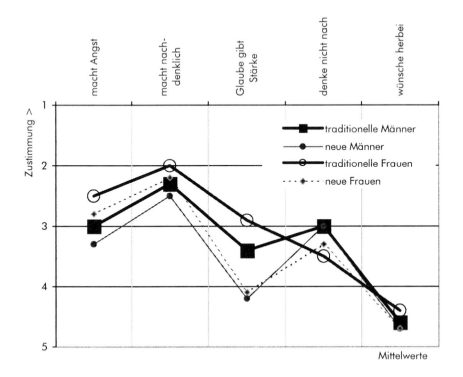

Der Glaube gibt vor allem Traditionellen, aber auch (in den mittleren Altersgruppen) den Pragmatischen die Stärke, sich der Situation des Todes stellen zu können.

Abbildung 110: Mein Glaube gibt mir die Stärke, mich dem Tod zu stellen

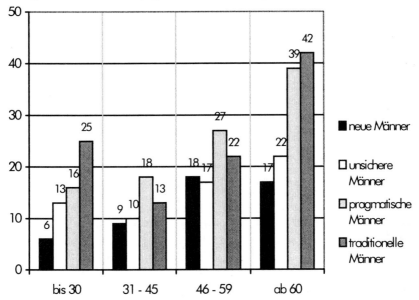

Im Blick auf den Umgang mit Leid und Tod muß festgestellt werden, daß die neuen Männer keinen intensiveren Zugang zu diesem Gefühlsbereich haben als traditionellere Männer. Sie erklären sich zwar häufiger bereit, über das Thema nachzudenken, haben aber weniger Praxis und Erfahrung als die anderen Rollentypen. Wie das folgende Kapitel noch genauer zeigen wird, verfügen die neuen Männer deutlich weniger über Glaubenszugänge zum Thema; an die Stelle der christlich-kirchlich grundierten sozioreligiösen Ausstattung der traditionelleren Männer ist bei ihnen kein Äquivalent getreten, sondern eine Leerstelle.

DIE RELIGIOSITÄT DER DEUTSCHEN UND DIE CHRISTLICHEN KIRCHEN

Person und Gesellschaft, das heißt auch Person und Institution sind in modernen Gesellschaften auseinandergerückt. Das ist die Voraussetzung für freiheitliche Vielfalt, Grundlage der pluralistischen Gesellschaft. Daher muß in solchen modernen Gesellschaften getrennt nach der personalen Religiosität und der Beziehung zu einer religiösen Gemeinschaft bzw. Institution gefragt werden. Wir beginnen mit Informationen zur personalen Religiosität und deren christlicher Formung und setzen fort mit der Beziehung der Deutschen zu den verfaßten Großkirchen.

Konfessionalität, Kirchenmitgliedschaft

Der Fragebogen enthält Angaben zur konfessionellen Struktur Deutschlands. Berücksichtigt werden dabei die Protestanten (35%), die Katholiken (36%) und sonstige (2%), Ausgetretene (14%) und die schon immer ohne Konfessionszugehörigkeit sind (12%). Mit Hilfe der Variable „Kirchensympathie" splitten wir die Ausgetretenen und die Konfessionslosen. Dabei nennen wir jene „nah", die Sympathiewerte von drei (mittlere und geringe Sympathie) haben. Wer überhaupt keine Sympathie hat, gilt als „fern". Daraus ergibt sich folgende Struktur der Konfessionalität in der Bundesrepublik Deutschland[44]:

Tabelle 86: Struktur der Kirchenmitgliedschaft in der BRD

	Osten	Westen	BRD
sonstige Religionsgemeinschaft	2%	3%	3%
katholisch	18%	41%	36%
evangelisch	32%	35%	35%
konfessionslos nah	23%	8%	11%
ausgetreten nah	8%	4%	5%
konfessionslos fern	7%	6%	6%
ausgetreten fern	8%	3%	4%
keine Angabe	2%	0%	1%

---

44 Die Anzahl der evangelischen und katholischen Kirchenmitglieder in Ostdeutschland ist auf Grund des Samples etwas überrepräsentiert. Es hat sich für die Analysen als günstig erwiesen, weil so die Fallzahlen für Detailanalysen ausreichend waren. Die kirchenamtliche Statistik der EKD nennt für den Stichtag 31.12.1996: Westen/evangelisch: 36,5%, Westen/katholisch: 42,5%, Osten/evangelisch: 21,8%, Osten/katholisch: 4,6%. Zum Kapitel allgemein: vgl. Volz Rainer, Männer-Religion-Kirche. Empirische Aspekte ihres Verhältnisses, a. a. O.

Subjektive Religiosität

44% der Deutschen halten sich selbst für religiös. 47% bezeichnen sich als areligiös. 9% sind erklärt atheistisch.

Während in Ostdeutschland 32% religiös sind, stufen sich in Westdeutschland 47% so ein. Die Anzahl der erklärten Atheisten ist mit 18% in Ostdeutschland mehr als doppelt so hoch wie in Westdeutschland (7%).

Beträchtlich ist das Gefälle nach Alter. Die jungen Deutschen unter zwanzig Jahren (33%) sind nur halb so religiös wie die Senioren über siebzig (68%). Offen bleibt, ob auch jene mit zunehmendem Alter religiöser werden oder ob generell das Niveau der Religiosität abnimmt.

Katholiken (64%) sind in ihrer Selbsteinschätzung erheblich religiöser als Protestanten (47%). Daß sich rund ein Drittel der Konfessionslosen als Atheisten bezeichnen, ist erwartbar. Beachtlich ist jedoch, daß es unter den Konfessionslosen nur wenige (8%) gibt, die sich selbst als religiös bezeichnen. Persönliche Religiosität ist offensichtlich an eine religiöse, und in Deutschland zumindest auch christliche Institution gebunden.

Diese Grundpositionen werden sich in den folgenden Analysen wiederholen: Westen vor Osten, Katholiken vor Protestanten, Alte vor Jungen. Generell sind Frauen (53%) religiöser als Männer (37%).

Gottesbild

Im Zentrum der christlichen Religionen steht der Gottesglaube. Was für ein Gottesbild haben die Deutschen? Für rund ein Drittel (30%) ist dieses kirchlich-christlich: Gott hat sich in Jesus Christus zu erkennen gegeben. Ein weiteres knappes Drittel glaubt an einen deistischen Gott im Sinn einer höheren Kraft (28%). Die übrigen glauben an Gott, aber mit Zweifeln (19%), lehnen vorhandene Bilder ab (13%); 8% leugnen Gott überhaupt.

Wieder stoßen wir auf die bekannten Unterschiede. 31% der Protestanten glauben den christlichen Gott im Sinne kirchlicher Lehre, 48% der Katholiken. Unter den Evangelischen hat der deistische Gott die Mehrheit (32%). Es muß für beide Kirchen eine markante Herausforderung sein zu sehen, daß es ihnen nur teilweise gelingt, ein wesentliches Element der subjektiven Religiosität ihrer Mitglieder, das Gottesbild, in ihrem Sinne zu formen. Führt das dazu, daß viele Protestanten und Katholiken in zentralen Aspekten ihres Glaubens nicht christlich sind? Dabei wird nicht übersehen, daß zum Beispiel praktizierte Nächstenliebe ein wichtiges Moment des christlichen Lebens ist. Anderseits ist aber Nächstenliebe zentral auch für andere Religionen und humanistische Positionen.

Das Gottesbild steht in enger Beziehung mit der Kommunikation mit einer Gottesdienstgemeinde. Je regelmäßiger und häufiger diese ist, desto größer ist die Wahrscheinlichkeit, daß das Gottesbild christlich-kirchlich geformt ist. Sonntagskirchgänger haben zu 88% ein christlich geformtes Gottesbild. Mit der Abnahme der Gottesdienstbeteiligung sinkt der Anteil derer, die ein kirchlich geformtes Gottesbild haben, kontinuierlich: Jene, die nie in die Kirche gehen, haben lediglich zu 13% ein solches Gottesbild.

Kirchenverbundenheit – Kirchensympathie

Deutschland hat drei große „Konfessionen": die Katholiken (37%), die Evangelischen (35%) sowie die Konfessionslosen (26%).

11% der Katholiken bezeichnen sich als „sehr verbunden" mit ihrer Kirche (Protestanten 5%), dazu kommen 23% „ziemlich verbunden" (Protestanten 12%). Das sind in der Summe 34% (Protestanten 17%). 40% der Katholiken sind „kaum" oder „überhaupt nicht" verbunden (Protestanten 51%). Drei Viertel der Konfessionslosen haben gar kein Gefühl der Verbundenheit. Fragt man nach deren Sympathie mit der Kirche, mildert sich das Ergebnis: nur 39% hat gar keine Sympathie, weitere 38% wenig, immerhin ein gutes Fünftel weist eine mittlere Sympathie auf (22%).

Der Mittelwert für alle Befragten liegt bei 3.66, also in der Nähe von „kaum verbunden".

Nach Alter variiert die Kirchenverbundenheit sehr stark. Dabei kann beobachtet werden, wie sich die Kirchenverbundenheit der Katholiken bei den jüngeren Jahrgängen dem niedrigen Niveau der Evangelischen stärker annähert. Die Sympathie der Konfessionslosen mit der Kirche ist in allen Altersgruppen höher als ihre Verbundenheit. Bemerkenswert bei den Konfessionslosen ist, daß, anders als bei den Kirchenmitgliedern, die emotionale Nähe der höchsten Altersgruppe am schwächsten ausgeprägt ist. Generell ist festzustellen: In den jüngsten Altersgruppen nähert sich die Kirchenverbundenheit der Kirchenmitglieder der Sympathie der Konfessionslosen an!

Abbildung 111: Die Verbundenheit der Kirchenmitglieder nähert sich bei den jüngeren Personen der Sympathie der Konfessionslosen

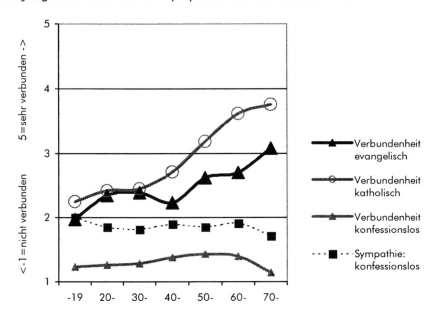

Kirchgang

Die herkömmliche Beteiligung von Kirchenmitgliedern am Leben ihrer Kirche ist der Kirchgang am Sonntag. Hinsichtlich der Auffassung vom Gottesdienst, der Verpflichtung und der Frequenz bestehen zwischen den Protestanten und den Katholiken Unterschiede.

Diese kommen in den Daten deutlich zum Vorschein. Katholiken haben eine höhere Kirchgangsfrequenz als Protestanten. Das ist insofern nicht unerheblich, als der Kirchgang mit sehr vielen anderen sozioreligiösen Items hoch korreliert, wie zum Beispiel dem Gottesbild (siehe oben).

Gegenläufig ist die Lage im Osten und im Westen: Während westliche Protestanten weniger als östliche praktizieren, ist es bei den Katholiken umgekehrt.

Das Lebensalter als Einflußfaktor auf den Kirchgang spielt erst ab dem Rentenalter eine Rolle: Der durchschnittliche Gesamtwert von rund einem Zehntel regelmäßiger sonntäglicher Kirchgänger/innen (8%) springt in der Gruppe der 60-70jährigen auf knapp ein Fünftel (17%) und beträgt erst bei den über 70jährigen fast ein Drittel (28%).

Durchgängig ist der weibliche Kirchgang stärker als der männliche.

Tabelle 87: Kirchgang – Ost/West nach Konfession

	sonntags	monatlich	paarmal	Feiertag	Anlässe	nie	MW
Osten evangelisch	7%	4%	13%	30%	39%	6%	4,09
Osten katholisch	15%	6%	18%	23%	28%	9%	3,69
OSTEN	10%	5%	15%	28%	35%	7%	3,94
Westen evangelisch	4%	3%	12%	24%	44%	14%	4,41
Westen katholisch	19%	9%	15%	17%	31%	10%	3,63
WESTEN	12%	6%	13%	20%	37%	11%	3,99
BRD	11%	6%	14%	21%	37%	11%	3,98

Tabelle 88: Kirchgang – nach Alter und Konfession

	sonntags	monatlich	paarmal	Feiertag	Anlässe	nie	MW
evangelisch bis 19	6%	0%	6%	29%	42%	16%	4,48
evangelisch 20-	4%	3%	13%	20%	45%	15%	4,46
evangelisch 30-	3%	2%	7%	27%	45%	16%	4,56
evangelisch 40-	4%	1%	9%	23%	53%	11%	4,52
evangelisch 50-	5%	3%	13%	31%	38%	11%	4,26
evangelisch 60-	6%	9%	17%	17%	42%	10%	4,09
evangelisch 70-	6%	6%	19%	38%	26%	6%	3,91
gesamt evangelisch	4%	4%	12%	25%	43%	12%	
katholisch bis 19	6%	6%	11%	29%	40%	9%	4,17
katholisch 20-	9%	7%	14%	20%	35%	15%	4,11
katholisch 30-	2%	9%	17%	22%	40%	9%	4,17
katholisch 40-	12%	10%	14%	19%	37%	9%	3,84
katholisch 50-	21%	9%	16%	21%	26%	7%	3,45
katholisch 60-	41%	7%	17%	9%	20%	7%	2,81
katholisch 70-	53%	11%	13%	2%	10%	11%	2,37
gesamt katholisch	18%	8%	15%	18%	31%	10%	

Abbildung 112: Durchschnittlicher Kirchgang – nach Konfession und Alter

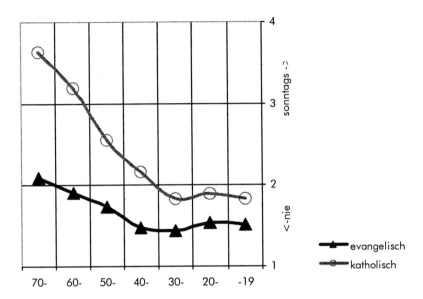

Kirchenbeziehung: Dimensionen

Die weiteren Fragen der deutschen Männerstudie 1998 zu Religiosität und Kirchlichkeit weisen in vielfältige Richtungen. In statistischen Analysen konnten aus dem reichen Material mehrere Dimensionen herausgeschält werden. Diese werden hier vorgestellt.

Christliche Grundeinstellung

Vier Fragen, die faktorenanalytisch auf einer Dimension laden, weisen in die Richtung einer „nachreligiösen" rationalistischen Position bzw. ihrer energischen Bestreitung aus christlich-kirchlicher Sicht: Religion widerspricht bzw. genügt doch den Ansprüchen einer bestimmten Konzeption von Wissenschaft. Abgelehnt oder nachhaltig bekräftigt wird auch der exklusive Wahrheitsanspruch des Christentums und der Bibel.

Kirchenmotivation

Zur Motivation von Kirchenmitgliedschaft lassen sich vorläufig vier Dimensionen oder Motivbündel identifizieren. Sie können folgendermaßen bestimmt werden.

Beheimatung. Eine Serie von Items bringt eine breitgefächerte Kirchenmotivation zum Vorschein. Das Verbindende der durchaus heterogenen Motive ist die geistliche, seelische und soziale Beheimatung in der Kirche. Kirche wird als Lebensraum und Teil der eigenen Existenz vielfältig akzeptiert. Die Hauptelemente liegen im spirituell-religiösen Bereich, beziehen sich auf Sinnerfüllung und Zustimmung zur christlichen Lehre. Bedürfnis nach Gemeinschaft, positive Wertschätzung kirchlichen Engagements für Gerechtigkeit und soziale Belange, aber auch eigene sinnvolle Mitarbeit und die fraglose Selbstdefinition als Christ, als Christin sind wichtige motivierende Elemente.

Konvention. Eine weitere Dimension fängt die konventionell motivierte Bindung an die kirchliche Tradition ein. Ererbte Kirchenbindung wird festgemacht an den großen Lebensübergängen Trauung und Beerdigung und deren ritueller Begleitung durch die Kirchen. Kirche „gehört sich so" in diesem Sinnhorizont. Deshalb ist die Kirchenmitgliedschaft der Eltern ausreichende Begründung für die eigene. In diesem Sinne „vererbt" man sie auch seinen Kindern.

Unzeitgemäßheit. Die dritte und vierte Dimension bündeln Krtitikpunkte an der Kirche: Die dritte kombiniert eine generelle Ablehnung (weil sie „nicht mehr zeitgemäß" ist) mit zwei spezifischen Anliegen: der als Mißverhältnis wahrgenommenen Beziehung der Kirche zu den Frauen und der Kritik am Rationalismus der Kirche (daß Kirche „nur den Verstand anspricht").

Umfassende Kirchenkritik. Breiter als die Dimension der Unzeitgemäßheit ist die vierte Dimension einer umfassenden Kirchenkritik. Die moralisierende Haltung der Kirche, ihre bürokratische Starrheit stehen im Vordergrund. Weiterhin geht sie in dieser Optik am wirklichen Leben vorbei und nimmt ihre soziale wie politische Verantwortung nicht wahr. Sie tut zu wenig für das religiöse Empfinden, ist im Bekenntnis zu wenig eindeutig. Lust- und Sexualfeindlichkeit, aber auch zu große Staatsnähe werden beanstandet.

Kirchlichkeit

Mit Hilfe der Information über das Gottesbild, dazu die Indizes Glaubenseinstellung, Beheimatung und Konvention, Gefühl der Verbundenheit sowie die zwei Items „Kirche ist mir Heimat" und „Das Leben hat nur einen Sinn, weil es Gott gibt" wurde ein breit gestützter Kirchlichkeitsindex gebildet.

Inhaltlich wird dieser vor allem getragen durch ein Gefühl der Verbundenheit und der Beheimatung in der Kirche. Man steht fest zu ihr. Getragen ist diese Kirchenverbundenheit durch die Annahme der Bibel, ein biblisches Gottesbild von der Nähe Gottes, der sich in Jesus Christus zu erkennen gegeben hat. Dieser Gott gibt dem Leben Sinn.

Sozireligiöse Typologie

Schon in früheren Studien[45] wurde eine soziareligiöse Typologie gebildet. Sie enthält einerseits ein Item zum Glaubensgut, näherhin zum Gottesbild. Auf der anderen Seite wird der Kirchgang herangezogen, ein nach wie vor starker Indikator für die Grundbindung an eine/die Kirche. Aus Kombination beider ersteht die fünfteilige soziareligiöse Typologie. Die Namen für die herausgeschälten Typen sind: die Kirchlichen, die Kulturkirchlichen, die Christlichen, die Kulturchristlichen und die Unchristlichen.

Tabelle 89: Entwicklung einer soziareligiösen Typologie

Gottesbild	Kirchgang	
	sonntags, monatlich	ein paarmal, Feiertage, Anlässe, nie
Ich glaube, daß es einen Gott gibt, der sich in Jesus Christus zu erkennen gegeben hat.	kirchlich	christlich
Ich glaube an eine höhere Kraft, aber nicht an einen Gott, wie ihn die Kirche beschreibt. Ich glaube an Gott, obwohl ich immer wieder zweifle und unsicher werde.	kulturkirchlich	kulturchristlich
Ich glaube weder an Gott noch an eine höhere Kraft; ich bin überzeugt, daß es keinen Gott gibt.		unchristlich oder atheistisch

Schon die Kombination dieser beiden Informationen (Gottesbild und Kirchgang) zeigt, daß das christlich-kirchliche Gottesbild über die Reihen der Sonntagskirchgänger weit hinausreicht. Umgekehrt gibt es allerdings nur wenige unter den regelmäßigen Sonntagskirchgängern, die dieses Gottesbild nicht teilen.

Die Verteilung der soziareligiösen Typen ist aufschlußreich. In der Gesamtbevölkerung sind die stärkste Gruppe mit 46% die Kulturchristlichen. Eine aufgeklärte Gestalt der Religion hat sich in vereinfachter Form durchgesetzt: Die größte Gruppe glaubt an ein höheres Wesen, nimmt aber nur selten am Gottesdienst (Eucharistie, Abendmahl) teil.

---

45 Darüber berichtet: Zulehner Paul M., Denz Hermann, Vom Untertan zum Freiheitskünstler, Wien 1991, 125f.

An der zweiten Stelle rangieren die Unchristlichen oder Atheistischen (22%) und die Christlichen (20%). Sodann kommen die Kirchlichen (10%). Die Kulturkirchlichen (2%) bilden das Schlußlicht.

Wie aussagestark die Typologie ist, zeigt beispielsweise die Kombination mit der religiösen Selbsteinschätzung. Sind die Kirchlichen zu 98% religiös, fallen dann von Typ zu Typ die Werte, bis sich unter den Unchristlichen nur noch 4% Religiöse finden. Es gibt also durchaus Christlichkeit in selbstgestalteter Distanz zu den Kirchen, doch ist, zumindest in Deutschland, Religiosität an christliche Einstellungen und diese vermittelnde Institutionen gebunden. Die in der öffentlichen Meinung immer wieder behauptete Existenz nicht-christlicher, zum Beispiel „fernöstlicher" Religiosität in der Bevölkerung hat keinen Anhalt in den Ergebnissen unserer Untersuchung. Damit bestätigen sich Tendenzen aus der letzten EKD-Untersuchung von 1992.[46]

Entwicklungen

Wie sich kirchliches Leben im Land entwickelt, hat gewiß auch mit der pädagogisch-katechistischen Leistung der Kirchen selbst zu tun. Eine nachhaltige Rolle spielt aber die religiöse Erziehung. Bemerkenswert ist die Aufschlüsselung der religiösen Erziehung nach Alter; sie ist merklich zurückgegangen: von 37% sehr religiös Erzogener bei den über 70jährigen zu 5% bei den unter 20jährigen. Die Glaubenstradierung durch die Familien wird demnach immer weniger wahrscheinlich.

Vergleich der Altersgruppen

Wie schon für die religiöse Erziehung ist für die Entwicklung von Religion und Kirchen in Deutschland generell der Vergleich nach Altersgruppen aufschlußreich. Als Regel gilt zunächst: Je jünger jemand ist, desto niedriger sind viele Indikatoren des kirchlichen Lebens. Das trifft beispielsweise zu auf die sozioreligiöse Typologie, den Kirchgang. Die Konfessionen nähern sich auf einem niedrigeren Kirchlichkeitsniveau an. Bei den unter Zwanzigjährigen ist die konfessionelle Differenz verschwunden.

Für die Deutung solcher altersspezifischer Ergebnisse gibt es zwei Möglichkeiten: Entweder werden die Jüngeren im Verlauf ihres Lebens (wieder) kirchlicher, oder es sinkt das Niveau an Kirchlichkeit nach und nach. Aus der Studie selbst läßt sich diese Frage nicht ohne weiteres beantworten.

---

46 Vgl. Volz Rainer, Männer, Religion, Kirche, a.a.O. sowie: Fremde - Heimat - Kirche. Die dritte EKD-Erhebung über Kirchenmitgliedschaft, hg. v. Klaus Engelhardt u.a., Gütersloh 1997.

Abbildung 113: Altersgemäße Entwicklungen – verdunstet die Kirchlichkeit im Land?

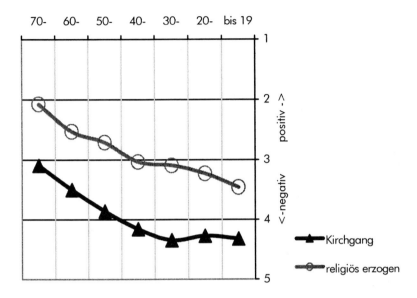

Abbildung 114: Die Konfessionen nähern sich auf einem niedrigen Kirchlichkeitsniveau an

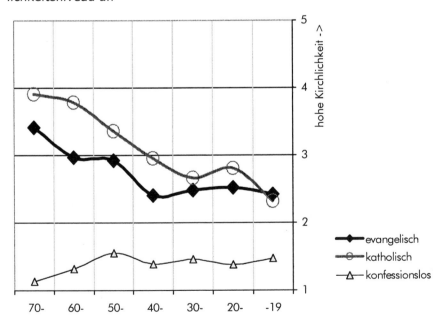

Abbildung 115: „Ich stehe der Kirche distanziert gegenüber"

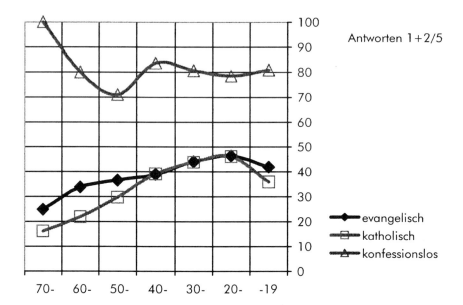

Ein bemerkenswertes Detail: Es scheint in der evangelischen Kirche Ostdeutschlands eine positive Entwicklung unter den Jüngeren zu geben: Die unter Zwanzigjährigen sind deutlich kirchlicher nicht nur als die älteren Evangelischen, sondern auch als die gleichaltrigen Katholiken.

Im Blick auf die Kirchlichkeit läßt sich zusammenfassend feststellen: Unabhängig von den unterschiedlichen religiösen und kirchlichen Traditionen in Ost- und Westdeutschland ist die entscheidende Trennungslinie für das Verhältnis zu Christentum und Kirche die Tatsache der Kirchenmitgliedschaft bzw. Konfessionslosigkeit. Damit bestätigen sich für das vereinigte Deutschland der neunziger Jahre interkonfessionelle Untersuchungen aus den achtziger Jahren, die in der damaligen Bundesrepublik angestellt worden sind. Betrachtet man alle Kirchlichkeitsindikatoren im Zusammenhang, so zeigt sich: Für beide Konfessionen, in Ost und West, gelten innerhalb der bekannten Bandbreite (Ostkatholiken vor Westkatholiken, Katholiken insgesamt vor Protestanten) ähnliche Häufigkeiten. Eine völlig verschiedene Struktur weisen dagegen die Konfessionslosen auf, und zwar in Ost und West.

Auswirkungen der Kirchlichkeit

Kirchlichkeit steht in enger Beziehung zu anderen Eigenschaften einer Person. Sehr stark korreliert sie mit der Hoffnung über den Tod hinaus (r=,53). Die Ausweitung der Wirklichkeit über das Lebensende hinaus ist somit ein zentrales Element der kirchlich gebundenen Religiosität.

Beachtlich, wenn auch schon deutlich schwächer, ist auch die Korrelation mit dem nach Adorno gemessenen Autoritarismus (r=,25). Gibt Religion Schutz, Heimat? 56% der stark Kirchlichen stimmen diesem Satz zu (1+2/5). Bei mittlerer Kirchlichkeit sinkt dieser Wert auf 6%, bei schwacher Kirchlichkeit auf 1%.

Eine schwache positive Korrelation besteht zwischen Kirchlichkeit und Solidarität (r=,12), eine negative hin zur Egozentriertheit (r=-,10). Religion, zumal vernetzte, solidarisiert.[47]

Diese Zusammenhänge finden sich bei allen Konfessionen bzw. wenn auch modifiziert, sogar bei den Konfessionslosen.

Einfluß der Kirche auf das Leben

Der Einfluß der Kirche auf das Leben und die Verbundenheit der deutschen Bevölkerung ist, entlang der Alterskategorien, deutlich rückläufig.

Zwar empfinden nur 3% den kirchlichen Einfluß als störend. Doch negieren zwei Drittel aller Befragten (67%) Auswirkungen kirchlichen Handelns überhaupt: sei es daß die Kirche nach Auffassung der Befragten keinen Einfluß hat (46%), sei es daß sie nichts von ihr bemerken (21%). Finden den Einfluß der Kirche noch 42% der über 70jährigen als förderlich, sind es unter den unter 20jährigen gerade 9%. Ähnliche Befunde erbringt die Untersuchung für die Rolle der Religion im Alltag.

„Haben Sie den Eindruck, daß sich im Laufe der Zeit ihr eigenes Verbundenheitsgefühl mit der Kirche geändert hat?" Und: „War ihre Verbundenheit mit der Kirche früher stärker oder schwächer?"

Bei 58% der Deutschen hat sich im Lauf der Zeit das Verbundenheitsgefühl mit der Kirche nicht geändert. Am vergleichsweise stabilsten ist das (niedrige) Verbundenheits- bzw. Sympathiegefühl der Konfessionslosen (68%); an zweiter Stelle in der Konstanz rangieren die Evangelischen (57%), an dritter Stelle die Katholiken (51%).

42% hingegen haben eine Veränderung in ihrem Kirchenverhältnis erlebt. Die Bilanz der Veränderungsrichtung fällt für die Kirchen negativ aus. Den 7% Be-

---

47 Zulehner Paul M., Denz Hermann, Talós Emmerich, Pelinka Anton, Solidarität. Option für die Modernisierungsverlierer, Innsbruck 2. Auflage 1997.

fragten, deren Bindung stärker geworden ist (4% der Konfessionslosen, 6% der Katholiken, 8% der Protestanten), und den weiteren 9%, die wechselhafte Veränderungen erlebt haben, stehen 26% gegenüber, deren Verbundenheitsgefühl schwächer geworden ist. Im Vergleich zwischen Protestanten und Katholiken: Katholiken vermerken öfter eine Lockerung der Bindung (32%) als Protestanten (23%). Auffällig ist ein innerkatholischer Unterschied zwischen Ost- und Westdeutschland: Ostdeutsche Katholiken bekunden zu 43% eine Abschwächung in der Kirchenverbundenheit, im Vergleich zu 31% der Westdeutschen.

Religion im Alltag

Nur 3% der Männer sagen, zu einer idealen Partnerschaft, zu einer idealen Ehe, gehöre eine gemeinsame religiöse Überzeugung. Realistisch vermuten dies 2% der Frauen bei den Männern, 6% der Frauen selbst halten das für wichtig. Gemeinsame religiöse Überzeugung spielt somit so gut wie keine Rolle. Im Vordergrund stehen vielmehr: Vertrauen, Liebe, Treue, Ehrlichkeit.

Etwas mehr Deutsche sehen in einem festen Glauben ein wichtiges Erziehungsziel für ihre Kinder. 11% der Männer sind dieser Ansicht, 14% der Frauen. Allerdings vermuten nur 6% der Frauen dieses Ziel auch bei den Männern: Ist diese Differenz Ausdruck von grundsätzlicher Skepsis oder einschlägigen Erfahrungen? Im Vordergrund stehen als Erziehungsziele Verantwortungsgefühl (72%), gute Manieren (69%), Fleiß (64%), Durchsetzungsfähigkeit (63%), Achtung, Toleranz (57%), Geborgenheit (55%), Weltoffenheit (51%), freie Entfaltung (50%). Pfarrer, Priester und Pfarrerinnen sind für nur wenige Personen ein Vorbild.

2% der Männer sind bei einem kirchlichen Verein. Gerade 3% der Männer geben eine aktive Teilnahme am Leben der Kirche an - wobei offen bleiben muß, an welche Art von Aktivität dabei gedacht wird.

Schwangerschaftskonfliktberatung

Derzeit wird diskutiert, ob die Katholische Kirche Deutschlands weiterhin Beratungsscheine im Rahmen der Schwangerschaftskonfliktberatung ausstellen soll. Etwas mehr als 10% der Deutschen halten einen solchen Schritt für richtig. Diese Antwort korreliert mit Kirchlichkeit. Unter den stark Kirchlichen befürworten den Ausstieg 21%, unter den schwach Kirchlichen 4%. Männer und Frauen unterscheiden sich in dieser Frage nicht. Geringfügig ist auch der Unterschied zwischen Katholiken und Protestanten.

Im Rahmen der deutschen Männerstudie wurden noch weitere Aspekte dieser Diskussion beleuchtet. Dabei zeigte sich:

In der Frage, ob der Beratungsschein den Ungeborenen hilft (34%) oder Abtreibungen erleichtert (31%), urteilt die Bevölkerung gespalten.

Ursachen für einen Schwangerschaftsabbruch

In den Blick genommen wurden auch Ursachen für einen Schwangerschaftsabbruch:

- 48% meinen, „Frauen lassen Abtreibungen durchführen, wenn sie sich von den Vätern/Männern, mit denen sie ein unerwünschtes Kind gezeugt haben, im Stich gelassen fühlen".
- 38% sagen, „Frauen lassen eine Abtreibung durchführen, wenn sie fürchten, daß ihre Lebensplanung gestört wird".
- 37% schließlich sind der Ansicht, „Eltern denken an eine Abtreibung, wenn sie besorgt sind, daß sie durch ein weiteres Kind verarmen, dieses für sie zu teuer wird".

Zusammenfassung

1. Es gibt eine faktische „Ökumene" auf niedrigem Kirchlichkeitsniveau. Diese ist bei der jüngeren Generation bereits erreicht. Katholisches Kirchlichkeits-Niveau und protestantisches haben sich einander angenähert.
2. Gläubigkeit hängt an Teilnahme am Gottesdienst wie an der inneren Verbundenheit mit und Beheimatung in der Kirche. Das gilt auch für die Folgen des Glaubens z.B. auf die Hoffnung über den Tod hinaus.
3. Der unmittelbar lebensformende Einfluß der Kirchen wird als sehr niedrig eingestuft. Sie stören aber auch nicht.
4. Es gibt einige wenige Schwalben für eine Trendwende (evangelische Kirche im Osten). Interessant: Es scheint eine gewisse Stabilität in der Kirchenbindung bei den Jüngeren zu geben – auf niedrigerem Niveau.
5. Wichtig sind die Daten zum Beratungsschein, noch mehr aber jene zu den Abtreibungsgründen. Sie werfen ein Licht auf ein reiches Land, in dem aus Angst vor Verarmung Kinder nicht zur Welt kommen können, und in dem Männer sich Frauen und Kindern gegenüber entsolidarisieren, wenn es darum geht, mit diesen zu Gunsten eines ungeborenen Kindes Lebenschancen zu teilen.

Die Männer, Religion und die Kirche

Die neuen Männer sind eher nicht in den Kirchen daheim. Ihr Ort ist bei den aus der Kirche Ausgetretenen oder den schon immer Konfessionslosen, denen also, die nicht (mehr) Kirchenmitglieder sind. Wenn die Kirchen Interesse an neuen Männern haben, bedarf es besonderer Entwicklungsarbeit. Diese wird mit Widerständen rechnen müssen.

Unter denen, die keine Kirchenmitglieder sind, staffeln sich die Männertypen. Unter den Konfessionslosen finden sich die meisten Traditionellen unter den fernstehenden Ausgetretenen.

Tabelle 90: In den kleinen Religionsgemeinschaften leben die meisten traditionellen Männer, die neuen Männer finden sich zumeist unter den Ausgetretenen und (schon immer) Konfessionslosen

Männer	traditio-nell	pragma-tisch	unsicher	neu	alle
sonstige	31%	33%	29%	6%	3%
katholisch	21%	23%	37%	19%	37%
evangelisch	18%	28%	33%	21%	35%
konfessionslos nah	6%	29%	25%	39%	11%
ausgetreten nah	9%	23%	31%	37%	5%
konfessionslos fern	12%	27%	30%	31%	5%
ausgetreten fern	16%	19%	29%	36%	6%

Tabelle 91: Personen mit starker Ausstattung mit dem „Kirchlichreligiösen" tendieren zum traditionellen Männerbild

Männer	traditio-nell	pragma-tisch	unsicher	neu	alle
stark kirchlich	36%	30%	25%	9%	19%
mittel kirchlich	16%	26%	39%	19%	39%
schwach kirchlich	12%	24%	32%	32%	41%

Dieses Grundergebnis findet seine Variationen in einzelnen Fragen. So wurden traditionelle Männer häufiger religiös erzogen.

Tabelle 92: Traditionelle Männer wurden eher religiös erzogen, neue nicht

Männer	sehr	ziemlich	etwas	kaum	über-haupt nicht	alle
traditionell	25%	29%	26%	10%	10%	17%
pragmatisch	15%	27%	28%	15%	15%	26%
unsicher	12%	29%	28%	18%	13%	33%
neu	9%	24%	28%	16%	22%	24%
alle	15%	27%	28%	15%	15%	

18% aller männlichen und weiblichen Befragten halten Jesus für ein Vorbild für Männer bzw. Maria für ein Frauenvorbild. Männer und Frauen sehen im Durchschnitt keinen Unterschied. Unterschiede ergeben sich bei den Rollentypen: Bei den traditionellen und pragmatischen Männern votieren zwischen 20 und 25% für Jesus als Männervorbild. Beträchtlich mehr traditionelle Frauen haben die Auffassung von Maria als Vorbild für Frauen. Darin drückt sich deren überdurchschnittliche Religiosität aus. Das Gegenteil bilden die neuen Frauen, die der Idee der vorbildhaften Maria noch weniger abgewinnen können (7%) als neue Männer (11%) der Idee vom vorbildlichen Jesus. Das bedeutet: Mit Blick auf die Rollentypen ist bei den Frauen der Bezug zu Maria als Vorbild wesentlich polarisierter als bei den Männern der Bezug zu Jesus. Allerdings bleiben bei den Frauen auch im Blick auf Jesus, der „den Männern als Vorbild dienen sollte", die Auffassungen geteilter als bei den Männern (Differenzen: 23 Prozentpunkte zu 14 Prozentpunkten).

Tabelle 93: Jesus und Maria –Vorbilder für Männer und Frauen

	Jesus für mich Vorbild	Maria für mich Vorbild	„Jesus: Männervorbild!"	
	Männer	Frauen	Männer	Frauen
traditionell	22%	36%	25%	35%
pragmatisch	24%	21%	24%	23%
unsicher	17%	16%	14%	14%
neu	10%	7%	10%	12%
Total	18%	18%	18%	19%
Differenz trad.-neu	11%	<u>29%</u>	14%	<u>23%</u>

Tabelle 94: Jesus als Männervorbild: aufgeschlüsselt nach Konfession und dem Kirchlichkeitsindex

	evangelisch	katholisch
stark kirchlich	59%	55%
mittel kirchlich	14%	14%
schwach kirchlich	4%	6%

Aufschlußreich ist die Zustimmung zu Jesus als Männervorbild nach der kirchlich-religiösen Charakteristik und Konfession: Bei gleicher kirchlich-religiöser Ausstattung schwinden die konfessionellen Unterschiede. Sie besagen dann nur soviel, daß Katholiken insgesamt eine höhere kirchlich-religiöse Ausstattung haben.

Frauen führen mit Männern mehr religiöse Gespräche als mit anderen Frauen. Auch Männer sprechen (ein bißchen) mehr mit ihresgleichen über diese Themen. Das Ergebnis: Mit Männern werden mehr (19%) religiöse Gespräche geführt als mit Frauen (16%). Das Erstaunliche: Frauen geben mehr religiöse Gespräche mit Männern an als diese mit Frauen. „Eigentlich" müßten die Angaben zumindest in etwa übereinstimmen. Das ist jedoch nicht der Fall. Ein Viertel (24%) der Frauen bestätigen solche Gespräche, doch lediglich ein knappes Sechstel (15%) der Männer. Haben Frauen ein weiteres Verständnis von „Religion" als Männer, so daß auch Unterhaltungen, die für Männer keinen religiösen Bezug haben, für Frauen so gefärbt sind? Oder „verdrängen" Männer auch hier mehr als Frauen?

Tabelle 95: Jede Fünfte, jeder Sechste führt ein religiöses Gespräch

	mit Mann	mit Frau
Mann traditionell	20%	19%
Mann pragmatisch	15%	15%
Mann unsicher	14%	14%
Mann neu	17%	14%
MÄNNER	16%	15%
Frau traditionell	37%	19%
Frau pragmatisch	22%	15%
Frau unsicher	22%	17%
Frau neu	21%	16%
FRAUEN	24%	16%
ALLE	19%	16%

Es gibt eine bewirtschaftbare Erwartung von Männern, daß die Kirche einen Beitrag zur Neugestaltung der Männerrolle leisten solle. Im Schnitt sind es bei den Männer 12%, bei den Frauen 17%. Von den pragmatischen Frauen haben sogar 23% diese Erwartung, von den neuen Frauen 20%. Geht den neuen Frauen die Männerentwicklung zu langsam? Ist willkommen, wer immer einen Beitrag dazu leistet? Immerhin scheinen die so votierenden Frauen den Kirchen dies zuzutrauen.

Tabelle 96: Ich erwarte mir von der Kirche einen Beitrag zur Neugestaltung der Männerrolle

	Männer	Frauen
traditionell	13%	11%
pragmatisch	18%	23%
unsicher	7%	11%
neu	13%	20%
ALLE	12%	17%

Die inneren, lebensorientierten Gründe für eine solche kirchliche Arbeit sind freilich nicht sehr weit verbreitet. Daß der religiöse Glaube, für den eine christliche Kirche ja steht, für Männer eine Bedeutung für die Bewältigung persönlicher Krisen habe, meinen (nur?) 14%; von den befragten Frauen sind es mit 12% noch etwas weniger. Bei dieser Frage kann wieder das sozioreligiöse Gefälle beobachtet werden: von den traditionellen Männern haben 22%, von den traditionellen Frauen 26% diese Erwartung.

Tabelle 97: „Der religiöse Glaube hat bei Männern Bedeutung für die Bewältigung persönlicher Krisen"

	Männer	Frauen
traditionell	22%	26%
pragmatisch	25%	19%
unsicher	9%	7%
neu	3%	4%
alle	14%	12%

Tabelle 98: Glaube hilft leben: aufgeschlüsselt nach Konfession und dem Kirchlichkeitsindex

	evangelisch	katholisch	konfessionslos
stark kirchlich	37%	25%	67%
mittel kirchlich	14%	6%	15%
schwach kirchlich	2%	4%	2%
alle	13%	11%	4%

Tabelle 99: Ich erwarte von der Kirche einen Beitrag zur Neugestaltung der Männerrolle

	evangelisch	katholisch	konfessionslos
stark kirchlich	28%	26%	33%
mittel kirchlich	18%	16%	25%
schwach kirchlich	7%	8%	7%
alle	16%	17%	9%

AUF EINEN BLICK

Bei traditionellen Männern gilt die Innenwelt als schwer zugänglich. Sie haben gelernt, Gefühle nicht wahrzunehmen, über sie nicht zu sprechen. Sich zusammenreißen gilt anscheinend immer noch als eine wichtige pädagogische Anleitung für heranwachsende Männer. Die Unzugänglichkeit traditioneller Männer zur Innenwelt zeigt sich in mehreren Formen: die Gefühlsstärke ist eher niedrig, dagegen die Gewaltbereitschaft hoch. Der sexuelle Bereich wird kontrolliert,

Aufklärung fand seltener statt, Homosexualität wird verworfen. Traditionelle Männer haben allerdings sozioreligiöse Stärken: sie können mit dem Tod und mit Leid, zumindest laut ihrer Angaben, besser umgehen, und sie sind sozioreligiös stärker ausgestattet.

Neuen Männern steht die Innenwelt offener: sie sind leicht gefühlsstärker, erheblich gewalttärmer, sexuell freier, akzeptieren Homosexualität. Haben sie ihre Freiheit durch Ablösung vom Religiös-Kirchlichen zu erreichen versucht? Jedenfalls haben neue Männer im Bereich Todesbewältigung und noch mehr im Kirchlich-religiösen deutlich niedrigere Werte.

Abbildung 116: Neue Männer sind etwas gefühlvoller und erheblich gewalttärmer

dargestellt an den Indizes GEFÜHLSSTÄRKE, GEWALT, MÄNNLICHE SEXUALITÄT, AUFKLÄRUNG, HOMOSEXUALITÄT, TODESBEWÄLTIGUNG, TODESBEWUSSTSEIN, RELIGION – KIRCHE

GEFÜHLSSTÄRKE	typisch männlich: gefühlvoll
	Männerveränderung: äußern mehr Gefühle
	Den heutigen Männern fehlen Fähigkeiten. Ihnen fehlt es, weich sein zu können, leiden zu können, Gefühle zu haben.
	Männern fällt der Zugang zu ihren Gefühlen schwer.
GEWALT	Manchmal muß man Kinder schlagen, damit sie zur Vernunft kommen.
	Die weiße Rasse ist am besten dazu geeignet, Führung und Verantwortung in der Weltpolitik zu übernehmen.
	Zu enge Bindungen zu einer Frau sind für den Mann bedrohlich.
	Männer sind unfreier als Frauen. Sie fühlen sich Vorschriften und gesellschaftlichen Regeln mehr verpflichtet als Frauen.
	Außereheliche Beziehungen des Mannes wiegen weniger schwer als die einer Frau.
	Ein Mann muß sich vor den anderen auch durch Kraftakte erweisen.
	Wenn eine Frau vergewaltigt wird, hat sie wahrscheinlich den Mann provoziert.
MÄNNLICHE SEXUALITÄT	Gespräch über Gefühle rund um Sexualität
	Häufigkeit des Sexverkehrs letzte Woche
	zufrieden mit Sexualität in Ehe/Partnerschaft
	guter Liebhaber

AUFKLÄRUNG	TV, Mutter, freizügige Zeitschriften, Bravo, Videos, Lehrer, Lehrerin, andere, Freunde, andere Zeitschriften, Kino, bekannte Frauen, Freundinnen, Verwandte, sonstige Medien, Fotos, bekannte Männer, Geschwister, Bücher, niemand
HOMOSEXUALITÄT	für Mann wichtig: Anerkennung homosexueller Lebensgemeinschaften Homosexualität ist einfach eine andere Form zu leben. Man sollte sie in unserer Gesellschaft offen zeigen dürfen.
TODESBEWÄL-TIGUNG	wieviel Leid im Leben Glaube gibt Stärke, sich dem Tod zu stellen wünscht manchmal den Tod herbei
TODESBEWUSST-SEIN	Tod macht Angst Tod macht nachdenklich denkt nicht über den Tod nach
RELIGION – KIRCHE	Bibel wahr und gültig Religion im wissenschaftlichen Zeitalter überholt an das halten, was mit Verstand faßbar beschäftige mich nicht mit Glaubensfragen Christentum ist die einzig akzeptable Religion Kirche, weil sie mir einen inneren Halt gibt Kirche, weil ich religiös bin Kirche, weil Antwort auf Lebenssinn Kirche, weil ich der christlichen Lehre zustimme Kirche, weil ich Christ bin Kirche, weil ich Gemeinschaft brauche Kirche, weil für Gerechtigkeit in der Welt Kirche, weil sinnvolle Mitarbeit Kirche, weil sie viel Gutes tut Kirche, weil ich an das denke, was nach dem Tod kommt Kirche, weil Trauung und Beerdigung Kirche, weil sich das so gehört Kirche, weil auch meine Eltern Kirche, weil ich an meine Kinder denke Kirchenverbundenheit „Kirche ist mir Heimat." „Das Leben hat nur einen Sinn, weil es Gott gibt." christliches Gottesbild

2. Männliche Lebensinszenierung — Innenwelt

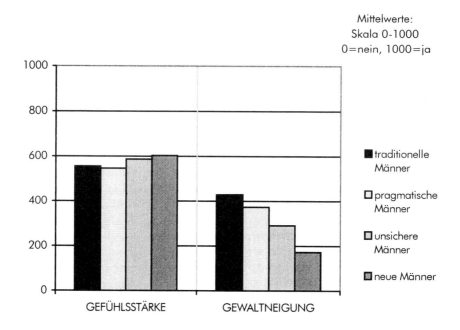

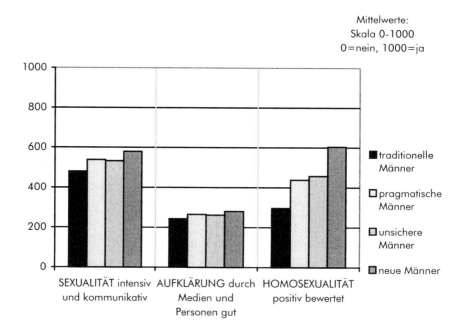

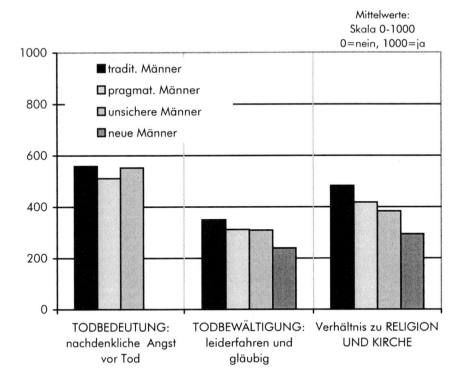

3. FACETTEN DER GESCHLECHTERROLLEN

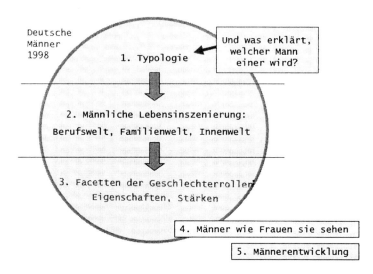

Eine der ungelösten Fragen in der Diskussion um die Geschlechterrollen ist, was denn einen Mann und eine Frau letztlich ausmacht. Wo liegen die Unterschiede? Oder welches ist der entscheidende Unterschied? Männer und Frauen unterscheiden sich gewiß biologisch. Aber wie maßgeblich sind die körperlichen, genetischen, hormonellen Unterschiede?

Zur „Natur" kommt die „Kultur" hinzu: also die Erziehung, darin die Vermittlung von soziokulturell geprägten „Rollen" im Sinn von Handlungszumutungen und zugewiesenen Selbstbildern, denen jemand nur schwer entrinnen kann. Kurz: Neigen die einen dazu, die Unterschiede vornehmlich biologisch zu bestimmen, tendieren andere zur soziokulturellen Erklärung. Dabei spielen mit Sicherheit, wissenssoziologisch besehen, Interessen eine Rolle. Wer für den Erhalt des Status quo ist, wird an den biologischen Argumenten viel Freude haben. Denn die biologischen Konstanten ändern sich nur kaum und unmerklich, wenngleich es auch im Lauf der Evolution eine beträchtliche genetische Entwicklung gegeben hat: auch eine Entwicklung der biologisch-genetischen Ausstattung der Geschlechter?

Wer freilich der Ansicht ist, daß die herkömmlichen Geschlechterrollen für das jeweilige Geschlecht nachteilhaft sind, wird den kulturellen Prägungen viel Bedeutung zumessen. Das ermöglicht einen beträchtlichen Spielraum, Änderungen vorzunehmen, mit dem Ziel, daß es dann auch eine gerechtere Verteilung der Lebenschancen zwischen den Geschlechtern gibt. Die vorliegende Männerstudie enthält einige empirische Anhaltspunkte für diese unabgeschlossene, aber immer wieder neu aufflammende Grundlagendiskussion nach der Geschlechteridentität.

Gefragt wurde nach Eigenschaften, die für das jeweilige Geschlecht „typisch" sind. Zudem wurden die angenommenen Stärken und Schwächen des jeweiligen Geschlechts analysiert.

MÄNNLICHE UND WEIBLICHE EIGENSCHAFTEN

„Welche der folgenden Eigenschaften halten Sie für typisch männlich (weiblich)?" Zu dieser Frage waren siebzehn konträre Eigenschaftspaare vorgegeben:

- dominierend – unterwürfig
- aktiv – passiv
- stark – schwach
- gewalttätig – sanft
- leistungsbewußt – nicht leistungsbewußt
- Selbstvertrauen haben – kein Selbstvertrauen haben
- logisch denken – unlogisch denken
- willensstark – willensschwach
- erotisch – unerotisch
- ängstlich – tapfer
- gesellig – ungesellig
- sicher – unsicher
- redet viel, auch dazwischen – ist eher ruhig, hält sich zurück
- gepflegtes Aussehen – ungepflegtes Aussehen
- selbständig – unselbständig
- mitfühlend – nicht mitfühlend
- gefühlvoll – gefühllos

Im Durchschnitt der Befragten werden Männern eine Reihe von Eigenschaften mit höchster Zustimmung als typisch männlich (Mittelwerte zwischen 1 und 2) zugeschrieben. Dazu zählen: aktiv, stark, willensstark, logisch denken, Selbstvertrauen, selbständig, leistungsbewußt, sicher, dominierend. Es sind die traditionellen Männereigenschaften des Aktiven, Starken, Rationalen.

Die emotionalen Eigenschaften erotisch, mitfühlend, gefühlvoll, „gepflegt", gesellig werden weniger als männlich angesehen (Mittelwerte zwischen 2 und 3). Als noch weniger männlich (Mittelwerte unter 3) werden ängstlich, „redet viel" und gewalttätig betrachtet.

Abbildung 117: Typisch männliche Eigenschaften – Männer und Frauen im Vergleich

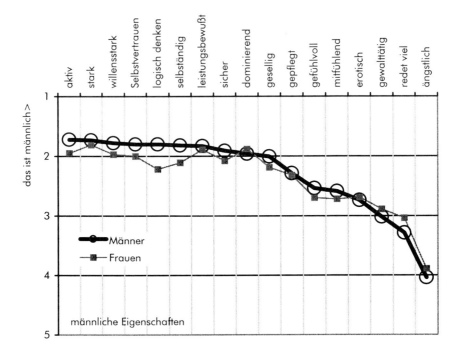

Die Frauen sehen dies in der Grundstruktur ähnlich. Die Eigenschaftssets in der Zuschreibung sind nur marginal geschlechtsspezifisch. Sie spiegeln vielmehr kulturellen Konsens wider. Gleichzeitig wird eine gewisse Kritik der Frauen an den Männern deutlich: Sie schreiben den Männern negativ getönte Eigenschaften etwas stärker zu (ängstlich, gewalttätig, „redet viel", dominierend) und positiv besetzte etwas schwächer (z.B.: logisch denken, Selbstvertrauen, selbständig, sicher, gefühlvoll). Und die typisch weiblichen Eigenschaften? Das Ergebnis ist weithin spiegelbildlich zu jenem der typisch männlichen Eigenschaften. Als typisch weiblich gelten – für Frauen wie Männer–: gefühlvoll, gepflegt, mitfühlend, erotisch und gesellig. Nicht sonderlich typisch für Frauen (Mittelwerte unter 3) hingegen sind die Eigenschaften: gewalttätig, dominierend, ängstlich, stark. Die übrigen erfragten Eigenschaften liegen im abgestuften Mittelfeld (Mittelwerte zwischen 2 und 3). Merklichen Unterschied gibt es in der Einschätzung des „logischen Denkens", der (Willens)Stärke und des Aktiv-Seins, das Frauen für sich mehr beanspruchen, als ihnen Männer zugestehen. Typisch unweiblich sind für Frauen, aber auch für Männer: gewalttätig, dominierend, stark (letzteres für die Frauen etwas weiblicher).

Abbildung 118: Typisch weibliche Eigenschaften – Frauen und Männer im Vergleich

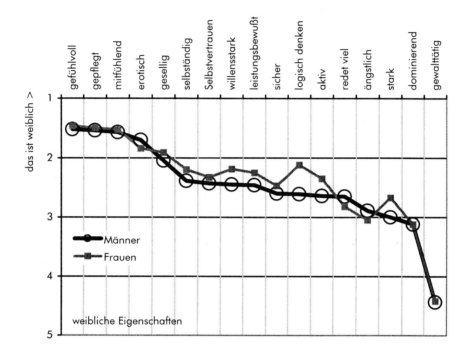

Es scheint also tiefsitzende kulturelle Eigenschaftssets zu geben, die als typisch für Männer bzw. Frauen gelten. Die rationale gestaltete Stärke wird dem Mann zugeordnet, das Emotionale, das Einfühlen hingegen den Frauen.

Setzt man die Ergebnisse für die männlichen bzw. weiblichen Eigenschaftssets aus der Sicht von Männern und Frauen in ein Schaubild, dann werden überblicksartig jene Merkmale sichtbar, die als typisch männlich bzw. typisch weiblich gelten: es sind jene Merkmale, bei denen die Unterschiede zwischen den Geschlechtern am größten sind.

Abbildung 119: Typisch männliche und weibliche Eigenschaften – Frauen und Männer im Vergleich

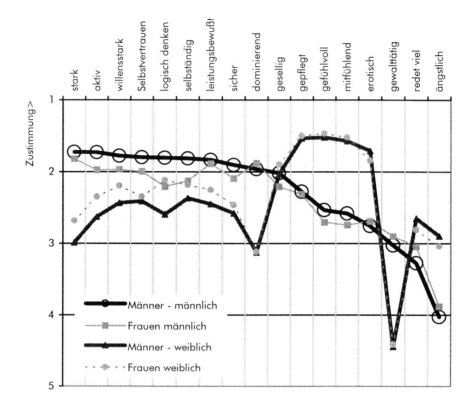

Errechnen lassen sich schließlich die Differenzen, welche aus der Sicht von Männern bzw. Frauen zwischen dem, was typisch männlich und was typisch weiblich ist, bestehen. Wo die Unterschiede besonders groß sind, kommen die geschlechtsbezogenen Eigenheiten gut zum Vorschein. Demnach können als besonders weiblich gelten: ängstlich, erotisch, gefühlvoll, mitfühlend. Den Männern hingegen werden stärker zugeordnet: gewalttätig, stark, dominierend, aktiv, logisch denken.

Abbildung 120: Differenzen zwischen männlichen und weiblichen Eigenschaftssets bei Männern und bei Frauen

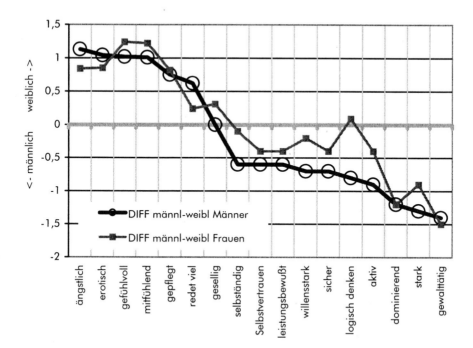

Die Frage ist nun, ob sich die Eigenschaftssets mitverändern, wenn sich das Rollenselbstbild wandelt. Gibt es also bei traditionellen Männern (und Frauen) andere Eigenschaftssets als bei „neuen"?

Das Ergebnis:: Es geschieht eine leichte Verschiebung innerhalb der Eigenschaftssets. Die traditionell männlichen Eigenschaften verlieren bei „neuen" Männern etwas an Zustimmung, sie gelten nicht mehr so eindeutig als „typisch männlich". Dagegen erhalten im Set der männlichen Eigenschaften die traditionell eher weiblichen Merkmale mehr Zustimmung. Die Bewegung ist aber nur graduell. Denn die primäre Zuordnung starker und rationaler Merkmale zu Männern ist auch bei den „neuen Männern" vorhanden.

Das gleiche Ergebnis finden wir spiegelbildlich hinsichtlich der Bewertung der weiblichen Eigenschaften durch Männer.

Abbildung 121: Typisch männliche Eigenschaften – nach den vier Männertypen

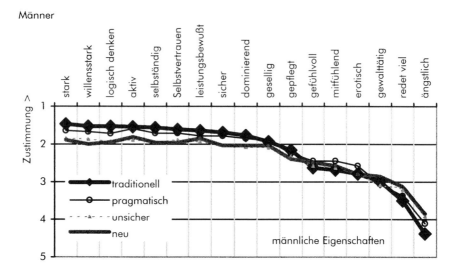

Abbildung 122: Typisch weibliche Eigenschaften – nach den vier Männertypen

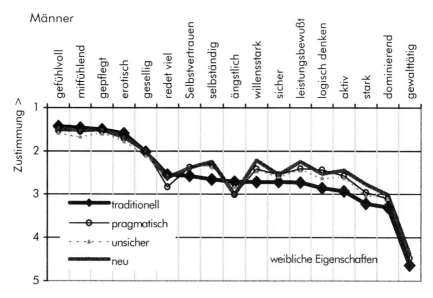

Auf dem Hintergrund dieser Daten läßt sich vermuten, daß die derzeitige Entwicklung zu neuen Geschlechterrollen weithin auf der Oberfläche verläuft, die Tiefenschichten hingegen sich aber viel langsamer, wenn überhaupt, bewegen.

Abbildung 123: Typisch männliche Eigenschaften – nach den vier Frauentypen

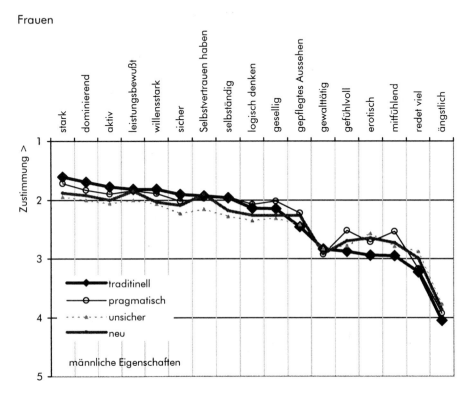

Abbildung 124: Typisch weibliche Eigenschaften – nach den vier Frauentypen

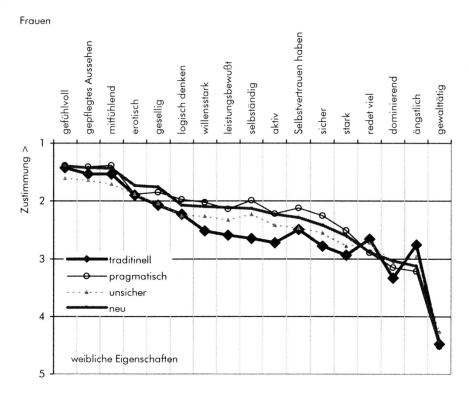

STÄRKEN VON MÄNNERN UND FRAUEN

Ein ähnliches Ergebnis bringt die Frage nach den für Frauen und Männern typischen Stärken. Gefühle und Anpassungsfähigkeit gelten als weibliche Stärken. Männer neigen dazu, einige Stärken eher Männern zuzuordnen, wobei die Abweichung von der Mittellinie „beide gleich" nicht sehr stark ist. Dazu zählen: Belastbarkeit, Lockerheit, Lebenserfahrung, Intelligenz, keine Eifersucht. Frauen teilen diese Ansicht nicht.

Der Vergleich zwischen den vier Männertypen zeigt, daß

- die zwei Stärken „Anpassungsfähigkeit" und „Gefühle" weiterhin weiblich bleiben,
- daß die neuen Männer im Vergleich zu den traditionellen kaum noch typische Männerstärken sehen (Eifersucht und Lockerheit bilden schwache Ausnahmen).

Abbildung 125: Männer- und Frauenstärken (Männer und Frauen)

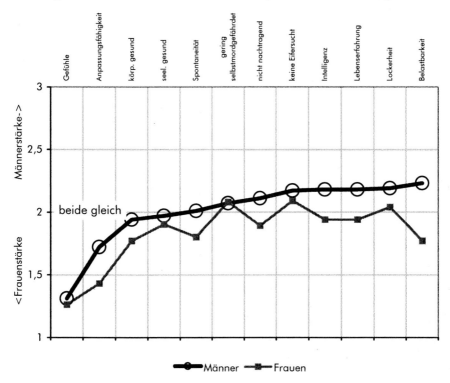

Abbildung 126: Männer- und Frauenstärken – nach den vier Männertypen

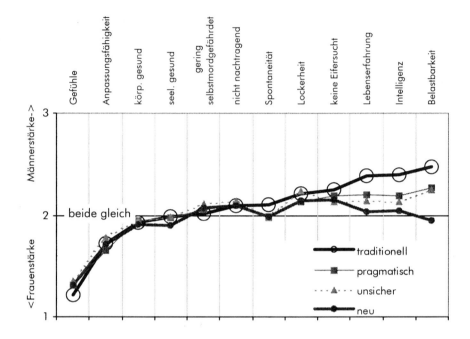

Tabelle 100: Vergleich von Männer- und Frauenstärken

Frauenstärken	neue Männer	traditionelle Männer	Differenz
Belastbarkeit	40%	24%	-16
Spontaneität	32%	22%	-10
nicht nachtragend sein	25%	32%	-7
Gefühle	73%	80%	+7
geringe Selbstmordgefährdung	8%	14%	+6
Intelligenz	10%	4%	-6
Anpassungsfähigkeit	53%	50%	-3
körperliche Gesundheit	27%	30%	+3
Lebenserfahrung	12%	9%	-3
seelische Gesundheit	26%	29%	+3
Lockerheit	18%	20%	+2
keine Eifersucht empfinden	6%	6%	0

Männerstärken

	neue Männer	traditionelle Männer	Differenz
Belastbarkeit	20%	50%	+30
Intelligenz	7%	36%	+29
Lebenserfahrung	8%	35%	+27
Spontaneität	15%	28%	+13
Lockerheit	27%	38%	+11
keine Eifersucht empfinden	18%	28%	+10
seelische Gesundheit	18%	25%	+7
körperliche Gesundheit	12%	18%	+6
Anpassungsfähigkeit	9%	13%	+4
geringe Selbstmordgefährdung	17%	18%	+1
nicht nachtragend sein	28%	28%	0
Gefühle	2%	1%	1

Herausragende Differenzen gibt es bei der Lebenserfahrung, der Intelligenz, Belastbarkeit und der Spontaneität. Diese Eigenschaften werden von den Befragten mit traditionellem Männerbild für sich reklamiert. Für den traditionellen Männertypus sind Frauen vor allem körperlich gesünder, gefühlvoller sowie anpassungsfähiger.

Der neue Mann empfindet Männer zwar als geringer selbstmordgefährdet, ein bißchen weniger nachtragend, dafür aber deutlich eifersüchtiger, lebensunerfahrener, weniger intelligent und belastbar. Die Frauen werden von den neuen Männern als körperlich und seelisch gesünder, gefühlvoller, anpassungsfähiger, belastbarer und spontaner eingeschätzt.

Im ganzen ist der neue Mann viel eher bereit als der traditionelle, Frauen Stärken zuzubilligen, und er ist den eigenen männlichen Stärken gegenüber deutlich skeptischer.

Wir verdichten mit Hilfe des faktorenanalytischen Verfahrens die Ergebnisse. Es zeigt sich, daß (mit ganz wenigen Ausnahmen: dominant, redet zu viel) die Eigenschaften sich auf zwei Faktoren verteilen. In dem einen Faktor sammeln sich die starken Eigenschaften, im anderen die gefühlsbetont-emotionalen. Das ist das Ergebnis dieser Analysen: Von allen Befragten, aber auch in allen Clustern wird dominant den Männern und emotional den Frauen zugeschrieben.

Abbildung 127: Verteilungen der Befragten auf den Indizes „stark" und „emotional" bei männlichen und weiblichen Eigenschaften

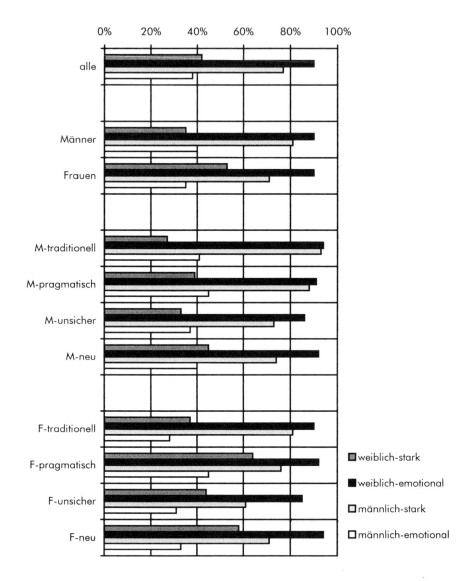

DIE DEUTSCHE TRAUMFRAU

Welche Eigenschaften Männer mit Frauen verbinden, wurde zusätzlich über die Projektion einer „Traumfrau" eruiert. 71% aller Befragten (Männer und Frauen) meinen, es gäbe für Männer eine solche „Traumfrau". Frauen vermuten dies bei Männern zu 85%, jedoch nur 61% der Männer meinen, das Bild einer Traumfrau zu haben.

Je nach Rollentyp unterscheiden sich diesbezüglich die Männer und auch die Frauen untereinander kaum.

Tabelle 101: Gibt es eine Traumfrau? (Zustimmung in Prozent)

	es gibt sie
Männer	61%
Frauen	85%
alle	71%

Männer über sich	es gibt sie
traditionell	61%
pragmatisch	64%
unsicher	60%
neu	59%

Frauen über Männer	es gibt sie
traditionell	79%
pragmatisch	83%
unsicher	89%
neu	88%

Abbildung 128: Die Traumfrau

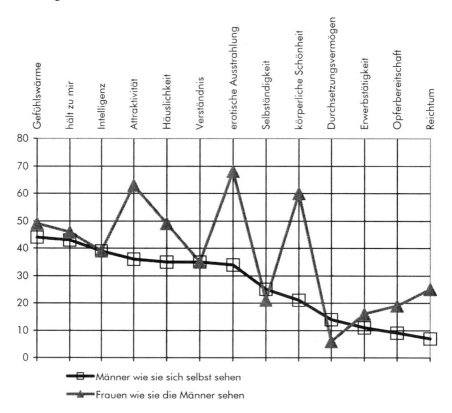

Der „Traumfrau" kommen im Bevölkerungsschnitt folgende Eigenschaften zu: sie ist gefühlswarm, hält zum Mann, ist intelligent, attraktiv und häuslich. Sie hat Verständnis für Probleme und erotische Ausstrahlung. Am Ende der Liste stehen Reichtum, Opferbereitschaft, Erwerbstätigkeit und Durchsetzungsvermögen.

Der Attraktivität, der erotischen Ausstrahlung und der körperlichen Schönheit schreiben die Frauen eine wesentlich größere Bedeutung für die Männer zu als diese selbst. Hingegen meinen sie, daß Durchsetzungsvermögen weniger eine Eigenschaft der männlichen Traumfrau ist.

Abbildung 129: Traumfrau – nach männlichen Rollentypen

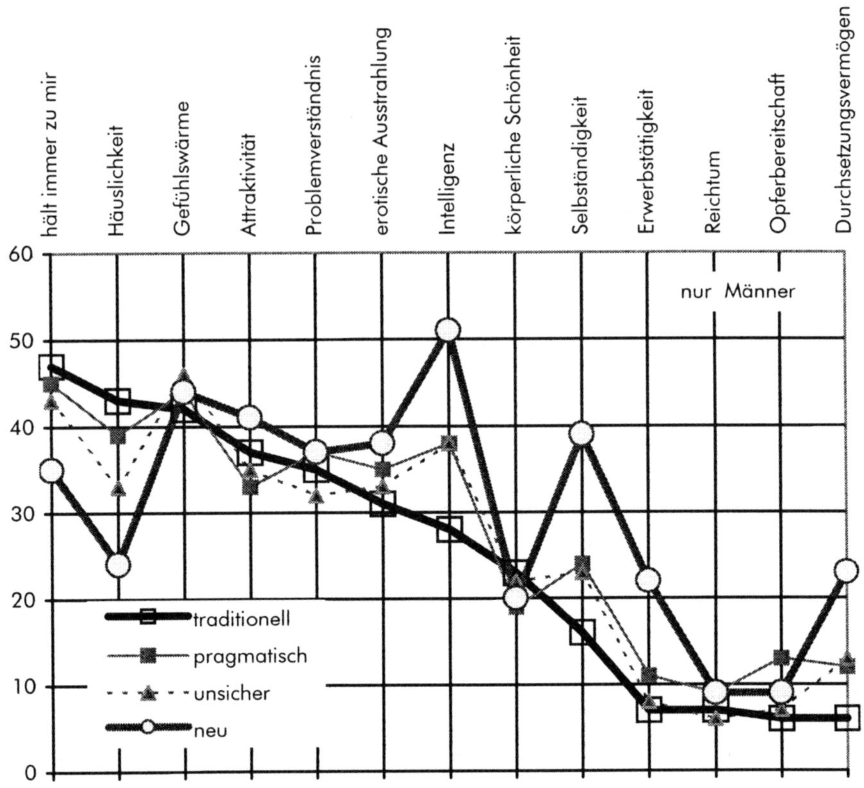

Die Traumfrau wird aber auch von den Männern je nach Rollentyp anders gesehen. Im Vergleich zwischen traditionellen und neuen Männern ist es im Bild von der Traumfrau bei den neuen weniger wichtig, „daß sie immer zu mir hält". Auch Häuslichkeit hat einen geringeren Stellenwert. Aufgewertet wird insbesondere Intelligenz; dazu kommen Selbständigkeit, Durchsetzungsvermögen und Erwerbstätigkeit.

Ähnlich ist der Unterschied in den Ansichten von traditionellen und neuen Frauen, wie sie die männliche Traumfrau einschätzen. Die neuen Frauen sind der Meinung, daß im Bild der männlichen Traumfrau die Merkmale Intelligenz, Selbständigkeit, Erwerbstätigkeit und Durchsetzungsvermögen eine größere Rolle spielen. Dazu kommen noch Attraktivität sowie Ausstrahlung.

3. Facetten der Geschlechterrollen　　　　　　　　Die deutsche Traumfrau

Abbildung 130: Traumfrau – was neue Männer anders sehen

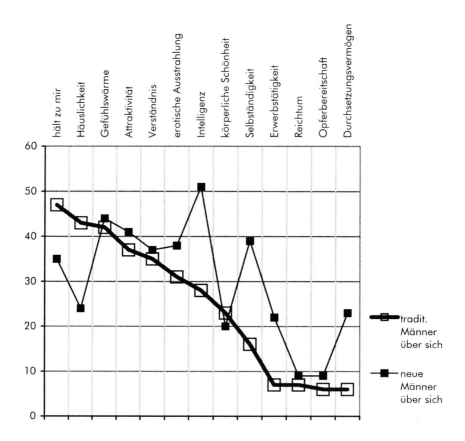

Abbildung 131: Traumfrau – was neue Frauen an der männlichen Traumfrau anders sehen

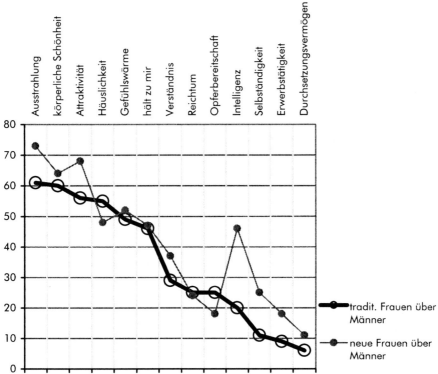

Die unterschiedlichen Merkmale aus der Fragebatterie bilden drei Faktoren; zusammen gehören:

➤ Reichtum, Schönheit und Opferbereitschaft [Index „feenhaft"];

➤ Erwerbstätigkeit, Selbständigkeit, Durchsetzungsvermögen [Index „autonom"];

➤ Intelligenz, Gefühlswärme, Häuslichkeit, Attraktivität, Verständnis für Probleme, daß sie immer zu mir hält, erotische Ausstrahlung [Index „gefühlvoll"].

Diese Variablen wurden zu den Indizes „feenhaft", „autonom" und „gefühlvoll" verrechnet und weiter analysiert. Das Ergebnis: Im Gesamtdurchschnitt ist die Traumfrau zuerst gefühlvoll, sodann feenhaft und am wenigsten autonom. Bei Frauen (sie beurteilen das Bild der Männer) ist diese Ansicht noch deutlicher ausgeformt als bei den Männern. Neue Männer und neue Frauen werten die

Dimension „autonom" in der männlichen Traumfrau beträchtlich auf: Die Werte vervierfachen sich bei den neuen Männern und verdreifachen sich bei den neuen Frauen. Die Veränderung im idealen Frauenbild bei Männern betrifft allein die wachsende Bejahung weiblicher Autonomie. Die übrigen Dimensionen ändern sich hingegen kaum. Männer – so die Meinung der neuen Männer (und neuen Frauen über die Männer) – erwarten von der idealen Frau nicht nur gefühlvolle Häuslichkeit, sondern auch Autonomie. Zum „Leistungspaket": gefühlvoll kommt nun das „Leistungspaket": autonom hinzu. Die Frau muß nach Auffassung der neuen Männer mehr „leisten", mehr „sein" als früher. Die Ansprüche sind im Steigen.

Tabelle 102: Der Stellenwert der Autonomie im idealen Frauenbild nimmt zu

	INDEX gefühlvoll	INDEX autonom	INDEX feenhaft
Männer	41%	13%	8%
Frauen	52%	10%	32%
alle	46%	12%	31%
Männer über sich			
traditionell	40%	6%	6%
pragmatisch	39%	13%	9%
unsicher	40%	10%	7%
neu	47%	26%	9%
Frauen über Männer			
traditionell	48%	4%	33%
pragmatisch	48%	8%	29%
unsicher	52%	13%	29%
neu	58%	12%	32%

AUF EINEN BLICK

Männern und Frauen werden in unseren Kulturen bestimmte Eigenschaften und Stärken bzw. Schwächen zugewiesen. Frauen gelten als gefühlvoll und intuitiv, Männer als stark und rational. In diesem Kontext entsteht auch das Bild der Traumfrau. Traditionelle Männer tragen diese Auffassungen in sich. Bei neuen Männern ist diese Aufteilung – allerdings nur sehr moderat – in Bewegung. Ganz allgemein meinen auch sie, daß Frauen gefühlvoller sind. Zugleich aber sind sie etwas mehr der Ansicht, daß Frauen Eigenschaften aus dem Bereich der starken Eigenschaften besitzen. Bei der Bewertung der Traumfrau sind die Unterschiede überhaupt marginal.

Das bedeutet: die Eigenschaftssets zwischen Männern und Frauen nähern sich zwar im Zuge der Entwicklung zum neuen Mann an. Doch bleiben im typisch weiblichen Bereich die überkommenen Zuordnungen.

Das legt die Vermutung nahe, daß sich bei den neuen Männern die Veränderungen eher auf der lebenspraktischen und einstellungsbezogenen Oberfläche ereignen. Je mehr es in die Tiefenschichten geht, die einen Mann, eine Frau ausmachen, desto weniger scheint es eine Entwicklung zu geben.

Dafür gibt es drei mögliche Erklärungsmodelle: Entweder ist die Veränderungsbereitschaft von Männern begrenzt und wirkt nur dort, wo es um praktische Angelegenheiten geht, die zudem von der Frauenpolitik ernötigt werden. Oder aber die Veränderungsmöglichkeiten sind von der anthroplogischen (und damit auch biologischen) Konstitution von Männern und Frauen her spürbar begrenzt. Oder aber es handelt sich hier um langfristige, Generationen dauernde kulturelle Wandlungsprozesse, die überdies in sich heterogen und widersprüchlich sind: „progredierende" und „retardierende" Elemente umfassen.

Abbildung 132: Neue Männer weiten die den Frauen zugeschriebenen Eigenschaften aus

dargestellt an den Indizes WEIBLICH-STARK, WEIBLICH-EMOTIONAL, MÄNNLICH-STARK, MÄNNLICH-EMOTIONAL, TRAUMFRAU-GEFÜHL, TRAUMFRAU-AUTONOMIE, TRAUMFRAU-FEE

WEIBLICH STARK	aktiv – passiv; stark-schwach; leistungsbewußt – nicht leistungsbewußt; Selbstvertrauen haben – kein Selbstvertrauen haben; logisch denken – unlogisch denken; willensstark – willensschwach; ängstlich – tapfer; sicher – unsicher; selbständig – unselbständig
WEIBLICH EMOTIONAL	gewalttätig – sanft; erotisch – unerotisch; gesellig – ungesellig; gepflegtes Aussehen – ungepflegtes Aussehen; mitfühlend – nicht mitfühlend; gefühlvoll – gefühllos
MÄNNLICH STARK	wie weiblich-stark
MÄNNLICH EMOTIONAL	wie weiblich-emotional
TRAUMFRAU GEFÜHL	Intelligenz; Gefühlswärme; Häuslichkeit; Attraktivität; Verständnis für Probleme; daß sie immer zu mir hält; erotische Ausstrahlung
TRAUMFRAU AUTONOMIE	Erwerbstätigkeit; Selbständigkeit; Durchsetzungsvermögen
TRAUMFRAU FEE	Reichtum; Opferbereitschaft; körperliche Schönheit

3. Facetten der Geschlechterrollen   Auf einen Blick

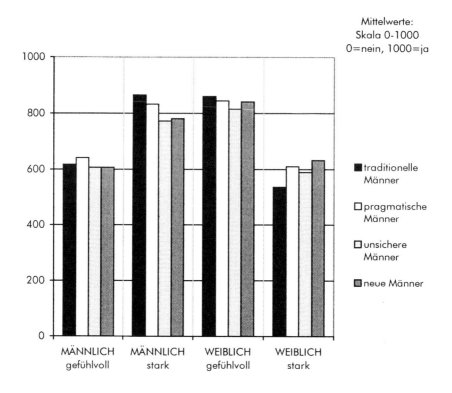

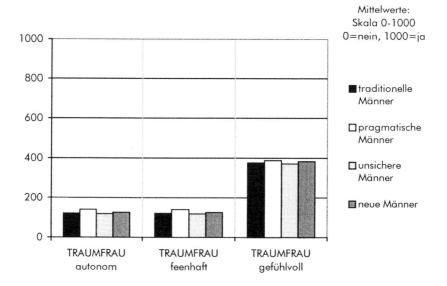

4. MÄNNER AUS FRAUENSICHT

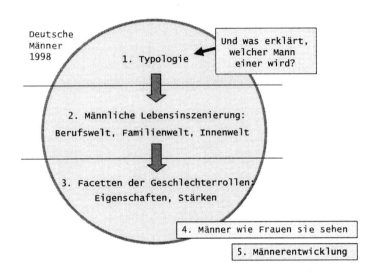

Schwerpunkt der Studie ist die Erforschung des männlichen Selbstbildes. Doch wurde auch eine weibliche Kontrollgruppe befragt. Es ging also nicht nur darum zu erkunden, wie Männer sich selbst sehen, sondern wie Frauen sie sehen.

An den jeweiligen Stellen der Darlegung der Ergebnisse wurden diese unterschiedlichen Sichtweisen vorgestellt. In diesem zusammenfassenden Kapitel sollen nunmehr die wichtigsten Unterschiede zwischen dem männlichen Selbstbild und dem Fremdbild aus der Sicht von Frauen zusammengestellt werden. Wir orientieren uns dabei an der Abfolge des Berichts und ordnen die Informationen entsprechend den wichtigen Bereichen des Männerlebens: der Berufswelt und der Politik, der Familienwelt und der Innenwelt.

Methodisch ist anzumerken: Unsere Daten geben eigentlich nur her, zu sagen, daß die Frauen die Männer in dieser oder jener Weise einschätzen. Daß mit dieser Einschätzung die Frauen auch ein bewertendes Urteil abgeben, läßt sich nur indirekt erschließen.

WICHTIGKEIT VON LEBENSBEREICHEN

Aus Frauensicht haben Arbeit und Politik für Männer einen größeren Stellenwert als für die Männer selbst, die Familie dagegen einen geringeren. Hängen die Frauen Stereotypen über die Männer an, oder drücken sich darin konkrete Erfahrungen mit „politisierenden" und familiendistanzierten Männern aus?

Abbildung 133: Wichtigkeit der Lebensbereiche (Männerselbstbild, Fremdbild von Frauen)

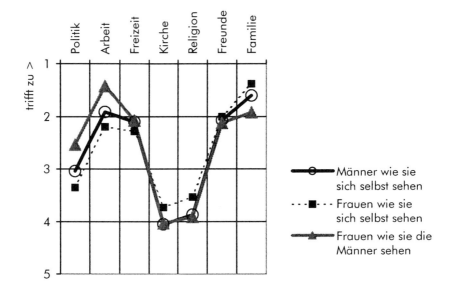

BERUFSWELT UND POLITIK

Frauen schätzen die Männerbedeutsamkeit folgender Politikbereiche realistisch ein: Europa, Arbeitswelt und Arbeitsplatz. Sie überschätzen sie für den Bereich: Wohlstand, sie unterschätzen sie für eine ganze Reihe von politischen Themen: geringfügig für Demokratie, Ausländer und Osteuropa, stärker für Weltfriede, Gerechtigkeit, Jugend und Ökologie, am stärksten bei der Frauenförderung...

Insgesamt ist jedoch festzustellen, daß die Männersicht der Frauen in der Grundstruktur realistisch ist. Vergleicht man die Selbstsicht der Männer mit der Selbstsicht der Frauen, so sind beide weitgehend identisch! Mit einer Ausnahme: Den Frauen ist die Frauenförderung deutlich wichtiger als den Männern.

Abbildung 134: Was Männer politisch wichtig finden (Männerselbstbild, Fremdbild von Frauen)

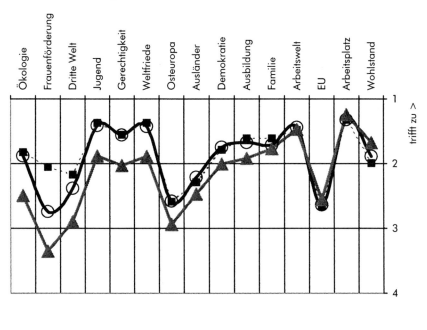

PROBLEM- UND GEFAHRENWAHRNEHMUNG

Abbildung 135: Gefahren und Ängste (Männerselbstbild, Fremdbild von Frauen)

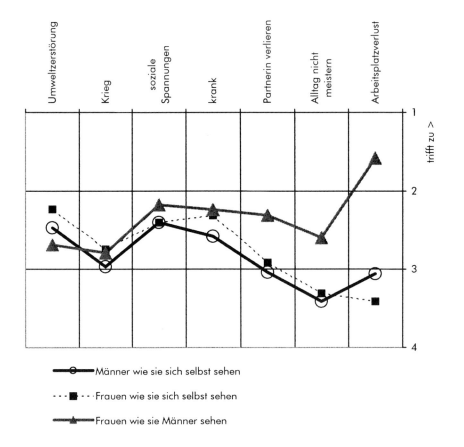

Frauen vermuten bei Männern größere Ängste, als sie zugeben, vor allem im Blick darauf, die Partnerin zu verlieren, den Alltag nicht zu meistern und vor allem, den Arbeitsplatz zu verlieren.

WENN JEMAND IN DER ARBEIT VORGEZOGEN WIRD

Frauen meinen über Männer: Sie untertreiben das Problem, das ihnen ersteht, wenn ihnen eine gleich qualifizierte Kollegin vorgezogen wird. Bei der Bevorzugung eines Kollegen schätzen Frauen hingegen Männer „realistisch" ein.

Abbildung 136: Wenn eine Kollegin vorgezogen wird – Ängste (Männerselbstbild, Fremdbild von Frauen)

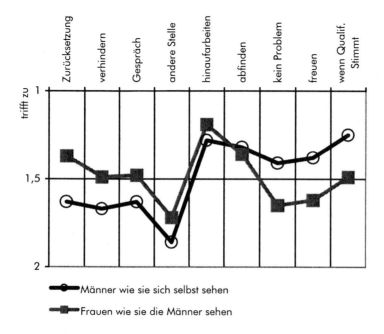

Abbildung 137: Wenn ein Kollege vorgezogen wird – Ängste (Männerselbstbild, Fremdbild von Frauen)

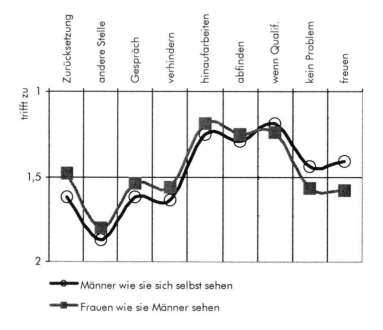

FREIZEIT

Frauen sehen Männer weit mehr in Vereinen oder beim Sport als diese selbst und weitaus weniger in der Familie, bei Freunden oder bei einer Beschäftigung alleine. Den männlichen Fernsehkonsum schätzen Frauen und Männer etwa gleich ein.

Abbildung 138: Freizeitaktivitäten (Männerselbstbild, Fremdbild von Frauen)

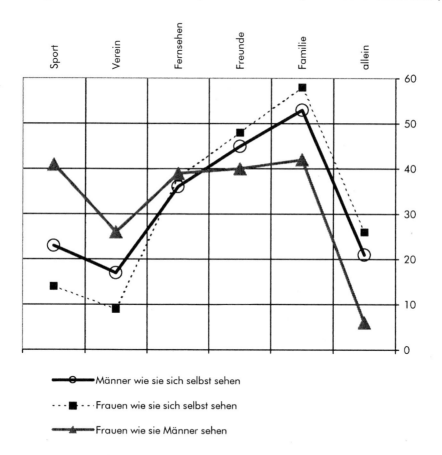

Männer geben häufiger an, in einem Verein Mitglied zu sein und dort sich aktiv zu betätigen, als die Frauen das sehen. Bei den anderen Freizeitaktivitäten decken sich Männerselbst- und Frauensicht.

Abbildung 139: Vereinsmitgliedschaft und Vereinsaktivitäten (Männerselbstbild, Fremdbild von Frauen)

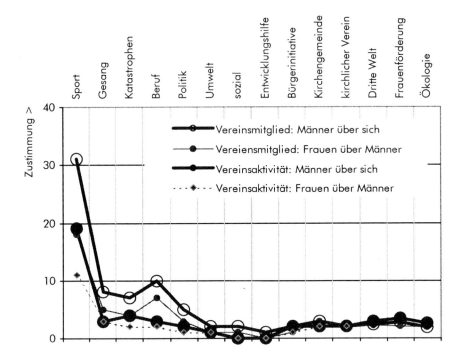

MÄNNER- UND FRAUENFREUNDSCHAFTEN

Frauen schätzen die Männerfreundschaften für beruflich wichtiger ein, als Männer dies angeben. Sonst sehen Frauen und Männer die Männerfreundschaft ziemlich gleich.

Abbildung 140: Qualität von Männerfreundschaften (Männerselbstbild, Fremdbild von Frauen)

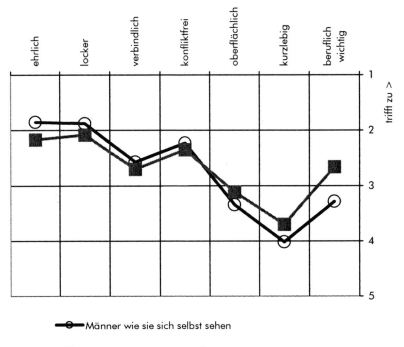

FAMILIENWELT

EHE- UND PARTNERSCHAFTSIDEAL

Aus Frauensicht bevorzugen Männer nahezu die gleichen Ideale für eine gute Ehe bzw. Partnerschaft wie sie selbst. Männer schätzen Ehrlichkeit und sexuelle Gemeinsamkeit etwas höher, als Frauen es ihnen unterstellen, Gesprächsbereitschaft und Rücksichtnahme hingegen etwas geringer.

Abbildung 141: Die ideale Ehe (Männerselbstbild, Fremdbild von Frauen)

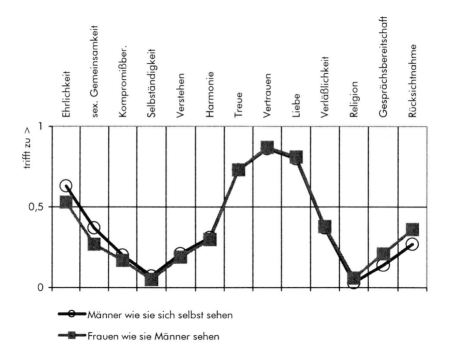

Männer bedroht Scheidung mehr, als Frauen es sehen; körperlich verletzt zu werden, dagegen weniger.

Abbildung 142: Das Schlimmste in einer Partnerschaft (Männerselbstbild, Fremdbild von Frauen)

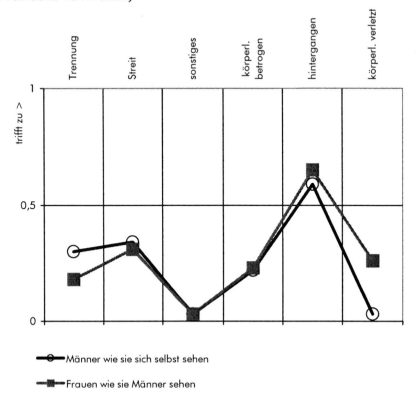

4. Männer aus Frauensicht Familienwelt

IDEALE LEBENSFORM

Frauen schätzen Männer weniger kinderfreundlich ein, als sie selbst angeben. Sie schätzen die Bereitschaft der Männer zu dauerhaften Beziehungen ebenfalls geringer ein als diese selbst.

Abbildung 143: Die ideale Lebensform (Männerselbstbild, Fremdbild von Frauen)

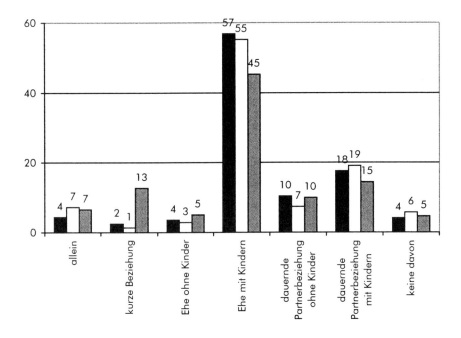

■ Männer wie sie sich selbst sehen
☐ Frauen wie sie sich selbst sehen
▨ Frauen wie sie Männer sehen

HAUSHALTSTÄTIGKEIT DER MÄNNER

Abbildung 144: Männliche Haushaltsbeteiligung (Männerselbstbild, Fremdbild von Frauen)

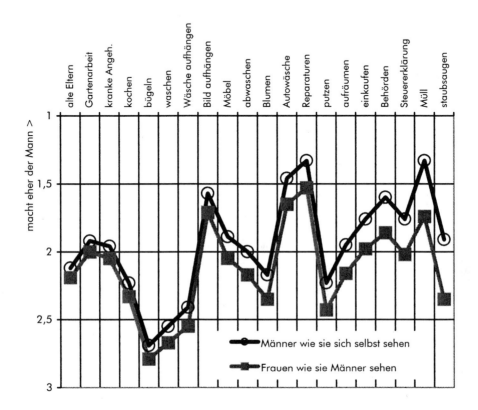

Frauen schätzen generell die Beteiligung der Männer am Haushalt schwächer ein als sie selber. Dabei sind die Unterschiede bei folgenden Aktivitäten am größten: staubsaugen, Müll entsorgen, Steuererklärung abfassen, Behördengänge machen, einkaufen, aufräumen, putzen.

TÄTIGKEITEN MIT KINDERN

Das gleiche Bild ergibt sich bei den Tätigkeiten mit Kindern. Die Männer geben – das Beten ausgenommen – durchweg mehr Aktivitäten mit Kindern an, als die Frauen es sehen. Der Überhang ist besonders groß im schulischen Bereich, beim Spielen, beim Sport und beim Spazierengehen; also genau bei jenen „sauberen" Aktivitäten, welche Männern traditionell eigentlich leichter zugänglich sind. Ist diese Zugänglichkeit letztlich nur rhetorisch? Die Selbstüberschätzung der Männer in Bezug auf Kinder setzt sich auch bei anderen zugehörigen Fragen fort: wenn es darum geht, daheim zu bleiben, wenn das Kind krank ist; ob das Kind vom eigenen Beruf etwas weiß, und nicht zuletzt, ob ein Mann sich noch weitere Kinder wünscht.

Abbildung 145: Tätigkeiten mit Kindern (Männerselbstbild, Fremdbild von Frauen)

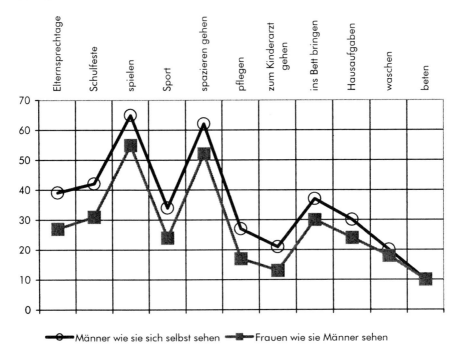

Familienwelt 4. Männer aus Frauensicht

Erziehungsziele

Wenige Unterschiede zwischen der Männerselbstsicht und der Männermeinung mit den Augen der Frauen gibt es bei den Erziehungszielen. Hier scheint ein geschlechterübergreifender kultureller Konsens zu herrschen.

Abbildung 146: Erziehungsziele (Männerselbstbild, Fremdbild von Frauen)

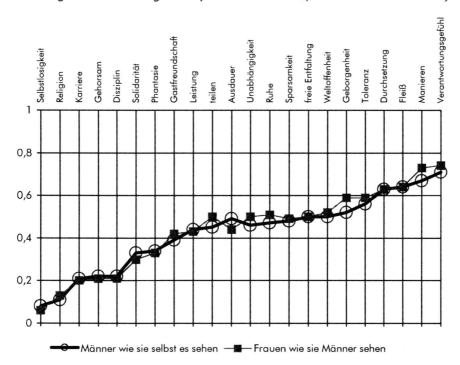

INNENWELT

GESPRÄCH ÜBER GEFÜHLE, ÜBER SEXUALITÄT

Frauen unterstellen Männern mehr Gespräche über Gefühle und Probleme im Zusammenhang mit Sexualität, als diese angeben. Die Gesprächspartner für Probleme in der Partnerschaft sind aus Sicht der Männer und der Frauen erheblich verschieden. Frauen meinen, daß Männer wesentlich mehr mit einer Freundin, Mutter und anderen reden, und erheblich weniger mit der Partnerin selbst sowie mit einem Freund.

Hinsichtlich der Empfängnisverhütung fallen männliches Selbstbild und weibliches Fremdbild weit auseinander. 59% der Männer halten sich für partnerschaftlich, hingegen sehen nur 30% der Frauen sie so. Daß die Frau allein dafür zuständig sei, sagen 20% der Männer, hingegen 54% der Frauen. Drücken sich hier entsprechende Erfahrungen der Frauen mit den Männern aus, die auch zu diesem Aspekt von Partnerschaft auf Distanz gehen bzw. bleiben?

PROBLEMGESPRÄCH

Abbildung 147: Mit wem werden Probleme besprochen (Männerselbstbild, Fremdbild von Frauen)

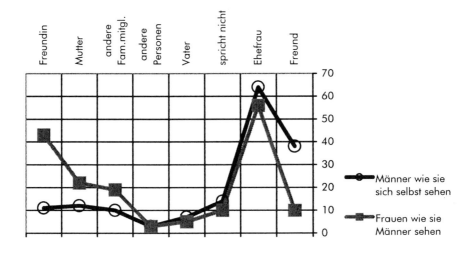

ANGST VOR DEM ARZT

Frauen meinen über Männer: Sie haben weit mehr Angst vor dem Arzt, als ihnen klar ist oder sie zugeben. Dabei fürchten sie in der Wahrnehmung der Frauen vor allem Schmerz und schlimme Prognosen, aber auch langwierige Behandlung. Sie haben überdies die Sorge, für einen Schwächling gehalten zu werden.

Abbildung 148: Die Angst vor dem Arzt (Männerselbstbild, Fremdbild von Frauen)

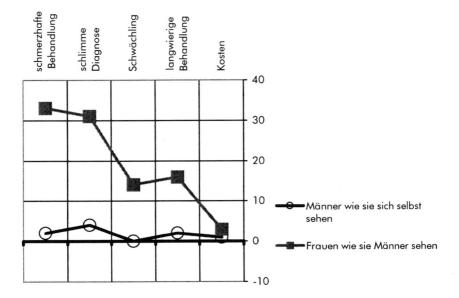

GESCHLECHTERPOLITIK

Nur bei „Familie und Haushalt" sowie der „Befreiung von traditionellen Werten" unterstellen die Frauen eine geringere Bedeutsamkeit für die Männer als diese selber. Die Einschätzung der Brisanz gleicher Scheidungsrechte ist in weiblicher Fremd- und männlicher Selbstwahrnehmung identisch. In allen übrigen Bereichen vermuten die Frauen größere Betroffenheit bei den Männern: beim „Kampf gegen Frauenemanzipation" und bei der „(Wieder?)Befreiung von häuslichen Pflichten", aber auch bei der Anerkennung der Homosexuellen und bei der Suche in Männergruppen nach einem neuen Selbstbild.

4. Männer aus Frauensicht   Geschlechterpolitik

Abbildung 149: Was Männern wichtig ist (Männerselbstbild, Fremdbild von Frauen)

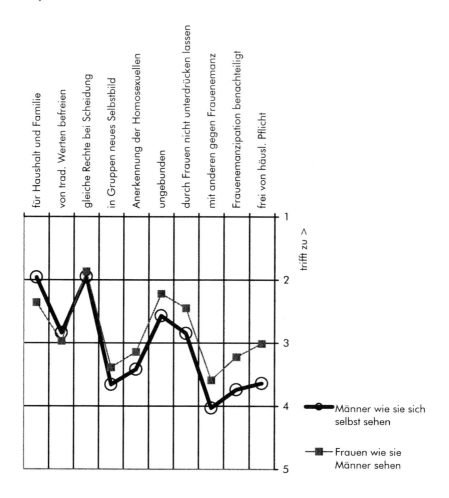

Frauen gehen von einem viel stärkeren Widerstand von Männern gegen öffentliche Ämter von Frauen aus, als Männer das für sich sehen. So meinen nur 29% der Frauen, Männer würden auch eine Bundeskanzlerin wählen, während 60% der Männer das so sagen. Weit mehr Männer finden es auch gut, daß Frauen öffentliche Ämter einfordern, als Frauen das bei ihnen annehmen.

AUF EINEN BLICK

Wir stellen noch einmal übersichtlich die Unterschiede zwischen Männerselbstbild und dem Fremdbild aus der Sicht der Frauen dar. Dabei teilen wir die Analyse auf. Bei Fragen mit fünfteiligen Skalen verwenden wir die Mittelwerte. Bei den 0/1-Antwortmöglichkeiten hingegen stützen wir uns auf die Prozentwerte.

Dabei stoßen wir auf Bereiche, in denen Männer sich höhere Werte zubilligen als aus der Sicht der Frauen, aber auch auf andere, wo sie niedrigere Werte haben.

„UNTERSCHÄTZUNGEN"

Frauen vermuten bei Männern weniger Wertigkeit bzw. Akzeptanz oder Engagement in diesen Bereichen:

- daß sie Frauen in der Politik akzeptieren,
- wie sie sich mit Kinder beschäftigen,
- daß ihre ideale Lebensform die dauerhafte Ehe mit Kindern sei,
- daß sie ihre Freizeit in der Familie verbringen,
- daß sie bei Eheproblemen mit der Partnerin bzw. mit einem Freund reden.

Dazu kommen aus der Mittelwertanalyse:

- Frauen bewerten die politische Relevanz der meisten wichtigen politischen Anliegen (wie Osteuropa, den Weltfrieden, die Jugend, die Gerechtigkeit, die Dritte Welt und die Frauenförderung und Ökologie) für die Männer geringer, als diese selbst angeben.
- Die Frauen vermuten eine schwächere Zuwendung der Männer zu Familie und Haushalt und eine geringere Zufriedenheit mit dem häuslichen Leben, als es die Männer bekunden. Sind die Männer in Wahrheit zufriedener, als sie es den Frauen zeigen oder aber es die Frauen wahrnehmen?...

Tabelle 103: Wo Frauen die Männer „unterschätzen"

	Männer wie sie sich selbst sehen	Frauen wie sie Männer sehen	Differenz
Frau Bundeskanzlerin	60%	29%	31%
GesprächspartnerIn bei Eheproblemen: Freund	38%	10%	28%
Freizeit: allein	21%	6%	15%
Vereinsmitglied: Sport	31%	18%	13%
mit Kindern: Elternsprechtage	39%	27%	12%
ideale Lebensform: Ehe mit Kindern	57%	45%	12%
Freizeit: Familie	53%	42%	11%
mit Kindern: Schulfeste	42%	31%	11%
mit Kindern: spielen	65%	55%	10%
mit Kindern: Sport	34%	24%	10%
mit Kindern: spazieren gehen	62%	52%	10%
mit Kindern: pflegen	27%	17%	10%
GesprächspartnerIn bei Eheproblemen: Ehefrau	64%	56%	8%
MITTELWERTE			
politisches Anliegen: Ökologie	1,88	2,49	-0,61
politisches Anliegen: Frauenförderung	2,74	3,35	-0,61
politisches Anliegen: Dritte Welt	2,38	2,90	-0,52
politisches Anliegen: Jugend	1,41	1,88	-0,47
politisches Anliegen: Gerechtigkeit	1,56	2,03	-0,47
zuhause wenn Kind krank	3,72	4,19	-0,47
politisches Anliegen: Weltfriede	1,43	1,89	-0,46
im Haushalt: staubsaugen	1,91	2,35	-0,44
zufrieden mit häuslichem Leben	1,97	2,41	-0,44
im Haushalt: Müll	1,33	1,74	-0,41
für Mann wichtig: für Haushalt und Familie	1,96	2,36	-0,40
politisches Anliegen: Osteuropa	2,58	2,94	-0,36
wichtiger Lebensbereich: Familie	1,60	1,92	-0,32

„ÜBERSCHÄTZUNGEN"

Frauen vermuten in den folgenden Bereichen höhere Wertigkeiten bzw. höhere Brisanz, als die Männer selbst angeben.

Solche Aspekte sind:

- daß Männer Angst haben, krank zu werden, und daß sie Angst vor dem Arzt und den möglichen Folgen eines Besuches haben;
- daß sie mit der Mutter oder mit einer Freundin ihre Partnerschaftsprobleme bereden;
- daß sie davor Angst haben, den Arbeitsplatz zu verlieren oder den Alltag nicht zu meistern;
- daß sie Probleme mit der Frauenemanzipation haben.

Tabelle 104: Wo Frauen die Männer „überschätzen"

PROZENTWERTE	Männer wie sie sich selbst sehen	Frauen wie sie die Männer sehen	Differenz
GesprächspartnerIn bei Eheproblemen: Freundin	11%	43%	-32
Arztangst: schmerzhafte Behandlung	2%	33%	-31
Arztangst: schlimme Diagnose	4%	31%	-27
Freizeit: Sport	23%	41%	-18
Arztangst: Schwächling	0%	14%	-14
Arztangst: langwierige Behandlung	2%	16%	-14
GesprächspartnerIn bei Eheproblemen: Mutter	12%	22%	-10
Ideale Lebensform: kurze Beziehung	2%	13%	-10
MITTELWERTE			
Probleme: Arbeitsplatzverlust	3,06	1,58	1,48
Probleme: Alltag nicht meistern	3,41	2,60	0,81
durchschnittliche Zahl der Freundinnen	2,74	1,96	0,78
Probleme: Partnerin verlieren	3,04	2,31	0,73
Männerfreundschaften: kurzlebig	3,29	2,66	0,63
für Mann wichtig: wieder frei von häuslicher Pflicht	3,64	3,01	0,63
für Mann wichtig: durch Frauenemanzipation benachteiligt	3,74	3,22	0,52
wichtiger Lebensbereich: Politik	3,04	2,54	0,50
wichtiger Lebensbereich: Arbeit	1,91	1,42	0,49
für Mann wichtig: mit anderen gegen Frauenemanzipation	4,03	3,59	0,44
für Mann wichtig: durch Frauen nicht unterdrücken lassen	2,85	2,45	0,40
für Mann wichtig: ungebunden	2,57	2,22	0,35
Probleme: krank	2,58	2,24	0,34
Männerfreundschaften: oberflächlich	4,02	3,70	0,32

DIE VIER HAUPTTYPEN IM ÜBERBLICK

TABELLARISCHE ÜBERSICHT

	traditioneller Rollentyp	pragmatischer Rollentyp	unsicherer Rollentyp	neuer Rollentyp
PERSON				
Alter	40% älter als 60 Jahre; nur ein Drittel jünger als 46 Jahre	gleichmäßige Verteilung in allen 4 Altersgruppen	Fast 60% jünger als 46 Jahre	70% jünger als 46 Jahre
Persönlichkeitmerkmale	starker Egoismus, bes. starker Autoritarismus	Autoritarismus und Egozentriertheit und Solidarität stark ausgeprägt	am schwächsten ist der Index Solidarität	Solidarität erreicht einen mittleren Wert
Herkunft	Kindheit: eher unglücklich; väterliche Aktivitäten: gelegentlich bis nie	väterliche Aktivitäten: Lernen für die Schule, Anziehen, Spielen unter der Woche	väterliche Aktivitäten: Krankenpflege	Kindheit eher glücklich; Mittelwert bei väterlichen Aktivitäten
BERUFSWELT				
Politische Anliegen	postmaterialistische Wertvorstellungen werden abgelehnt; politische Einstufung: rechts	keine signifikante Korrelation, eher Annäherung an den neuen Rollentyp (Postmaterialismus)	keine signifikante Korrelation, eher Annäherung an den traditionellen Rollentyp	postmaterialistische Anliegen werden befürwortet; politische Einstufung: links
Prioritätenliste und Gefahrenquellen	gegen Änderung trad. Rollenmuster und gegen Homosexuelle; Hauptproblem: mögliche Erkrankung	widersprüchliche Annäherung an neue Rollenbilder bei Bewahren des traditionellen Männerbildes	keine signifikante Korrelationen bei Prioritäten und Gefahrenquellen	für Frauenemanzipation und Homosexualität; Hauptproblem: Umweltzerstörung und Arbeitsplatzsorge
Beförderung von gleichwertigen Arbeitskollegen und –kollegin	Akzeptanz fällt schwer; bei Männern wird es weniger gravierend empfunden	niedrige Korrelation, generell Annäherung an traditionellen Rollentyp	niedrige Korrelation, generell Annäherung an neuen Rollentyp	Akzeptanz fällt leicht

	traditioneller Rollentyp	pragmatischer Rollentyp	unsicherer Rollentyp	neuer Rollentyp
BERUFSWELT				
Bedeutung von Frauen in Politik, Familienleben und als Freundinnen	Teilnahme der Frau an Politik wird abgelehnt; nur 5% akzeptieren durchgehend berufstätige Frau; Frauenfreundschaften haben nur geringe Bedeutung	Mittelwerte bei politischem Engagement von Frauen; versteckte Aufforderung an Frauen, bei Kleinkindern zu Hause zu bleiben	Mittelwerte bei politischem Engagement von Frauen; 2 von 3 plädieren dafür, daß Frau zumindest teilweise ihre Rolle im Haushalt spielen soll	Teilnahme von Frauen an Politik wird befürwortet; 3 von 4 sind für gleichberechtigte Berufsrolle für Frauen; Frauenfreundschaften sind eher wichtig
FAMILIENWELT				
Partnerschaft	wird als eher mangelhaft beurteilt, Freizeitkontakte ohne den Partner werden abgelehnt	Kontakt mit Freunden ohne Partner/in wird abgelehnt	keine signifikante Korrelationen bei Freizeitgestaltung mit/ohne Partner/in	Kontakte mit Freunden auch ohne den Partner/in
Haushaltsarbeiten	werden vom Mann nur selten wahrgenommen	Engagement wird von Männern beschönigt, Haushaltsarbeiten aber selten ausgeführt	Eher Mittelwert; „männliche" Aufgaben aus Frauensicht nur unzureichend wahrgenommen	werden vom Mann eher regelmäßig wahrgenommen
Tätigkeiten, die Väter mit Kindern durchführen	Vaterpflicht wird nur selten wahrgenommen	wird ebenfalls vom Mann beschönigt, aber nur selten wahrgenommen	Mittelwert; Babypflege wird aus Frauensicht nur unzureichend wahrgenommen	Vaterpflicht wird wahrgenommen; Spitzenwerte bei Babypflege, aber noch unter Frauensicht
INNENWELT				
Sexualität	sexuell geringere Aktivität	Mittelwert bei sexueller Aktivität; Sex in Partnerschaft positiv beurteilt	Mittelwert bei sexueller Aktivität und Partnersex-Beurteilung	sexuell eher aktiv; Sexualität wird in Partnerschaft eher positiv beurteilt
Gewalt	Gewaltneigung ist hoch	Gewaltneigung ist ziemlich hoch	Gewaltneigung schwach	Gewaltneigung sehr schwach

	traditioneller Rollentyp	pragmatischer Rollentyp	unsicherer Rollentyp	neuer Rollentyp
INNENWELT				
Krankheit, Leidensbewältigung und Einstellung zum Tod	Empfinden: eher wenig gesund, auch kleine Beschwerden werden zu Hause auskuriert, häufiger Arztbesuch/viel Leiderfahrung – Glaube gibt Kraft bei Bewältigung/Tod macht nachdenklich – Glaube gibt Stärke, sich Situation zu stellen	Mittelwerte bei gesundheitlichem Empfinden; reißt sich bei Leidenserfahrungen zusammen und stellt sich ihnen – Glaube gibt dabei eine gewisse Kraft	Mittelwerte bei gesundheitlichem Empfinden; Leidenserfahrungen wird eher ausgewichen – kein zusammenreißen des Betroffenen	Empfinden: eher gesund; nur bei stärkeren Beschwerden wird das Bett gehütet; seltener Arztbesuch/wenig Leidenserfahrung – keine Kraft durch Glaube
Religion und Kirche	religiös erzogen, Selbstbezeichnung als religiöser Mensch, Jesus und Maria als Vorbild, regelmäßiger Gottesdienstbesuch, starke Verbundenheit zur Kirche, wichtigste Motive: Konvention und Trauung bzw. Beerdigung; Status Quo bei Leitungsfunktionen soll aufrechterhalten werden, Glaubensfragen werden positiv beurteilt, Kritik an Kirche wird eher abgelehnt	Mittelwerte bei religiöser Erziehung, Glaubensvorbildern und Gottesdienstbesuch. Positiv wird an Kirche gesehen, daß sie sich für die Gerechtigkeit in der Welt einsetzt; Glaubenszweifel, ohne religiösen Überzeugungen aber grundsätzlich negativ gegenüberzustehen; Kirchenkritik: mangelnde Eindeutigkeit in ihrem Bekenntnis	Mittelwerte bei religiöser Erziehung und Glaubensvorbildern; Gottesdienst wird nur selten besucht; keine signifikanten Korrelationen bei kirchlichem Engagement, Glaubensfragen und Kirchenkritik – vor allem das Konventionsargument wird abgelehnt	nicht religiös erzogen, Jesus und Maria als Vorbilder nicht vorstellbar, seltener Gottesdienstbesuch, geringe kirchliche Verbundenheit, Abschaffung des Status Quo bei Leitungsfunktionen, Glaubensfragen werden negativ beurteilt – insbesondere Wahrheit und Einzigartigkeit des Glaubens, Kirchenkritik vor allem an der Behandlung der Frauen

	traditioneller Rollentyp	pragmatischer Rollentyp	unsicherer Rollentyp	neuer Rollentyp
ROLLENMERKMALE				
Männern und Frauen zugeschriebene Eigenschaften	starker, dominanter Mann/ passive, unselbständige Frau	ähnliche Eigenschaften für Männer und Frauen	ähnliche Eigenschaften; Frauen sind aber „dominanter" und „gewalttätiger"	Männer: eher passiv, schwach, unlogisch/ Frauen: eher aktiv, willensstark, Selbstvertrauen

PROFILE DES TRADITIONELLEN UND NEUEN MANNES

Auf der Basis dieser Übersicht wird noch einmal sehr deutlich, wie die Profile der traditionellen und der neuen Männer sind.

Zunächst fällt beim Vergleich der traditionellen mit den neuen Männern auf, daß beide bei Frauen die weich-emotionalen Eigenschaften ganz oben ansiedeln und die Rolle der Mutter in der Kindheit herausragend ist.

Dann aber gehen die Profile auseinander. Die Unterschiede zeigen sich deutlich in der Verteidigung der Erwerbsarbeit durch die traditionellen Männer. Wenn Arbeit knapp wird, sind sie überdurchschnittlich für die Entlassung anderer, gerade von Frauen; Kollegen, und noch mehr Kolleginnen, betrachten sie als Konkurrenz. Traditionelle Männer kämpfen sehr um gleiche Scheidungsrechte für Männer. Im Vordergrund stehen auch die männlichen Haushaltstätigkeiten. Die gläubigen Lebensressourcen sind überdurchschnittlich hoch. Autoritarismus und damit Gewaltneigung liegen über dem Durchschnitt.

Auch bei den neuen Männern sind „männliche" Haushaltstätigkeiten beliebter als die „weiblichen". Weit höheren Stellenwert als bei den traditionellen hat bei den neuen Männern die Vaterrolle: sie spielen mehr mit Kindern, hatten auch einen Großvater, der mehr mit ihnen spielte, und haben „mehr Vater" erlebt. Deutlich verändert ist das Verhältnis der neuen Männer zur Sexualität. Sie sind sexuell aktiver und zufriedener, auch werten sie Homosexualität positiv. Die Gefühlsstärke ist ausgeprägt, die Gewaltneigung niedrig. Die gläubigen Lebensressourcen sind eher gering.

Tabelle 105: Profile für traditionelle und neue Männer

traditionelle Männer	MW	neue Männer	MW
weiblich: emotional	2,94	weiblich: emotional	2,92
männlich: stark	2,93	Mutter in Kindheit	2,89
Mutter in Kindheit	2,84	männlich: stark	2,73
Egozentriertheit	2,75	Kollegin keine Konkurrentin	2,67
Entlassung anderer	2,54	Vater in Kindheit	2,64
geändert: nachgiebiger	2,53	mit Kindern: pflegen	2,62
wichtig: gleiche Scheidungsrechte	2,47	Kollege kein Konkurrent	2,60
Abtreibungsgegner	2,46	geändert: nachgiebiger	2,55
männliche Haushaltstätigkeiten	2,44	Solidarität	2,49
männlich: emotional	2,40	männliche Haushaltstätigkeiten	2,45
Vater in Kindheit	2,40	weiblich: stark	2,42
Solidarität	2,37	mit Kindern: Schule	2,40
Tod keine Bedeutung	2,28	männlich: emotional	2,36
Gefühlsstärke	2,18	eigene Sexualität	2,36
Kollege kein Konkurrent	2,17	Väter mit Kindern	2,35
Autoritarismus	2,14	Egozentriertheit	2,33
weiblich: stark	2,14	wichtig: gleiche Scheidungsrechte	2,31
mit Kindern: pflegen	2,09	Gefühlsstärke	2,30
eigene Sexualität	2,06	Homosexualität positiv	2,27
Kollegin keine Konkurrentin	2,00	Tod keine Bedeutung	2,16
mit Kindern: Schule	1,96	geändert: gewaltärmer	2,08
sozioreligiös	1,94	Abtreibungsgegner	2,02
geändert: gewaltärmer	1,92	wichtig: neue Werte	2,01
Väter mit Kindern	1,90	weibliche Haushaltstätigkeiten	1,96
Traumfrau: gefühlvoll	1,81	Aufklärung durch Medien	1,82
Gewaltneigung	1,76	Traumfrau: gefühlvoll	1,82
wichtig: gegen Frauenemanzipation	1,70	Opas mit Kindern	1,76
gläubige Todesbewältigung	1,68	Aufklärung durch Personen	1,54
wichtig: neue Werte	1,65	Wenn Arbeit knapp wird	1,47
Aufklärung durch Medien	1,64	sozioreligiös	1,45

traditionelle Männer	MW	neue Männer	MW
Opas mit Kindern	1,58	wichtig: gegen Frauenemanzipation	1,39
Homosexualität positiv	1,50	Traumfrau: autonom	1,37
weibliche Haushaltstätigkeiten	1,41	Autoritarismus	1,36
Aufklärung durch Personen	1,28	gläubige Todesbewältigung	1,35
Aufklärung	1,14	Aufklärung	1,21
Traumfrau: autonom	1,07	Traumfrau: feenhaft	1,11
Traumfrau: feenhaft	1,06	Gewaltneigung	1,10

Abbildung 150: Die Profile der verschiedenen Männertypen im Vergleich
Mittelwert 1=schwache Zustimmung/Ausprägung, 3= starke Zustimmung/Ausprägung (nächste Seite)

Profile des traditionellen und neuen Mannes   Die vier Haupttypen im Überblick

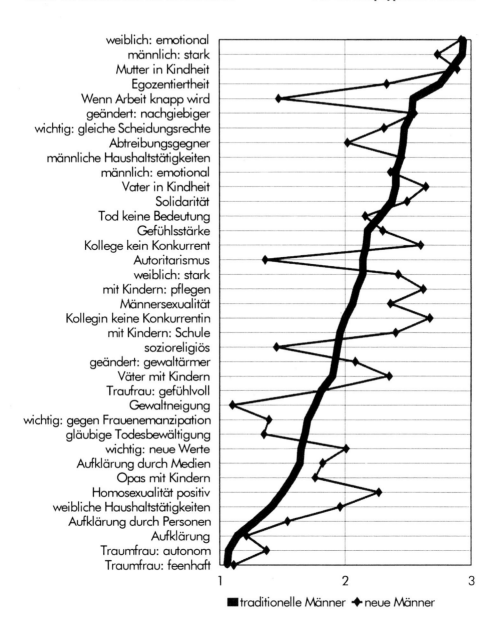

Die Veränderungen im Männerselbstbild lassen sich an den Differenzen zwischen den traditionellen und den neuen Positionen übersichtlich darstellen.

Niedriger liegen bei den neuen Männern im Vergleich zu den traditionellen Männern die Mittelwerte bei den Indizes:

- Männereigenschaften stark;
- Egozentriertheit;
- Entlaßbereitschaft für andere, wenn die Arbeit knapp wird;
- restriktive Einstellung zur Abtreibung;
- Autoritarismus;
- sozioreligiöse Ausstattung;
- Gewaltneigung;
- daß es für sie wichtig ist, gegen Frauenemanzipation zu sein;
- gläubige Todesbewältigung;
- Abtreibungsgegnerschaft.

Höher sind die Mittelwerte bei den neuen Männern im Vergleich zu den traditionellen Männern bei den Indizes:

- daß die Traumfrau autonom sein soll;
- bei der sexuellen Aufklärung durch andere Personen;
- bei der Beteiligung an „weiblichen" Haushaltstätigkeiten;
- der positiven Bewertung der Homosexualität;
- daß es für die Entwicklung von Männern wichtig sei, neue Werte zu entwickeln;
- was (sie als) Väter mit Kindern tun;
- näherhin, daß (sie als) Väter sich um die schulischen Belange der Kinder kümmern;
- daß eine bevorzugte Kollegin keine Konkurrentin ist;
- eine zufriedene und intensiv gelebte Sexualität;
- daß (sie als) Väter auch pflegerische Tätigkeiten mit Kindern ausüben;
- daß starke Eigenschaften auch bei Frauen anzutreffen sind;
- daß ein bevorzugter Kollege kein Konkurrent ist;
- daß der Vater in Kindheit erlebt wurde.

Abbildung 151: Was die neuen Männer im Vergleich zu den traditionellen Männern charakterisiert (zwei Abbildungen)

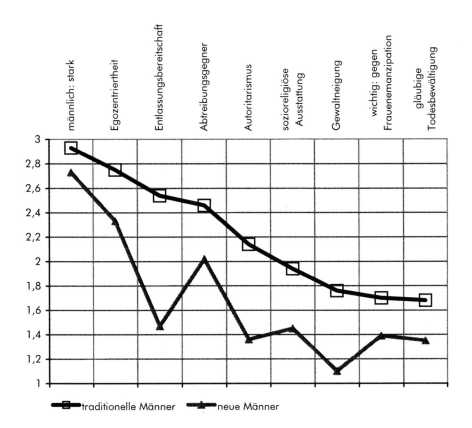

Die vier Haupttypen im Überblick — Profile des traditionellen und neuen Mannes

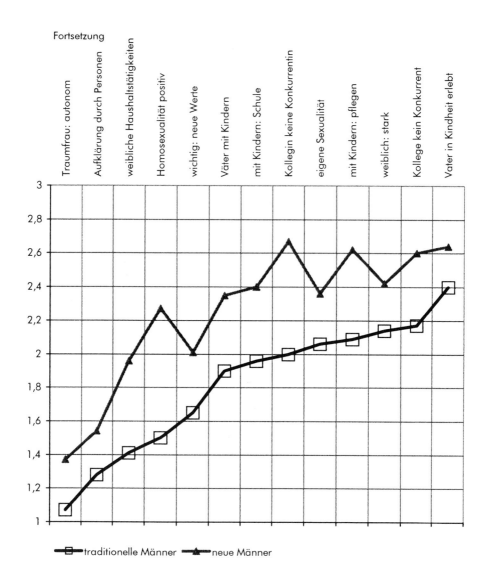

5. MÄNNERENTWICKLUNG

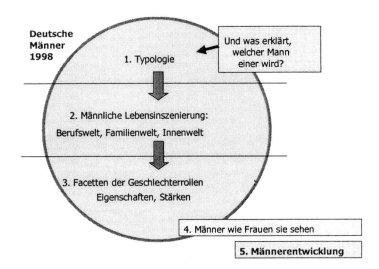

Männerentwicklung ist nicht nur eine Forderung der einschlägigen Männerratgeber. Sie findet offensichtlich auch statt. Was gehört für die Männer selbst dazu? Wie stellen sich die befragten Männer zu einer solchen Männerentwicklung? Und was ist ihnen dabei wichtig?

LISTE DER PRIORITÄTEN

Wir beginnen mit der zweiten Frage.

Abbildung 152: „Welche der folgenden Dinge sind heute für Sie als Mann wichtig?"

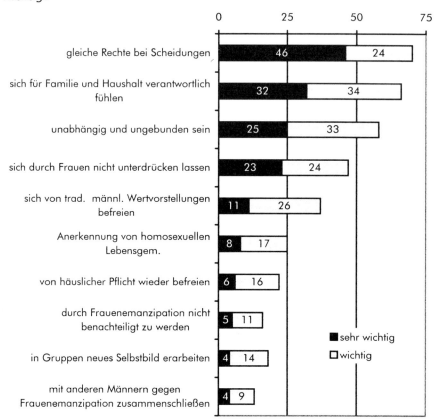

Die gegebenen Antworten weisen in drei Richtungen:

„FRAUEN ENTLASTEN" VERSUS „EIGENE UNGEBUNDENHEIT" („REAKTION")

Eng zusammenhängen: unabhängig und ungebunden sein, sich wieder von häuslicher Pflicht befreien, sich gegen Frauenemanzipation zusammenschließen, durch Frauenemanzipation benachteiligt zu werden. Es ist die Abwehr der Zumutung durch die Frauen, die sich von den Männern emanzipiert haben. Inhaltlich richtet sich der Widerstand gegen die Mitwirkung in Familie und Haushalt; das entsprechende Item lädt in der Faktorenanalyse deutlich negativ.[48]

Die Abbildung 156 auf der Seite 287 veranschaulicht diese Zusammenhänge.

Männer sehen sich in dieser Hinsicht anders, als Frauen sie einschätzen. Während die Männer eher die Zuwendung zu Familie und Haushalt behaupten, bezweifeln dies viele Frauen. Die entsprechenden Werte liegen daher bei den Frauen merklich niedriger. (Vgl. das Kapitel über „Männer aus Frauensicht")

---

48 Faktorenanalyse: Was für Männer wichtig ist

Faktoren>	1	2	3
für Mann wichtig: unabhängig und ungebunden	0,47	-0,05	0,32
für Mann wichtig: sich von traditionellen Wertvorstellungen befreien	0,03	0,07	0,82
für Mann wichtig: in Gruppen neues Selbstbild	0,44	-0,20	0,57
für Mann wichtig: für Familie und Haushalt verantwortlich	-0,51	0,43	0,14
für Mann wichtig: von häuslicher Pflicht wieder befreien	0,73	-0,13	0,09
für Mann wichtig: gleiche Rechte bei Scheidungen	0,07	0,79	0,08
für Mann wichtig: Anerkennung homosexueller Lebensgemeinschaften	0,16	0,21	0,55
für Mann wichtig: gegen Frauenemanzipation zusammenschließen	0,75	0,05	0,15
für Mann wichtig: durch Frauenemanzipation benachteiligt zu werden	0,70	0,26	0,01
für Mann wichtig: sich durch Frauen nicht unterdrücken lassen	0,61	0,55	-0,09

5. Männerentwicklung Liste der Prioritäten

Abbildung 153: Frauen zweifeln die Zuwendung der Männer zu Familie und Haushalt teilweise an

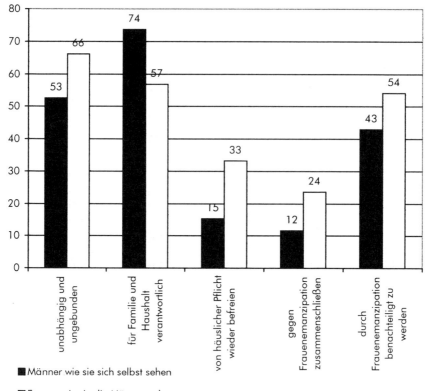

■ Männer wie sie sich selbst sehen

☐ Frauen wie sie die Männer sehen

BEFREIUNG VON TRADITIONELLEN WERTVORSTELLUNGEN („EMANZIPATION")

Männern ist es sodann wichtig, neue männliche Werte zu verwirklichen. Die Studie macht deutlich, in welche Richtung diese Werte liegen. Es geht um die Erarbeitung eines neuen Selbstbildes in Gruppen, aber auch um die gesellschaftliche Anerkennung von homosexuellen Lebensgemeinschaften.

Abbildung 154: Zukunftswerte deutscher Männer

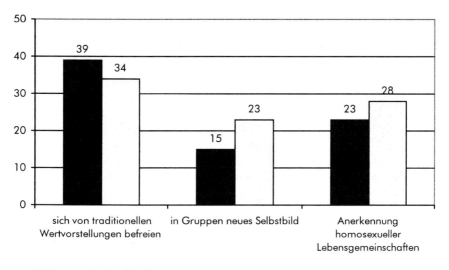

SCHEIDUNGSRECHTE FÜR MÄNNER

Männern ist wichtig, sich „von Frauen nicht unterdrücken zu lassen". Mit dieser Aussage korreliert sehr eng die Forderung nach gleichen Rechten für Männern bei einer Scheidung.

Abbildung 155: Männer fordern gleiche Rechte bei einer Scheidung – die fehlenden Rechte verstehen diese Männer als Unterdrückung von Männern durch Frauen

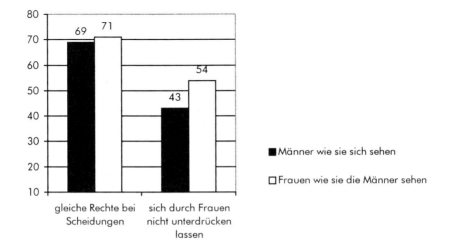

Die einzelnen Aussagen zu den drei Wichtigkeiten wurden zu Indizes verrechnet.

Abbildung 156: Traditionellen Männer sind vor allem gleiche Scheidungsrechte wichtig, neue hingegen wollen mehr neue Wertvorstellungen in Gruppen erarbeiten und sind offener für die Anforderungen emanzipierter Frauen

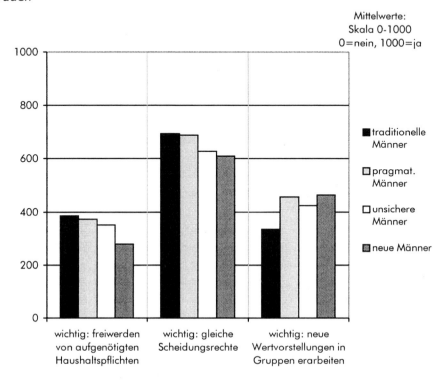

5. Männerentwicklung   Haben sich Männer verändert?

HABEN SICH MÄNNER VERÄNDERT?

„Männer können eher auch einmal nachgeben und lassen auch andere Meinungen gelten": Drei Viertel der befragten Männer teilen diese Ansicht. Auch äußern Männer mehr Gefühle, so die Ansicht über die Entwicklung von Männern in den letzten Jahren.

Einschränkend sind die Werte über den beobachteten Machtverzicht und über eine steigende Gewalttätigkeit. 44% der Männer meinen, Männer könnten heute auch einmal auf Macht verzichten. Dagegen hält ein Drittel Männer heute für gewalttätiger als vor zehn Jahren. Eine Polarisierung scheint im Gang zu sein, die einen Männer werden sanfter, die anderen hingegen rauher und auch egoistischer. Der Ausgang der Männerentwicklung ist also doppeldeutig, ein Strang wird als positiv bewertet, ein anderer, untergeordneter hingegen negativ. Grob abgeschätzt, sehen bis zu drei Viertel eine positive, ein Viertel hingegen eine negative Entwicklung bei Männern.

Abbildung 157: Männer sehen bei sich eine begrenzte positive Entwicklung, Frauen stimmen dem abgeschwächt weithin zu

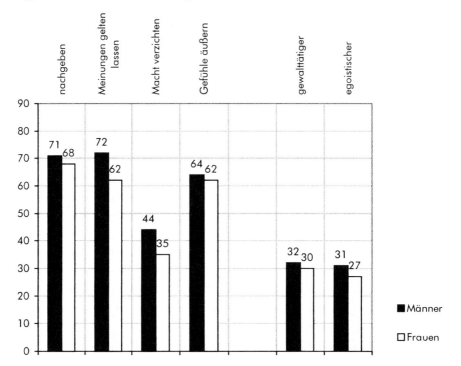

Haben sich Männer verändert? 5. Männerentwicklung

Neue Frauen haben ein günstigeres Bild von der Entwicklung der Männer als traditionelle Frauen. Das könnte auch damit zu tun haben, daß neue Frauen und neue Männer – nach dem Prinzip: „gleich und gleich gesellt sich gern" – das Leben teilen. Hier wäre eine weitere Studie sinnvoll, die den Lebensalltag von Paaren mit qualitativen Forschungsmitteln untersucht.

Abbildung 158: Neue Frauen haben eine bessere Meinung von der Entwicklung der Männer als traditionelle Frauen

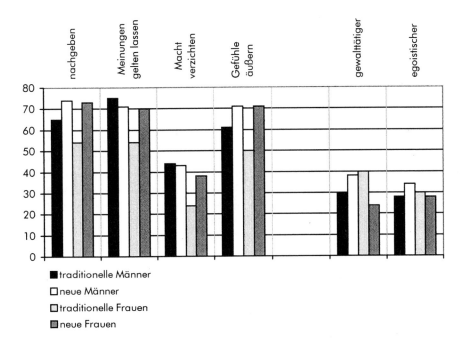

FRAUENEMANZIPATION

Treibende Kraft in der Veränderung des Frauenselbstbildes in den letzten Jahrzehnten war die emanzipatorische Frauenbewegung. Männer blieben davon nicht unberührt. Die Bewertung dieser weiblichen Befreiungsbewegung fällt bei den untersuchten Männern sehr unterschiedlich aus. Folgende Einzelformulierungen messen die männliche Wahrnehmung der Frauenentwicklung:

- Frauenförderung ist ein politisches Anliegen.
- Modelle der Aufgaben der Frau in der Familie.
- Würden Frauen mehr Entscheidungen in der Kirche treffen, wäre das besser für die Kirche.
- Die Frauenemanzipation schwächt und schädigt unsere Gesellschaft.
- Die Frauenemanzipation ist eine sehr notwendige und gute Entwicklung.

Mit diesen Einzelaussagen zur Verbesserung der Frauenposition in Gesellschaft und Kirche wurde der Index FRAUENEMANZIPATION konstruiert. 40% aller befragten Personen haben eine positive Einstellung zur Frauenemanzipation, 53% eine mittlere und 7% eine ablehnende. Frauen und Männer sehen dies – was naheliegt – unterschiedlich. Während für 53% der Frauen Frauenemanzipation positiv besetzt ist, trifft das nur auf 31% der Männer zu.

Abbildung 159: Neue Männer haben ein positives Verhältnis zur Frauenemanzipation, neue Frauen ein noch viel positiveres

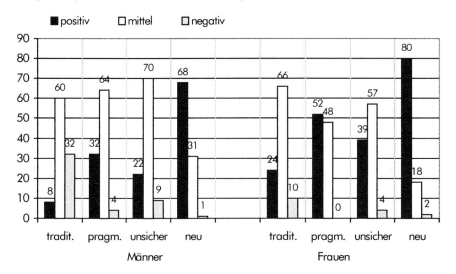

ANHANG

REGRESSIONSANALYSE

zum Cluster Geschlechtertypen

In dieser Tabelle werden lediglich die signifikanten Zusammenhänge ausgewiesen. Das Signifikanzniveau beträgt 95-100%.

0	Items	Dummies	traditionell	Signifikanz	pragmatisch	Signifikanz	unsicher	Signifikanz	neu	Signifikanz
SOZIALVARIABLE										
	Geschlecht		-0,09	100		85	-0,07	98	0,12	100
38	ALTER		0,17	100		88	-0,07	97		49
39	ORT		0,06	99		83	-0,07	100		35
43	OST-WEST			84		45		58		90
40	Einkommen		-	94		37		46		34
c	Rechts-links-Skala			6	-0,06	99		3	0,06	99
1	Lebensstand	verheiratet/zusammen		12		41		52		7
2		verheiratet/getrennt		60		72	-0,31	95	0,29	95
3		verwitwet		48		35		19		13
4		geschieden		81		76		82		92
5		ledig ohne feste Beziehung		55		67		63		53
6		ledig in fester Beziehung		73		90		32		80
7	Beruf des Befragten	ohne Beruf		81		84		3	-0,09	99
8		Arbeiter: einfach		52		16		84	0,21	96
9		Facharbeiter		54		45		66		19
10		Angestellter		77		56		5		94
11		Angestellter mit Weisungsbefugnis		46		40		3		74
12		Angestellter leitend		40		56		14		12

0	Items	Dummies	traditionell	Signifikanz	pragmatisch	Signifikanz	unsicher	Signifikanz	neu	Signifikanz
13		Beamter einfach, mittel		37		69		75		13
14		Beamter gehoben		94		34		49		36
15		Beamter höherer		21		24		73		78
16		Selbständiger		52		93		41		51
17		Landwirt		4		30		46		22
18		Freiberuflich		80		34		11		94
19	Beruf der PartnerIn	Partnerin: ohne Beruf		94		73		77		88
20		PartnerIn: Arbeiter: einfach		13		78		44		58
21		PartnerIn: Facharbeiter		89		2		67		27
22		PartnerIn: Angestellter o. Weisungsbefugnis		38		31		5		68
23		PartnerIn: Angestellter mit Weisungsbefugnis		28		93	-0,15	98		33
24		PartnerIn: Angestellter leitend		55		49		69		77
25		PartnerIn: Beamter einfach, mittel		78		60	0,35	97		42
26		PartnerIn: Beamter gehoben		6		54		27		24
27		PartnerIn: Beamter höherer	0,56	95		36		9		76
28		PartnerIn: Selbständiger		81		7		58		16
29		PartnerIn: Landwirt		19		53		7		66
30		PartnerIn: freiberuflich		37		90		82		19
31	Religionszugehörigkeit	sonstige		92		24		13		92
32		katholisch		21		75		94		70
33		evangelisch		74		60		22		93
34		konfessionslos_nah		56		13		83	0,19	97

Regressionsanalyse　　　　　　　　　　　　　　　　　　　　　　　　Anhang

0	Items	Dummies	traditionell	Signifikanz	pragmatisch	Signifikanz	unsicher	Signifikanz	neu	Signifikanz
35		konfessions-los_mittel	-0,18	98		56		39	0,14	95
36		konfessions-los_fern		10		43		64		93
42	MESSE		-0,10	99		71		79		12
PERSÖNLICHKEITSMERKMALE										
44	AUTORI-TARISMUS		-0,12	100	-0,20	100		34	0,33	100
45	SOLIDARITÄT		0,07	100	-0,14	100	0,15	100	-0,09	100
46	EGO-ZENTRIERT		-0,16	100	-0,09	100	0,17	100	0,05	97
47	KIRCHLICH-RELIGIÖS		-0,11	99		45		34	0,11	99
48	ZUFRIEDEN			17		63	0,07	99	-0,06	97
52	Optimist			91		76		63		83
BIOGRAPHIE										
49	VATER als Kind			43		4		50		84
50	MUTTER als Kind			73		61		90		6
51	Kindheitsglück		0,07	99		50		93		43

CLUSTERPROFILE

	Männer wie sie sich selbst sehen	Frauen wie sie Männer sehen	DIFF
Frau Bundeskanzlerin	60%	29%	31
GesprächspartnerIn bei Eheproblemen: Freund	38%	10%	28
Freizeit: allein	21%	6%	15
Vereinsmitglied: Sport	31%	18%	13
mit Kindern: Elternsprechtage	39%	27%	12
ideale Lebensform: Ehe mit Kindern	57%	45%	12
Freizeit: Familie	53%	42%	11
mit Kindern: Schulfeste	42%	31%	11
mit Kindern: spielen	65%	55%	10
mit Kindern: Sport	34%	24%	10
mit Kindern: spazieren gehen	62%	52%	10
mit Kindern: pflegen	27%	17%	10
GesprächspartnerIn bei Eheproblemen: Ehefrau	64%	56%	8
Vereinsaktivität: Sport	19%	11%	8
mit Kindern: zum Kinderarzt gehen	21%	13%	8
noch weitere Kinder	24%	16%	8
mit Kindern: ins Bett bringen	37%	30%	7
mit Kindern: Hausaufgaben	30%	24%	6
Freizeit: Freunde	45%	40%	5
Kindern mitgeben: Energie, Ausdauer	49%	44%	5
GesprächspartnerIn bei Eheproblemen: spricht nicht	14%	10%	4
ideale Lebensform: dauernde Partnerbeziehung mit Kindern	18%	15%	3
Vereinsmitglied: Gesang	8%	5%	3
Vereinsmitglied: Katastrophen	7%	4%	3
Vereinsmitglied: Beruf	10%	7%	3
Kindern mitgeben: Solidarität	33%	30%	3
GesprächspartnerIn bei Eheproblemen: Vater	7%	5%	2
Vereinsmitglied: Politik	5%	3%	2
Vereinsaktivität: Katastrophen	4%	2%	2
mit Kindern: waschen	20%	18%	2
Kindern mitgeben: Leistungsbewußtsein	44%	42%	2

Clusterprofile Anhang

	Männer wie sie sich selbst sehen	Frauen wie sie Männer sehen	DIFF
Kindern mitgeben: Phantasie	34%	32%	2
Kindern mitgeben: Selbstlosigkeit	8%	6%	2
nur Männer im Verein	9%	8%	2
Vereinsmitglied: Umwelt	2%	1%	1
Vereinsmitglied: sozial	2%	1%	1
Vereinsmitglied: Entwicklungshilfe	1%	0%	1
Vereinsmitglied: Bürger keine	2%	1%	1
Vereinsaktivität: Politik	2%	1%	1
Vereinsaktivität: Beruf	3%	2%	1
Vereinsaktivität: Bürger keine	2%	1%	1
Kindern mitgeben: Selbstzucht und Selbstdisziplin	22%	21%	1
Kindern mitgeben: Durchsetzungsfähigkeit	63%	62%	1
Kindern mitgeben: Karrierebewußtsein	21%	20%	1
ideale Lebensform: dauernde Partnerbeziehung ohne Kinder	10%	10%	0
GesprächspartnerIn bei Eheproblemen: andere	3%	3%	0
Vereinsmitglied: Kirchengemeinde	3%	3%	0
Vereinsmitglied: kirchlich	2%	2%	0
Vereinsaktivität: Gesang	3%	3%	0
Vereinsaktivität: Umwelt	1%	1%	0
Vereinsaktivität: Kirchengemeinde	2%	2%	0
Vereinsaktivität: sozial	0%	0%	0
Vereinsaktivität: kirchlich	2%	2%	0
Vereinsaktivität: Entwicklungshilfe	0%	0%	0
mit Kindern: beten	10%	10%	0
Kindern mitgeben: freie Entfaltung	50%	50%	0
Kindern mitgeben: Fleiß	64%	64%	0
Kindern mitgeben: Gehorsam	22%	22%	0
ideale Lebensform: keine davon	4%	5%	-1
Kindern mitgeben: Sparsamkeit	49%	50%	-1
ideale Lebensform: Ehe ohne Kinder	4%	5%	-2
Kindern mitgeben: Weltoffenheit	50%	52%	-2
Arztangst: Kosten	1%	3%	-2
ideale Lebensform: allein	4%	7%	-2
Freizeit: Fernsehen	36%	39%	-3
Kindern mitgeben: Gastfreundschaft	39%	42%	-3

	Männer wie sie sich selbst sehen	Frauen wie sie Männer sehen	DIFF
Kindern mitgeben: Verantwortungsgefühl	71%	74%	-3
Kindern mitgeben: festen Glauben, religiöse Bindung	11%	14%	-3
Kindern mitgeben: Ruhe und Ausgeglichenheit	47%	51%	-4
Kindern mitgeben: Unabhängigkeit, Selbständigkeit	47%	51%	-4
Kindern mitgeben: Achtung, Toleranz	56%	60%	-4
Kind weiß, was im Beruf	40%	45%	-5
Kindern mitgeben: Geborgenheit	53%	59%	-6
Kindern mitgeben: gute Manieren	67%	73%	-6
Kindern mitgeben: Bereitschaft, mit anderen zu teilen	44%	50%	-6
spricht über Sexualität	41%	48%	-7
GesprächspartnerIn bei Eheproblemen: andere	10%	19%	-9
Freizeit: Verein	17%	26%	-9
GesprächspartnerIn bei Eheproblemen: Mutter	12%	22%	-10
ideale Lebensform: kurze Beziehung	2%	13%	-10
Arztangst: Schwächling	0%	14%	-14
Arztangst: langwierige Behandlung	2%	16%	-14
Freizeit: Sport	23%	41%	-18
Arztangst: schlimme Diagnose	4%	31%	-27
Arztangst: schmerzhafte Behandlung	2%	33%	-31
GesprächspartnerIn bei Eheproblemen: Freundin	11%	43%	-32
Probleme: Arbeitsplatzverlust	3,06	1,58	1,48
Probleme: Alltag nicht meistern	3,41	2,60	0,81
durchschnittliche Zahl der Freundinnen	2,74	1,96	0,78
Probleme: Partnerin verlieren	3,04	2,31	0,73
Männerfreundschaften: kurzlebig	3,29	2,66	0,63
für Mann wichtig: wieder frei von häuslicher Pflicht	3,64	3,01	0,63
für Mann wichtig: durch Frauenemanzipation benachteiligt	3,74	3,22	0,52
wichtiger Lebensbereich: Politik	3,04	2,54	0,50
wichtiger Lebensbereich: Arbeit	1,91	1,42	0,49
für Mann wichtig: mit anderen gegen Frauenemanzipation	4,03	3,59	0,44
für Mann wichtig: durch Frauen nicht unterdrücken lassen	2,85	2,45	0,40
für Mann wichtig: ungebunden	2,57	2,22	0,35
Probleme: krank	2,58	2,24	0,34
Männerfreundschaften: oberflächlich	4,02	3,70	0,32
durchschnittliche Zahl der Freunde	2,24	1,95	0,29

Clusterprofile

	Männer wie sie sich selbst sehen	Frauen wie sie Männer sehen	DIFF
für Mann wichtig: Anerkennung der Homosexualität	3,42	3,14	0,28
für Mann wichtig: in Gruppen neues Selbstbild	3,66	3,39	0,27
Kollegin: Zurücksetzung	1,63	1,37	0,26
Männerfreundschaften: konfliktfrei	3,35	3,12	0,23
Probleme: soziale Spannungen	2,40	2,18	0,22
politisches Anliegen: Wohlstand	1,89	1,68	0,21
Probleme: Krieg	2,97	2,79	0,18
Kollegin: verhindern	1,67	1,49	0,18
Kollegin: Gespräch	1,63	1,48	0,15
Kollege: Zurücksetzung	1,62	1,48	0,14
Kollegin: andere Stelle	1,86	1,72	0,14
Schlimmste in Partnerschaft: Trennung	0,30	0,18	0,12
Kollegin: hinaufarbeiten	1,28	1,19	0,09
politisches Anliegen: Arbeitsplatz	1,32	1,24	0,08
politisches Anliegen: EU	2,64	2,56	0,08
Kollege: Gespräch	1,62	1,54	0,08
Kollege: verhindern	1,64	1,56	0,08
für Mann wichtig: gleiche Rechte bei Scheidung	1,95	1,87	0,08
Kollege: andere Stelle	1,87	1,80	0,07
Kollege: hinaufarbeiten	1,25	1,19	0,06
Kollege: abfinden	1,29	1,25	0,04
Schlimmste in Partnerschaft: Streit	0,34	0,31	0,03
wichtiger Lebensbereich: Freizeit	2,11	2,08	0,03
wichtiger Lebensbereich: Kirche	4,06	4,04	0,02
Schlimmste in Partnerschaft: sonstiges	0,03	0,03	0,00
Schlimmste in Partnerschaft: körperlich betrogen	0,22	0,23	-0,01
politisches Anliegen: Arbeitswelt	1,44	1,47	-0,03
wichtiger Lebensbereich: Religion	3,87	3,91	-0,04
Kollegin: abfinden	1,32	1,36	-0,04
wichtiger Lebensbereich: Freunde	2,08	2,13	-0,05
Kollege: kein Problem	1,19	1,24	-0,05
politisches Anliegen: Familie	1,71	1,77	-0,06
Schlimmste in Partnerschaft: hintergangen	0,59	0,65	-0,06
im Haushalt: alte Eltern	2,12	2,19	-0,07
im Haushalt: Gartenarbeit	1,92	2,00	-0,08

	Männer wie sie sich selbst sehen	Frauen wie sie Männer sehen	DIFF
im Haushalt: kranke Angehörige	1,96	2,05	-0,09
im Haushalt: kochen	2,23	2,33	-0,10
im Haushalt: bügeln	2,69	2,79	-0,10
Männerfreundschaften: verbindlich	2,23	2,35	-0,12
im Haushalt: waschen	2,55	2,67	-0,12
Kollege: kein Problem	1,44	1,57	-0,13
Männerfreundschaften: locker	2,57	2,70	-0,13
für Mann wichtig: von trad. Werten befreien	2,84	2,97	-0,13
im Haushalt: aufhängen	2,41	2,55	-0,14
im Haushalt: Bild aufhängen	1,57	1,71	-0,14
im Haushalt: Möbel	1,89	2,05	-0,16
Kollege: freuen	1,41	1,58	-0,17
im Haushalt: abwaschen	2,00	2,17	-0,17
im Haushalt: Blumen	2,17	2,35	-0,18
im Haushalt: Autowäsche	1,46	1,65	-0,19
Männerfreundschaften: ehrlich	1,88	2,08	-0,20
im Haushalt: Reparaturen	1,33	1,53	-0,20
im Haushalt: putzen	2,23	2,43	-0,20
im Haushalt: aufräumen	1,95	2,16	-0,21
Probleme: Umweltzerstörung	2,47	2,69	-0,22
im Haushalt: einkaufen	1,76	1,98	-0,22
Schlimmste in Partnerschaft: körperlich verletzt	0,03	0,26	-0,23
politisches Anliegen: Ausbildung	1,68	1,92	-0,24
Kollegin: kein Problem	1,41	1,65	-0,24
Kollegin: freuen	1,38	1,62	-0,24
Kollegin: kein Problem	1,25	1,49	-0,24
politisches Anliegen: Ausländer	2,21	2,47	-0,26
politisches Anliegen: Demokratie	1,75	2,01	-0,26
im Haushalt: Behörden	1,60	1,86	-0,26
im Haushalt: Steuererklärung	1,76	2,02	-0,26
wichtiger Lebensbereich: Familie	1,60	1,92	-0,32
politisches Anliegen: Osteuropa	2,58	2,94	-0,36
für Mann wichtig: für Haushalt und Familie	1,96	2,36	-0,40
im Haushalt: Müll	1,33	1,74	-0,41
zufrieden mit häuslichem Leben	1,97	2,41	-0,44

	Männer wie sie sich selbst sehen	Frauen wie sie Männer sehen	DIFF
im Haushalt: staubsaugen	1,91	2,35	-0,44
politisches Anliegen: Weltfriede	1,43	1,89	-0,46
politisches Anliegen: Jugend	1,41	1,88	-0,47
politisches Anliegen: Gerechtigkeit	1,56	2,03	-0,47
zuhause wenn Kind krank	3,72	4,19	-0,47
politisches Anliegen: Dritte Welt	2,38	2,90	-0,52
politisches Anliegen: Frauenförderung	2,74	3,35	-0,61
politisches Anliegen: Ökologie	1,88	2,49	-0,61

ERWEITERTE TYPOLOGIE

Bei den ersten Fachdiskussionen der Ergebnisse der Studie zum deutschen Mann wurde zuweilen angefragt, ob die Basis der Typologiebildung, wie sie am Beginn der vorliegenden Studie vorgenommen wurde, nicht zu schmal sei. Zur Erinnerung: Es wurden insgesamt 15 Items herangezogen, die jeweils zu vier Indizes gebündelt worden waren:

Abbildung 160: Items zur Typologiebildung A

TRADITIONELLER MANN	NEUER MANN
➔ Die Frau soll für den Haushalt und die Kinder da sein, der Mann ist für den Beruf und für die finanzielle Versorgung zuständig. ➔ Wenn ein Mann und eine Frau sich begegnen, soll der Mann den ersten Schritt tun. ➔ Männer können einer Frau ruhig das Gefühl geben, sie würde bestimmen, zuletzt passiert doch das, was er will. ➔ Der Mann erfährt in seiner Arbeit seinen persönlichen Sinn.	➔ Für einen Mann ist es eine Bereicherung, zur Betreuung seines kleinen Kindes in Erziehungsurlaub zu gehen. ➔ Am besten ist es, wenn der Mann und die Frau beide halbtags erwerbstätig sind und sich beide gleich um Haushalt und Kinder kümmern. ➔ Frauenemanzipation ist eine sehr notwendige und gute Entwicklung. ➔ Beide, Mann und Frau, sollten zum Haushaltseinkommen beitragen.
TRADITIONELLE FRAU	**NEUE (berufstätige) FRAU**
➔ Der Beruf ist gut, aber was die meisten Frauen wirklich wollen, ist ein Heim und Kinder. ➔ Eine Frau muß ein Kind haben, um ein erfülltes Leben zu haben. ➔ Hausfrau zu sein ist für eine Frau genauso befriedigend wie eine Berufstätigkeit. ➔ Frauen sind von Natur aus besser dazu geeignet, Kinder aufzuziehen.	➔ Eine berufstätige Frau kann ihrem Kind genauso viel Wärme und Sicherheit geben wie eine Mutter, die nicht arbeitet. ➔ Ablehnung: Ein Kleinkind wird leiden, wenn die Mutter berufstätig ist. ➔ Berufstätigkeit ist der beste Weg für eine Frau, um unabhängig zu sein.

Inhaltlich beziehen sich die meisten Einzelsätze auf die Balance zwischen Erwerbswelt und Familienwelt. In den traditionellen Rollenbildern ist die Aufteilung klar: die Frau ist Familienfrau, der Mann Berufsmann. Die lebensweltlichen Bereiche sind damit klar zugeordnet, die Familienwelt ist die „matriarchale Oase" in der patriarchalen Welt der Öffentlichkeit, die berufszentriert ist. Wie tief diese Rollenbilder in unserer Kultur sitzen, kann gut an der Glocke von Schiller ersehen werden.

Der Mann

Der Mann muß hinaus
ins feindliche Leben,
muß wirken und streben
und pflanzen und schaffen,
erlisten, erraffen,
muß wetten und wagen,
das Glück zu erjagen.

Da strömet herbei
die unendliche Gabe,
es füllt sich der Speicher
mit köstlicher Habe,
die Räume wachsen,
es dehnt sich das Haus.[49]

Die Frau

Und drinnen waltet
die züchtige Hausfrau,
die Mutter der Kinder,
und herrschet weise
im häuslichen Kreise,
und lehrt die Mädchen,
und wehret den Knaben,
und regt ohn Ende
und mehrt den Gewinn
mit ordnendem Sinn.

Und füllet mit Schätzen
die duftenden Laden
und dreht um die schnurrende
Spindel den Faden,
und sammelt im reinlich
geglätteten Schrein
die schimmernde Wolle,
den schneeigen Lein,
und füget zum Guten
den Glanz und den Schimmer,
und ruhet nimmer.[50]

Nun ist ein wesentlicher Aspekt der Frauenentwicklung der letzten Jahrzehnte der Versuch, auf der Basis der Ausweitung der Frauenbildung auch die Erwerbswelt für die Frauen zu öffnen. Aus Familienfrauen sollten Berufs- und Familienfrauen in einem werden. Dies führte zur oft kritisierten Doppelbelastung von Frauen, die dadurch gemildert werden sollte, daß nach einer kurzen Startmutterschaft die Gesellschaft die Kinder den Frauen abnehmen sollte. Diese gesellschaftspolitische Forderung wurde dadurch genährt, daß die Berufsmänner im Gegenzug zur Frauenentwicklung sichtlich kaum zu bewegen waren, ihrerseits ihren Lebensbereich von der Berufswelt auf die Familienwelt auszuweiten und auf diese Weise die Frauen im Haushalt und bei der Kinderarbeit zu entlasten. Ein Schwerpunkt der Forschung einschlägiger Ministerien richtete sich

---

49 Schiller Friedrich, Sämtliche Werke, Stuttgart o.J., 25-27.
50 AaO.

deshalb auch auf diese Frage, ob und inwieweit Männer neueren Typs bereit sind, diesen Schritt in die Familienwelt zu tun.

Bei dieser Entwicklung handelt es gewiß um einen zentralen Aspekt der gesellschaftlichen Veränderung von Geschlechterrollen. Doch zeigte schon die Studie an Österreichs Männern, daß es neben dieser Dimension der Balance zwischen Erwerbs- und Familienwelt noch eine Tiefenschicht der inneren Entwicklung von Männern (und Frauen) gibt. Diese Tiefendimension wurde und wird in den Diskussionen wie in der Forschung zumeist vernachlässigt.

Auch in der Auswertung der vorliegenden Daten hat sich dieser innenweltliche Bereich als sehr wichtig erwiesen. Stichworte sind: Gefühle, Leidensfähigkeit, Sexualität, Gewalt, Todesbewältigung, Sinnstiftung und Religion.

Wenn daher vom neuen Mann die Rede ist, sollte man nicht nur auf die Bereitschaft sehen, in Karenz zu gehen, die Vaterrolle neu zu begreifen und sich auch an den traditionell weiblichen Hausarbeiten zu beteiligen, sondern, so wichtig und existentiell diese Anliegen sind, eben auch auf die innere Entwicklungsbereitschaft achten.

Wir versuchen diesen Schritt und stellen – auch zum Zweck einer abschließenden Zusammenfassung – eine erweiterte Typologiebildung (B) an. Dazu verwenden wir die schon bekannten Aspekte der Geschlechterrolle, fügen aber noch weitere bei, wobei wir uns der im Lauf der Studie gebildeten Indizes bedienen. Mit diesen machen wir eine Clusteranalyse, um vier Typen von Männern abzugrenzen. Da wir dabei eine Reihe von Variablen verwenden, die lediglich im Männerfragebogen vorkommen, wird diese Analyse nur mit Männern angestellt. Die Einzelinformationen sind den jeweiligen Bereichen der Männerrolle zugeordnet. Die Stichworte sind: Rollenbilder, Berufswelt, Familienwelt, Innenwelt, Biographie, Rollenmerkmale.

Im einzelnen werden wir für diese Clusteranalyse folgende Informationen aus der Studie heranziehen:

Tabelle 106: Grundlage der erweiterten Typologisierung
ROLLENBILDER

INDEX	Items
TRADITIONELLER MANN	Die Frau soll für den Haushalt und die Kinder da sein, der Mann ist für den Beruf und für die finanzielle Versorgung zuständig.
	Wenn ein Mann und eine Frau sich begegnen, soll der Mann den ersten Schritt tun.
	Männer können einer Frau ruhig das Gefühl geben, sie würde bestimmen, zuletzt passiert doch das, was er will.
	Der Mann erfährt in seiner Arbeit seinen persönlichen Sinn.
NEUER MANN	Für einen Mann ist es eine Bereicherung, zur Betreuung seines kleinen Kindes in Erziehungsurlaub zu gehen.
	Am besten ist es, wenn der Mann und die Frau beide halbtags erwerbstätig sind und sich beide gleich um Haushalt und Kinder kümmern.
	Frauenemanzipation ist eine sehr notwendige und gute Entwicklung.
	Beide, Mann und Frau, sollten zum Haushaltseinkommen beitragen.
TRADITIONELLE FRAU	Der Beruf ist gut, aber was die meisten Frauen wirklich wollen, ist ein Heim und Kinder.
	Eine Frau muß ein Kind haben, um ein erfülltes Leben zu haben.
	Hausfrau zu sein ist für eine Frau genauso befriedigend wie eine Berufstätigkeit.
	Frauen sind von Natur aus besser dazu geeignet, Kinder aufzuziehen.
NEUE FRAU	Eine berufstätige Frau kann ihrem Kind genauso viel Wärme und Sicherheit geben wie eine Mutter, die nicht arbeitet.
	Ein Kleinkind wird wahrscheinlich darunter leiden, wenn die Mutter berufstätig ist.
	Berufstätigkeit ist der beste Weg für eine Frau, um unabhängig zu sein.

BERUFSWELT

INDEX	Items
KOLLEGIN	Wenn eine Kollegin beruflich vorgezogen wird:
	mit Kollegin freuen
	kein Problem, wenn Qualifikation stimmt
	überhaupt kein Problem
	- andere Stelle suchen
	- Gespräch mit Beförderern
	- durch Einsatz verhindern
	- Zurücksetzung
KOLLEGE	wie Kollegin
ARBEITSPLATZ	Wenn Arbeit knapp wird, sollen entlassen werden: Ausländer, Frauen, Ältere, Behinderte

FAMILIENWELT

INDEX	Items
FAMILIENERHALTER/IN	notwendige Entscheidungen treffen
	für Zukunft planen
	materielle Existenz sichern
FAMILIENGESTALTER/IN	über Partnerschaft reden
	über Spannungen reden
	daß es gemütlich ist
	Ausgleich bei Streit
	gemeinsam unternehmen
PFLEGE MIT KINDERN	ins Bett bringen
	pflegen
	waschen
	spielen
	zum Kinderarzt gehen
	spazieren gehen
SCHULE MIT KINDERN	Schulfeste
	Elternsprechtage
	Hausaufgaben
	Sport

„MÄNNLICHE" HAUSHALTSARBEITEN	Haushaltsreparaturen
	Müll wegschaffen
	neues Bild aufhängen
	mit Behörden verhandeln
	Auto waschen
	neue Möbel kaufen
	kranke Angehörige besuchen
	Steuererklärung ausfüllen
	Gartenarbeit
	sich um Eltern kümmern
„WEIBLICHE" HAUSHALTSARBEITEN	einkaufen
	putzen
	Wäsche waschen
	Wäsche aufhängen
	bügeln
	Blumen pflegen
	staubsaugen
	kochen
	aufräumen
	abwaschen

INNENWELT

INDEX	Item
GEFÜHLSSTÄRKE	Den heutigen Männern fehlen Fähigkeiten. Ihnen fehlt es, weich sein zu können, leiden zu können, Gefühle zu haben.
	typisch männlich: gefühlvoll
	Männern fällt der Zugang zu ihren Gefühlen schwer.
	Männerveränderung: äußern mehr Gefühle
TODESBEWÄLTIGUNG	wieviel Leid im Leben erlebt
	Glaube gibt Stärke, sich dem Tod zu stellen
	wünscht manchmal den Tod herbei
TODESBEWUSSTSEIN	Tod macht Angst
	Tod macht nachdenklich
	denkt nicht über den Tod nach

GEWALT	Manchmal muß man Kinder schlagen, damit sie zur Vernunft kommen.
	Die weiße Rasse ist am besten dazu geeignet, Führung und Verantwortung in der Weltpolitik zu übernehmen.
	Zu enge Bindungen zu einer Frau sind für den Mann bedrohlich.
	Männer sind unfreier als Frauen. Sie fühlen sich Vorschriften und gesellschaftlichen Regeln mehr verpflichtet als Frauen.
	Außereheliche Beziehungen des Mannes wiegen weniger schwer als die einer Frau.
	Ein Mann muß sich vor den anderen auch durch Kraftakte erweisen.
	Wenn eine Frau vergewaltigt wird, hat sie wahrscheinlich den Mann provoziert.
EIGENE SEXUALITÄT	Gespräch über Gefühle rund um Sexualität
	Häufigkeit des Sexverkehrs letzte Woche
	Sexualität in Ehe / Partnerschaft: Zufriedenheit
	guter Liebhaber: Selbsteinschätzung
AUFKLÄRUNG	TV, Mutter, freizügige Zeitschriften, Bravo, Videos, Lehrer, Lehrerin, andere, Freunde, andere Zeitschriften, Kino, bekannte Frauen, Freundinnen, Verwandte, sonstige Medien, Fotos, bekannte Männer, Geschwister, Bücher, niemand
HOMOSEXUALITÄT	für Mann wichtig: Anerkennung homosexueller Lebensgemeinschaften.
	Homosexualität ist einfach eine andere Form zu leben. Man sollte sie in unserer Gesellschaft offen zeigen dürfen.

BIOGRAPHIE

INDEX	Item
VATER HERKUNFT	Vaterkenntnis
	Vater weinte
	Vaterbindung
	Körperkontakt mit Vater
MUTTER HERKUNFT	Mutterkenntnis
	Mutter weinte
	Mutterbindung
	Körperkontakt mit Mutter

ROLLENMERKMALE

INDEX	Item
WEIBLICH STARK	aktiv - passiv
	stark - schwach
	leistungsbewußt - nicht leistungsbewußt
	Selbstvertrauen haben - kein Selbstvertrauen haben
	logisch denken - unlogisch denken
	willensstark - willensschwach
	ängstlich - tapfer
	sicher - unsicher
	selbständig - unselbständig
WEIBLICH EMOTIONAL	gewalttätig - sanft
	erotisch - unerotisch
	gesellig - ungesellig
	gepflegtes Aussehen - ungepflegtes Aussehen
	mitfühlend - nicht mitfühlend
	gefühlvoll - gefühllos
MÄNNLICH STARK	aktiv – passiv
	stark - schwach
	leistungsbewußt - nicht leistungsbewußt
	Selbstvertrauen haben - kein Selbstvertrauen haben
	logisch denken - unlogisch denken
	willensstark - willensschwach
	ängstlich - tapfer
	sicher - unsicher
	selbständig - unselbständig
MÄNNLICH EMOTIONAL	gewalttätig - sanft
	erotisch - unerotisch
	gesellig - ungesellig
	gepflegtes Aussehen - ungepflegtes Aussehen
	mitfühlend - nicht mitfühlend
	gefühlvoll - gefühllos

TRAUMFRAU GEFÜHL	Intelligenz
	Gefühlswärme
	Häuslichkeit
	Attraktivität
	Verständnis für Probleme
	daß sie immer zu mir hält
	erotische Ausstrahlung
TRAUMFRAU AUTONOMIE	Erwerbstätigkeit
	Selbständigkeit
	Durchsetzungsvermögen
TRAUMFRAU FEE	Reichtum
	Opferbereitschaft
	körperliche Schönheit

Die Clusteranalyse wurde auf vier Cluster voreingestellt. Das Ergebnis ist mit der Typologiebildung A und der dort erstellten Clusteranalyse im Grund ähnlich: Personen, die unverändert dem überkommenen Rollenbild anhängen, werden rechnerisch deutlich von jenen abgegrenzt, die eine veränderte Auffassung der Geschlechterrolle haben. Während nun aber bei der Typologiebildung A sich zwischen traditionell und neu die „Übergangstypen" pragmatisch und unsicher plazieren, sind es nun zwei „Subtypen", die sehr nahe an den Unveränderten sowie an den Veränderten liegen. Wir nennen sie daher die „weithin" Unveränderten bzw. die „weithin Veränderten". Auf der verbreiterten Datenbasis kommt es daher eher zu einer Polarisierung der Bevölkerung hinsichtlich der Geschlechterrolle.

Die Befragten verteilen sich so auf diese vier Cluster:

- 31% VERÄNDERTE
- 27% weithin verändert, insgesamt: 58%
- 20% weithin unverändert
- 22% UNVERÄNDERTE, insgesamt: 42%

Zum Vergleich die Verteilung der vier A-Typen:

- neu=20%,
- unsicher=37%, insgesamt: 57%
- pragmatisch=25%,
- traditionell=19%, insgesamt: 44%

Und so sind diese vier breit gestützten B-Typen durch die einzelnen Mittelwerte charakterisiert:

Abbildung 161: Charakterisierung der B-Typen durch die Mittelwerte der einzelnen Indizes (nächste Seite)

Anhang — Erweiterte Typologie

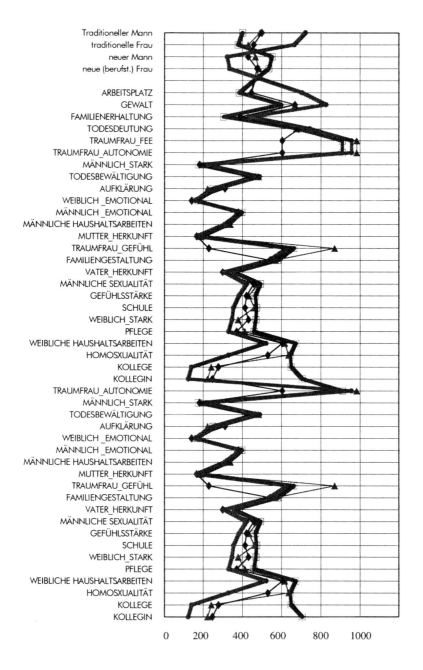

Wir vereinfachen das Ergebnis, indem wir errechnen, wie die Mittelwert-Unterschiede zwischen den VERÄNDERTEN und den UNVERÄNDERTEN bei den einzelnen Indizes sind. Dann sortieren wir diese Unterschiede und stellen sie graphisch dar. Dabei zeigt sich, wo die VERÄNDERTEN und die UNVERÄNDERTEN besonders unterschiedliche Werte und dahinter stehende Auffassungen haben:

Abbildung 162: Unterschiede zwischen den VERÄNDERTEN und UNVERÄNDERTEN (nächste Seite)

Die Skalenwerte liegen zwischen −1000 und +1000

Anhang Erweiterte Typologie

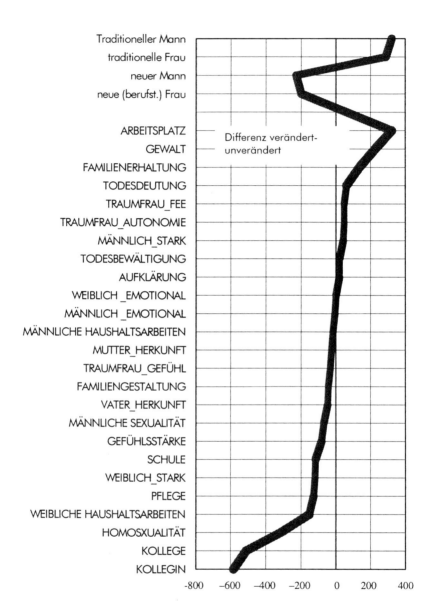

Zunächst zeigt sich die Ähnlichkeit mit der einfachen Ausgangstypologie: die UNVERÄNDERTEN haben überdurchschnittlich hohe Werte bei den Indizes „traditioneller Mann" und „traditionelle Frau". Bei den VERÄNDERTEN ist es gerade umgekehrt.

Die Unterschiede zwischen den VERÄNDERTEN und den UNVERÄNDERTEN beziehen sich auf die schon bekannten Bereiche der Männerentwicklung:

- auf die neue Positionierung in der Berufswelt (niedriger ist die Neigung zu verlangen, daß andere zum Schutz der eigenen Arbeit entlassen werden); die VERÄNDERTEN tun sich auch leichter, wenn ihnen eine qualifizierte Kollegin oder ein Kollege vorgezogen wird;
- anders sind die VERÄNDERTEN auch in der familialen Lebenswelt: höher ist die Bereitschaft, als weiblich geltende Haushaltsarbeiten zu machen, sich mit Kindern schulisch und noch mehr pflegerisch einzulassen (bis zur Karenz);
- zudem haben die VERÄNDERTEN einen anderen Zugang zur Innenwelt; sie sind weit weniger gewaltgeneigt, sind sexuell mehr aufgeklärt und auch aktiver, haben eine betont positive Einstellung zur Homosexualität;
- auffällig sind schließlich die verschiedenen Bilder von einer Traumfrau; die VERÄNDERTEN verknüpfen die Autonomieanteile mit den gefühlsbetonten Anteilen. Der Subtyp der weithin VERÄNDERTEN weicht in dieser Frage erheblich ab: dieser splittet Autonomie und Gefühl bei der Traumfrau auf und will lediglich die Autonome.

EINFLUSSKRÄFTE

Wir können mit dieser Typologie B auch noch einmal – mit Hilfe einer Regressionsanalyse – darstellen, was erklärt, warum jemand einem bestimmten Typus der Geschlechterrolle zuneigt.

Wieder werden die verschiedenen Faktorengruppen sichtbar:

1. Sozialmerkmale: Alter, Stand, eigener Beruf oder jener des Partners (wobei die Besetzungszahlen bei den Berufen oft klein ist, weshalb eine strikte Aussage nur begrenzt möglich ist), Position auf der Rechts-Links-Skala, Ortsgröße und Einkommen;
2. Persönlichkeitsmerkmale: Egozentriertheit und Autoritarismus an der Spitze, dazu Zufriedenheit und Optimismus, Solidarität und kirchlich-religiöse Orientierung samt Konfessionszugehörigkeit;
3. Aus der Herkunft: ob sich der Vater mit dem Kind viel beschäftigt hat.

Tabelle 107: Was die Geschlechterrollen mitbestimmt

	Regressions-koeffizient	Signifikanz
EGOZENTRIERT: VERÄNDERTE	0,18	100,00
ALTER: UNVERÄNDERTE	0,16	100,00
AUTORITARISMUS: UNVERÄNDERTE	-0,20	100,00
EGOZENTRIERT: UNVERÄNDERTE	-0,15	100,00
ledig in fester Bez.: weithin verändert	0,35	100,00
ZUFRIEDEN: VERÄNDERTE	-0,14	99,98
VATER als Kind: weithin verändert	-0,13	99,95
VATER als Kind: UNVERÄNDERTE	0,11	99,90
AUTORITARISMUS: VERÄNDERTE	0,11	99,90
ALTER: eher unverändert	-0,12	99,65
SOLIDARITÄT: UNVERÄNDERTE	0,09	99,60
Optimist: weithin verändert	-0,09	99,60
Angestellter m.W.: UNVERÄNDERTE	0,23	99,48
ORT: VERÄNDERTE	-0,09	99,41
KIRCHLICH-RELIGIÖS: VERÄNDERTE	0,15	99,41
verheiratet/zusammen: weithin verändert	-0,11	99,32
ALTER: weithin verändert	-0,11	99,21
EGOZENTRIERT: eher unverändert	-0,09	99,18
P: Beamter einfach, mittel: eher unverändert	0,72	99,12
P: Angestellter o.W.: VERÄNDERTE	-0,16	99,06
rechts-links: weithin verändert	0,08	99,06
Beamter einfach, mittel: eher unverändert	-0,41	98,90
ZUFRIEDEN: UNVERÄNDERTE	0,09	98,83
konfessionslos_nah: eher unverändert	-0,32	98,81
ORT: weithin verändert	0,08	98,77
berufslos: eher unverändert	0,14	98,60
KIRCHLICH-RELIGIÖS: UNVERÄNDERTE	-0,13	98,55
ledig in fester Bez: eher unverändert	-0,21	98,49
asexuell: UNVERÄNDERTE	-0,49	98,23
P: berufslos: eher unverändert	-0,09	98,15
P: Freiberuflich: VERÄNDERTE	0,59	97,84
Einkommen: UNVERÄNDERTE	-0,08	97,04
P: Angestellter o.W.: eher unverändert	0,14	96,67
P: Arbeiter: einfach: weithin verändert	-0,23	95,43

Auf die einzelnen Typen bezogen heißt dies näherhin:

Veränderte

Die VERÄNDERTEN sind zufriedener als andere, wenig egozentriert, wenig autoritär, wenig religiös-kirchlich orientiert. Sie leben weniger in den Orten mit mittlerer Einwohnerzahl. Der Beruf der Partnerin: freiberuflich, nicht Angestellte mit Weisungsbefugnis.

Tabelle 108: Was „VERÄNDERTE" begünstigt

	VERÄNDERTE	Signifikanz
EGOZENTRIERT	0,18	100,00
ZUFRIEDEN	-0,14	99,98
AUTORITARISMUS	0,11	99,90
ORT	-0,09	99,41
KIRCHLICH-RELIGIÖS	0,15	99,41
P: Angestellter ohne Weisungsbefugnis	-0,16	99,06
P: Freiberuflich	0,59	97,84

Weithin veränderte Personen

Die weithin veränderten Personen leben ledig in fester Beziehung, aber nicht verheiratet: sie sind sehr optimistisch, haben in der Kindheit viel Vater erlebt. Die Partnerin ist nicht einfache Arbeiterin. Politisch eher links.

Tabelle 109: Was „weithin Veränderte" begünstigt

	weithin verändert	Signifikanz
ledig in fester Beziehung	0,35	100,00
VATER als Kind	-0,13	99,95
Optimist	-0,09	99,60
verheiratet/zusammen	-0,11	99,32
ALTER	-0,11	99,21
rechts-links	0,08	99,06
ORT	0,08	98,77
P: Arbeiter einfach	-0,23	95,43

Eher unveränderte Personen

Eher unveränderte Personen sind ältere Menschen, egozentriert, wenige von ihnen leben ledig, eher in fester Beziehung; selten sind sie auch nahestehende Konfessionslose. Der bzw. die Befragte selbst oder der Partner bzw. die Partnerin ist einfache Beamtin oder Angestellte ohne Weisungsbefugnis, aber nicht ohne Beruf.

Tabelle 110: Was „eher Unveränderte" begünstigt

	eher unverändert	Signifikanz
ALTER	-0,12	99,65
EGOZENTRIERT	-0,09	99,18
P: Beamter einfach, mittel	0,72	99,12
Beamter einfach, mittel	-0,41	98,90
konfessionslos: nah	-0,32	98,81
berufslos	0,14	98,60
ledig in fester Beziehung	-0,21	98,49
P: berufslos	-0,09	98,15
P: Angestellter ohne Weisungsbefugnis	0,14	96,67

Unveränderte

Die UNVERÄNDERTEN, die Traditionellen also, sind im Schnitt älter als die anderen drei Typen. Sie haben ein hohes Maß an Autoritarismus, also schutzbedürftiger Autoritätsbezogenheit. Zugleich sind sie ichbezogener als andere. Der Vorrat an belastbarer Solidarität ist eher gering. Der Vater hatte als Kind weniger als bei anderen gemacht. Die allgemeine Lebenszufriedenheit ist niedrig. Dagegen ist die religiös-kirchliche Orientierung überdurchschnittlich. Vom Beruf her: stärker vertreten sind Angestellte mit Weisungsbefugnis, Personen mit mittlerem Einkommen.

Tabelle 111: Was „UNVERÄNDERTE" begünstigt

	UNVER-ÄNDERTE	Signifikanz
ALTER	0,16	100,00
AUTORITARISMUS	-0,20	100,00
EGOZENTRIERT	-0,15	100,00
VATER als Kind	0,11	99,90
SOLIDARITÄT	0,09	99,60
Angestellter mit Weisungsbefugnis	0,23	99,48
ZUFRIEDEN	0,09	98,83
KIRCHLICH-RELIGIÖS	-0,13	98,55
sexuelle Ausstattung - asexuell	-0,49	98,23
Einkommen	-0,08	97,04

TABELLEN

Hier sind zur Veranschaulichung der Zusammenhänge die einschlägigen Kreuztabellen:

Tabelle 112: Die vier Grundtypen und das Alter

	VER-ÄNDERTE	weithin Veränderte	eher Unveränderte	UNVER-ÄNDERTE
bis 19	26%	41%	23%	10%
20-	29%	36%	24%	11%
30-	32%	30%	23%	15%
40-	36%	29%	19%	16%
50-	29%	18%	21%	32%
60-	27%	21%	16%	36%
70-	34%	9%	11%	45%
ALLE	31%	27%	20%	22%

Tabelle 113: Die vier Grundtypen und der Lebensstand/Beziehungsform

Reihenprozente	VER-ÄNDERTE	weithin Veränderte	eher Unveränderte	UNVER-ÄNDERTE
verheiratet	32%	22%	20%	26%
getrennt	17%	39%	13%	30%
verwitwet	21%	12%	30%	36%
geschieden	28%	33%	20%	19%
ledig ohne feste Bez.	34%	31%	26%	10%
ledig in fester Beziehung	27%	44%	16%	13%
ALLE	31%	27%	20%	22%

Tabelle 114: Die vier Grundtypen und die Einwohnerzahl des Wohnorts

Reihen-prozente	VER-ÄNDERTE	weithin Veränderte	eher Unveränderte	UNVER-ÄNDERTE
bis 2000	38%	21%	23%	17%
bis 3000	31%	42%	15%	12%
bis 5000	37%	18%	20%	25%
bis 10000	27%	33%	14%	25%
bis 20000	31%	22%	19%	28%
bis 50000	32%	18%	27%	23%
bis 100000	35%	33%	18%	14%
bis 200000	24%	36%	12%	27%
bis 500000	32%	26%	22%	19%
500000 und mehr	23%	35%	23%	18%
ALLE	31%	27%	20%	22%

Tabelle 115: Die vier Grundtypen und der Beruf der befragten Person

Reihenpro-zente	VER-ÄNDERTE	weithin Veränderte	eher Unveränderte	UNVER-ÄNDERTE
(Landwirte)[51]	58%	17%	0%	25%
einfache Arbeiter	36%	30%	19%	15%
Facharbeiter	35%	24%	20%	21%
einfache Beamte	34%	34%	9%	23%
leitende Angestellte	33%	18%	26%	23%
Angestellte o.W.	32%	29%	21%	18%
Angestellte m.W.	31%	25%	15%	29%
ALLE	31%	27%	20%	22%
Selbständige	29%	27%	23%	21%
Beamte gehobener Dienst	27%	32%	14%	27%
berufslos	26%	29%	23%	22%

---

51 Bei Klammern niedrige Besetzungszahlen.

(Beamte höherer Dienst)	25%	13%	25%	38%
Freiberufliche	25%	35%	20%	20%

Tabelle 116: Die vier Grundtypen und der Beruf des Partners, der Partnerin

Reihenprozente	VER-ÄNDERTE	weithin Veränderte	eher Un-veränderte	UNVER-ÄNDERTE
(Beamte höherer Dienst)	60%	20%	0%	20%
Freiberufliche	57%	21%	7%	14%
(Landwirte)	50%	0%	0%	50%
Facharbeiter	38%	25%	18%	19%
einfache Arbeiter	38%	21%	19%	22%
Beamte gehobener Dienst	36%	9%	9%	45%
berufslos	33%	28%	18%	21%
Angestellte mit Weisungsbefugnis	32%	31%	20%	17%
ALLE	32%	27%	20%	22%
leitende Angestellte	25%	25%	30%	20%
einfache Beamte	25%	25%	42%	8%
Angestellte ohne Weisungsbefugnis	24%	30%	23%	23%
Selbständige	22%	13%	26%	39%

Tabelle 117: Die vier Grundtypen und das Einkommen

Reihenprozente	VER-ÄNDERTE	weithin Veränderte	eher Unveränderte	UNVER-ÄNDERTE
bis 1000	24%	27%	24%	24%
bis 1500	38%	27%	16%	19%
bis 2000	28%	25%	20%	27%
bis 2500	30%	30%	18%	21%
bis 3000	29%	28%	19%	24%
bis 4000	32%	24%	24%	20%
bis 5000	31%	23%	22%	24%
bis 6000	33%	25%	22%	20%
7000 und mehr	36%	33%	18%	13%
ALLE	31%	27%	20%	22%

Tabelle 118: Die vier Grundtypen und die politische Rechts-Links-Skala

Reihen-prozente	VER-ÄNDERTE	weithin Veränderte	eher Unveränderte	UNVER-ÄNDERTE
ganz rechts	19%	22%	17%	41%
rechts	25%	18%	26%	30%
Mitte	32%	27%	20%	21%
links	32%	33%	19%	15%
ganz links	34%	41%	9%	16%
ALLE	30%	27%	20%	22%

Tabelle 119: Die vier Grundtypen und der Autoritarismus

Reihen-prozente	VER-ÄNDERTE	weithin Veränderte	eher Unveränderte	UNVER-ÄNDERTE
stark	17%	24%	17%	42%
mittel	28%	22%	23%	28%
schwach	39%	35%	19%	8%
ALLE	30%	27%	21%	23%

Tabelle 120: Die vier Grundtypen und die Solidarität

Reihen-prozente	VER-ÄNDERTE	weithin Veränderte	eher Unveränderte	UNVER-ÄNDERTE
stark	32%	30%	17%	21%
mittel	29%	24%	23%	23%
schwach	26%	26%	24%	24%
ALLE	30%	27%	21%	22%

Tabelle 121: Die vier Grundtypen und die Egozentriertheit

Reihen-prozente	VER-ÄNDERTE	weithin Veränderte	eher Unveränderte	UNVER-ÄNDERTE
stark	24%	24%	23%	29%
mittel	36%	30%	18%	15%
schwach	61%	30%	4%	4%
ALLE	30%	27%	20%	22%

Tabelle 122: Die vier Grundtypen und die religiös-kirchliche Orientierung

Reihen-prozente	VER-ÄNDERTE	weithin Veränderte	eher Unveränderte	UNVER-ÄNDERTE
stark	21%	24%	17%	37%
mittel	28%	23%	24%	25%
schwach	32%	29%	22%	16%
ALLE	29%	26%	22%	23%

Tabelle 123: Die vier Grundtypen und die Lebenszufriedenheit

Reihen-prozente	VERÄNDERTE	weithin Veränderte	eher Unveränderte	UNVER-ÄNDERTE
sehr zufrieden	34%	29%	20%	17%
zufrieden	31%	25%	19%	25%
wenig zufrieden	18%	26%	18%	38%
ALLE	30%	27%	19%	24%

Tabelle 124: Die vier Grundtypen und der Optimismus

Reihenprozente	VERÄNDERTE	weithin Veränderte	eher Unveränderte	UNVER-ÄNDERTE
sehr optimistisch	31%	32%	21%	16%
eher optimistisch	30%	29%	20%	21%
mittel	33%	22%	19%	26%
eher pessimistisch	25%	11%	29%	35%
sehr pessimistisch	27%	23%	18%	32%
ALLE	31%	27%	20%	22%

Tabelle 125: Die vier Grundtypen und die Konfession

Reihen-prozente	VER-ÄNDERTE	weithin Veränderte	eher Unveränderte	UNVER-ÄNDERTE
sonstige	21%	25%	14%	39%
röm.kath.	28%	24%	21%	27%
evangelisch	30%	29%	21%	20%
konfessions-los_nah	43%	35%	8%	15%
konfessions-los _mittel	33%	30%	23%	13%
konfessions-los _fern	33%	24%	20%	22%
ALLE	30%	27%	20%	22%

Tabelle 126: Die vier Grundtypen und die Beschäftigung des Vaters in der Kindheit mit dem Befragten

Reihen-prozente	VER-ÄNDERTE	weithin Veränderte	eher Unveränderte	UNVER-ÄNDERTE
viel	38%	32%	21%	9%
mittel	32%	25%	20%	23%
wenig	10%	6%	9%	76%
ALLE	30%	24%	19%	27%

Tabelle 127: Typologie B – Regressionsanalysen und Mittelwerte

	VERÄNDERT	gemäßigt verändert	eher unverändert	UNVERÄNDERT	Differenz verändert-unveränderte
traditioneller Mann	721	498	488	400	322
traditionelle Frau	664	456	429	377	287
neuer Mann	322	428	465	551	-229
neue (berufst.) Frau	334	473	484	534	-200
ARBEITSPLATZ	704	444	446	383	321
GEWALT	826	667	668	600	226
FAMILIENERHALTUNG	439	389	429	304	135
TODESDEUTUNG	744	687	675	683	61
TRAUMFRAU_FEE	956	603	983	910	47
TRAUMFRAU_AUTONOMIE	956	603	983	910	47
MÄNNLICH_STARK	217	180	201	175	42
TODESBEWÄLTIGUNG	487	423	482	465	21
AUFKLÄRUNG	269	311	222	249	20
WEIBLICH _EMOTIONAL	159	139	187	158	1
MÄNNLICH _EMOTIONAL	391	379	370	397	-6
MÄNNLICHE HAUSHALTSARBEITEN	311	316	338	328	-17
MUTTER_HERKUNFT	165	165	184	190	-25
TRAUMFRAU_GEFÜHL	630	228	870	662	-32
FAMILIENGESTALTUNG	537	540	567	580	-43
VATER_HERKUNFT	307	299	358	355	-48
MÄNNLICHE SEXUALITÄT	421	457	480	491	-70
GEFÜHLSSTÄRKE	382	420	432	465	-83
SCHULE	354	412	460	471	-117
WEIBLICH_STARK	347	430	378	468	-121
PFLEGE	330	370	412	458	-128
WEIBLICHE HAUSHALTSARBEITEN	520	604	616	672	-153
HOMOSEXUALITÄT	329	528	636	644	-315
KOLLEGE	139	277	241	649	-510
KOLLEGIN	122	246	222	705	-583

	Differenz verändert-unveränderte
traditioneller Mann	322
traditionelle Frau	287
neuer Mann	-229
neue (berufst.) Frau	-200
ARBEITSPLATZ	321
GEWALT	226
FAMILIENERHALTUNG	135
TODESDEUTUNG	61
TRAUMFRAU_FEE	47
TRAUMFRAU_AUTONOMIE	47
MÄNNLICH_STARK	42
TODESBEWÄLTIGUNG	21
AUFKLÄRUNG	20
WEIBLICH _EMOTIONAL	1
MÄNNLICH _EMOTIONAL	-6
MÄNNLICHE HAUSHALTSARBEITEN	-17
MUTTER_HERKUNFT	-25
TRAUMFRAU_GEFÜHL	-32
FAMILIENGESTALTUNG	-43
VATER_HERKUNFT	-48
MÄNNLICHE SEXUALITÄT	-70
GEFÜHLSSTÄRKE	-83
SCHULE	-117
WEIBLICH_STARK	-121
PFLEGE	-128
WEIBLICHE HAUSHALTSARBEITEN	-153
HOMOSEXUALITÄT	-315
KOLLEGE	-510
KOLLEGIN	-583

	VERÄNDERT	weithin verändert	weithin unverändert	UNVERÄNDERT	DIFF
TRADITIONELLER MANN	735	507	485	413	322
TRADITIONELLE FRAU	678	435	453	390	288
NEUE FRAU	333	478	477	518	-185
NEUER MANN	309	454	445	534	-225
ARBEITSPLATZ	716	458	438	395	321
GEWALT	833	692	652	602	231
FAMILIENERHALTUNG	446	420	377	336	110
TODESDEUTUNG	744	692	692	669	75
WICHTIG: SCHEIDUNGSRECHT	368	407	277	332	36
MÄNNLICH_STARK	215	195	173	191	24
TODESBEWÄLTIGUNG	481	471	424	482	-1
MÄNNLICH_EMOTIONAL	392	363	373	406	-14
TRAUMFRAU_AUTONOMIE	939	979	560	954	-15
TRAUMFRAU_FEE	939	979	560	954	-15
WEIBLICH_EMOTIONAL	158	171	136	180	-22
AUFKLÄRUNG	732	771	684	755	-23
MUTTER_HERKUNFT	169	174	169	192	-23
ÄNDERUNG GEWALTTÄTIGER	505	474	501	529	-24
MÄNNLICHE HAUSHALTSARBEITEN	305	332	319	334	-29
FAMILIENGESTALTUNG	541	559	546	577	-36
VATER_HERKUNFT	310	338	304	366	-56
ÄNDERUNG NACHGIEBIGER	281	356	296	341	-60
MÄNNLICHE SEXUALITÄT	421	469	456	494	-73
GEFÜHLSSTÄRKE	378	424	419	466	-88

	VERÄNDERT	weithin verändert	weithin unverändert	UNVERÄNDERT	DIFF
SCHULE	364	432	419	474	-110
WEIBLICH_STARK	357	362	429	467	-110
PFLEGE	336	382	384	463	-127
TRAUMFRAU_GEFÜHL	622	770	238	757	-135
WICHTIG: NEUE WERTE	465	634	550	609	-144
WEIBLICHE HAUSHALTSARBEITEN	509	621	611	655	-146
HOMOSEXUALITÄT	267	660	523	630	-363
KOLLEGE	149	166	335	619	-470
KOLLEGIN	124	162	319	639	-515

REGRESSIONSKOEFFIZIENTEN

	VERÄNDERTE	weithin verändert	eher unverändert	UNVERÄNDERTE
bisexuell	0,06	-0,03	-0,19	0,15
homosexuell	0,55	-0,55	0,14	-0,16
heterosexuell	-0,02	0,01	0,01	0,00
asexuell	0,24	0,06	0,17	-0,49
verheiratet/zusammen	0,03	-0,11	0,06	0,03
verheiratet/getrennt	-0,31	0,26	-0,11	0,17
verwitwet	-0,08	-0,02	0,29	-0,16
geschieden	-0,07	0,15	-0,01	-0,07
ledig ohne feste Beziehung	0,10	0,08	-0,09	-0,11
ledig in fester Beziehung	-0,15	0,35	-0,21	0,00
ja, mit Partnerin	-0,02	0,06	-0,02	-0,02
ja, mit Partner	0,14	-0,54	0,43	0,00

	VERÄNDERTE	weithin verändert	eher unverändert	UNVERÄN-DERTE
ohne Partner	0,04	-0,13	0,04	0,05
berufslos	-0,09	0,00	0,14	-0,03
Arbeiter: einfach	0,07	0,11	0,05	-0,24
Facharbeiter	0,08	-0,03	0,00	-0,05
Angestellter o.W.	0,05	0,03	-0,02	-0,07
Angestellter m.W.	-0,04	-0,03	-0,16	0,23
Angestellter leitend	0,02	-0,17	0,08	0,07
Beamter einfach. mittel	0,09	0,11	-0,41	0,17
Beamter gehoben	0,00	0,01	-0,12	0,11
Beamter höherer	0,05	-0,36	-0,03	0,36
Selbständiger	0,07	0,06	-0,08	-0,07
Landwirt	0,60	-0,06	-0,55	-0,08
Freiberuflich	-0,18	0,30	-0,19	0,06
P: berufslos	0,04	0,04	-0,09	0,00
P: Arbeiter: einfach	0,13	-0,23	0,03	0,08
P: Facharbeiter	0,07	-0,08	0,00	0,00
P: Angestellter o.W.	-0,16	0,07	0,14	-0,02
P: Angestellter m.W.	0,00	0,06	0,04	-0,10
P: Angestellter leitend	-0,11	0,11	0,27	-0,24
P: Beamter einfach. mittel	-0,34	-0,26	0,72	-0,03
P: Beamter gehoben	0,24	-0,37	-0,36	0,47
P: Beamter höherer	0,07	-0,06	-0,43	0,38
P: Selbständiger	-0,25	-0,21	0,14	0,37
P: Landwirt	0,00	-0,56	-0,05	0,64
P: Freiberuflich	0,59	-0,25	-0,20	-0,20
sonstige	-0,02	-0,11	-0,15	0,28
katholisch	0,01	-0,05	0,02	0,04
evangelisch	-0,03	0,03	0,07	-0,06
konfessionslos_nah	0,14	0,10	-0,32	0,03
konfessionslos_mittel	-0,04	0,04	0,05	-0,05
konfessionslos_fern	0,03	0,01	-0,08	0,03
ALTER	0,06	-0,11	-0,12	0,16
ORT	-0,09	0,08	0,02	-0,01

Einkommen	0,03	0,00	0,06	-0,08
Rechts-Links-Skala	0,02	0,08	-0,05	-0,06
MESSE	-0,02	0,06	-0,06	0,01
OST-WEST	-0,06	0,02	0,04	0,00
AUTORITARISMUS	0,11	0,05	0,02	-0,20
SOLIDARITÄT	-0,05	-0,06	0,03	0,09
EGOZENTRIERT	0,18	0,04	-0,09	-0,15
KIRCHLICH-RELIGIÖS	0,15	-0,08	0,06	-0,13
ZUFRIEDEN	-0,14	0,06	0,00	0,09
VATER als Kind	0,00	-0,13	0,02	0,11
MUTTER als Kind	0,03	0,00	0,02	-0,05
Kindheitsglück	0,02	-0,01	-0,04	0,03
Optimist	0,04	-0,09	0,04	0,02

Signifikanzen	VERÄNDERTE	weithin verändert	eher unverändert	UNVERÄNDERTE
bisexuell	41,18	18,98	90,52	84,99
homosexuell	94,66	94,27	36,92	46,20
heterosexuell	90,66	55,94	62,73	10,17
asexuell	72,44	22,27	53,20	98,23
verheiratet/zusammen	53,05	99,32	81,09	55,04
verheiratet / getrennt	83,37	76,74	37,71	58,82
verwitwet	30,27	8,12	83,48	58,48
geschieden	35,34	67,44	4,39	37,04
ledig ohne feste Beziehung	57,02	46,40	47,55	61,70
ledig in fester Beziehung	93,54	100,00	98,49	2,73
ja, mit Partnerin	32,13	87,41	43,18	41,41
ja, mit Partner	30,67	86,72	75,81	0,06
ohne Partner	29,03	82,87	34,10	41,62
berufslos	90,91	0,73	98,60	43,45
Arbeiter: einfach	39,50	53,47	24,88	92,46
Facharbeiter	77,85	32,70	6,40	61,26
Angestellter o.W.	42,25	22,51	13,20	59,88

Erweiterte Typologie Anhang

Signifikanzen	VERÄNDERTE	weithin verändert	eher unverändert	UNVERÄNDERTE
Angestellter m.W.	35,88	24,01	92,72	99,48
Angestellter leitend	11,21	74,36	41,49	40,18
Beamter einfach. mittel	44,06	51,74	98,90	76,11
Beamter gehoben	1,14	3,58	37,96	37,30
Beamter höherer	11,11	65,60	7,35	69,00
Selbständiger	36,41	33,02	40,86	38,64
Landwirt	88,72	12,40	83,27	17,28
Freiberuflich	55,27	79,27	56,85	22,53
P: berufslos	75,37	70,69	98,15	10,51
P: Arbeiter: einfach	73,10	95,43	16,78	54,96
P: Facharbeiter	46,09	51,44	1,04	2,28
P: Angestellter o.W.	99,06	70,74	96,67	24,82
P: Angestellter m.W.	1,61	46,72	29,59	74,78
P: Angestellter leitend	37,53	37,30	75,22	75,24
P: Beamter einfach. mittel	80,13	66,56	99,12	10,10
P: Beamter gehoben	58,75	78,16	76,14	91,07
P: Beamter höherer	12,63	12,06	67,06	66,65
P: Selbständiger	76,58	67,31	47,67	94,28
P: Landwirt	-0,01	64,10	6,94	73,67
P: Freiberuflich	97,84	66,80	54,20	60,35
sonstige	7,36	40,20	51,23	85,86
katholisch	13,98	78,65	28,01	65,02
evangelisch	49,91	51,30	80,90	82,64
konfessionslos_nah	76,71	58,73	98,81	20,54
konfessionslos_mittel	31,72	31,62	34,52	41,25
konfessionslos_fern	25,31	5,64	58,25	25,61
ALTER	87,88	99,21	99,65	100,00
ORT	99,41	98,77	39,76	14,77
Einkommen	48,85	6,84	84,63	97,04
Rechts-Links-Skala	36,65	99,06	87,18	94,80
MESSE	25,44	75,59	78,10	23,93
OST-WEST	90,76	51,10	73,72	0,00

Signifikanzen	VERÄNDERTE	weithin verändert	eher unverändert	UNVERÄNDERTE
AUTORITARISMUS	99,90	85,46	40,68	100,00
SOLIDARITÄT	88,60	92,46	60,80	99,60
EGOZENTRIERT	100,00	72,43	99,18	100,00
KIRCHLICH-RELIGIÖS	99,41	85,18	68,97	98,55
ZUFRIEDEN	99,98	85,94	6,91	98,83
VATER als Kind	6,23	99,95	43,61	99,90
MUTTER als Kind	58,43	11,54	33,19	88,38
Kindheitsglück	33,67	14,97	66,62	58,54
Optimist	75,02	99,60	76,84	54,97

Verzeichnis der Abbildungen

Abbildung 1: Die Bereitschaft, andere zu entlassen, wenn Arbeit knapp wird 18
Abbildung 2: Wenn eine Kollegin, ein Kollege vorgezogen wird 19
Abbildung 3: Neue Männer pflegen ihre Vaterrolle stärker als traditionelle 20
Abbildung 4: Neue Männer weiten ihre häuslichen Aktivitäten aus 21
Abbildung 5: Neue Männer reden mehr über Gefühle und Probleme
 (im Bereich der Sexualität) als traditionelle Männer 23
Abbildung 6: Die Neigung zur männlichen Gewalt ist bei neuen Männern
 erheblich geringer als bei traditionellen 24
Abbildung 7: Was männlich und was weiblich ist – es gibt Annäherung, aber die
 Unterschiede bleiben (Frauen bleiben „gefühlvoller", Männer „gewalttätiger") 26
Abbildung 8: Aufbau der Studie 33
Abbildung 9: Vier Indizes 35
Abbildung 10: Struktur der Regressionsanalyse zur Trennung der Einflußströme 47
Abbildung 11: Die Männer in Ostdeutschland sind weniger traditionell als jene in
 Westdeutschland 50
Abbildung 12: Es gibt erheblich mehr neue Frauen als Männer,
 vor allem in Ostdeutschland 52
Abbildung 13: Verteilung der Männer auf die vier Rollentypen nach Alter 53
Abbildung 14: Verteilung der Frauen nach Alter auf die vier Geschlechtertypen 54
Abbildung 15: Trendwende? 55
Abbildung 16: Männertypen nach Alter für Ostdeutschland 56
Abbildung 17: Männertypen nach Alter für Westdeutschland 56
Abbildung 18: Verteilung der Männertypen nach Ortsgröße 57
Abbildung 19: Neue Männer tendieren politisch nach links 61
Abbildung 20: Die Neuen haben wenig Autoritarismus 64
Abbildung 21: Traditionelle Männer, noch mehr Frauen, leben in einer Welt mit
 großer Reichweite (sie hoffen über den Tod hinaus) 68
Abbildung 22: Kinder mit beiden Eltern haben am ehesten eine glückliche Kindheit 69
Abbildung 23: Traditionelle haben eher eine unglückliche Kindheit erlebt 70
Abbildung 24: Für Männer ist eher die Arbeit, für Frauen hingegen die Familie
 ein wichtiger Lebensbereich 83
Abbildung 25: Wichtigkeit der Lebensbereiche – Männer über sich – Frauen über Männer 84
Abbildung 26: Arbeit ist für das männliche Selbstwertgefühl wichtig 85
Abbildung 27: Der Mann erfährt in Arbeit seinen Sinn – aufgeschlüsselt nach Alter 87
Abbildung 28: Frauen meinen: Männer reagieren auf Bevorzugung von Kolleginnen
 empfindlich 89
Abbildung 29: Frauen meinen: Männer akzeptieren eher die Bevorzugung von
 männlichen Kollegen 90
Abbildung 30: Traditionelle Männer haben mit der Bevorzugung qualifizierter
 Kolleginnen mehr Probleme als neue Männer 91
Abbildung 31: Neue Männer akzeptieren vorgezogene Kolleginnen und Kollegen eher
 als traditionelle 92
Abbildung 32: Wenn Kollegin oder Kollege vorgezogen wird (nur Männer) 94
Abbildung 33: Wenn Arbeit knapp wird, beanspruchen Männer Arbeitsplätze für sich ... 95
Abbildung 34: Am größten sind die Unterschiede zwischen den Rollentypen, wenn es
 um die Entlassung von Frauen geht, wenn Arbeit knapp wird 97
Abbildung 35: Männertypen und Arbeitsplatzknappheit 98
Abbildung 36: Politische Anliegen der Männer – Selbstbild und Frauenfremdbild 99

Verzeichnis der Abbildungen

Abbildung 37: Politische Anliegen – traditionelle und neue Frauen/Männer 100
Abbildung 38: Männerverantwortung (Mittelwerte) 101
Abbildung 39: Neue Männer haben ein neues Verhältnis zur Erwerbsarbeit 102
Abbildung 40: Freizeitbeschäftigung bei Männern und Frauen 105
Abbildung 41: Sport für junge Männer, Familie für Ältere 106
Abbildung 42: Vereinsarbeit ist in allen Altersstufen eine Männerdomäne 107
Abbildung 43: Vereinsaktivitäten der Männer – aus der eigenen Sicht sowie der Sicht von Frauen 108
Abbildung 44: Männerfreundschaften der Männer 109
Abbildung 45: Frauenfreundschaften der Frauen 109
Abbildung 46: Männern sind Männerfreundschaften wichtiger als Frauen Frauenfreundschaften 110
Abbildung 47: Durchschnittliche Anzahl der Freunde und Freundinnen 111
Abbildung 48: Wichtigkeit von Freundschaften 112
Abbildung 49: Wie erleben Sie Männerfreundschaften? 113
Abbildung 50: Männerfreundschaften nach Rollenbild und Geschlecht 113
Abbildung 51: Freunde zur Ehe/zur Partnerschaft hinzu 115
Abbildung 52: Ideale Lebensform nach Geschlecht 116
Abbildung 53: Ideale Lebensform nach Rollentypen 117
Abbildung 54: (Un)Zufriedenheit mit Partnerschaft und häuslichem Leben nach Rollentypen 118
Abbildung 55: Die ideale Ehe – Männer und Frauen 119
Abbildung 56: Die ideale Ehe – nach Rollentypen 120
Abbildung 57: Wer ist die stärkere Person in einer Partnerschaft/Ehe? 122
Abbildung 58: Das Schlimmste in der Partnerschaft 122
Abbildung 59: Das Schlimmste in der Partnerschaft – nach Rollentypen 123
Abbildung 60: Familienaufgaben – Männer und Frauen im Vergleich 127
Abbildung 61: Männer lassen nach, allein die Familienerhalter zu sein 128
Abbildung 62: Familiäre Männeraufgaben – nach Rollentypen (nur Männer) 129
Abbildung 63: Männer sind familienerhaltend und Frauen familiengestaltend 130
Abbildung 64: Familiale Aufgaben – traditionelle/neue Männer und Frauen im Vergleich 131
Abbildung 65: Was Väter mit Kindern tun – Männer über sich selbst und Frauen über die Männer 133
Abbildung 66: Tätigkeiten von Vätern mit Kindern – dargestellt mit Hilfe der Indizes SCHULE und PFLEGE, also außen- und innenorientierte Aktivitäten 134
Abbildung 67: Tätigkeiten der Väter – nach Rollentypen 135
Abbildung 68: Männertätigkeiten mit Kindern – neue und traditionelle Männer/Frauen 136
Abbildung 69: Teilaufgaben – Großväter und Väter 139
Abbildung 70: Neue Männer haben im Vergleich zu ihren Großvätern am meisten an Kindernähe gewonnen 140
Abbildung 71: Erziehungsurlaub ist Bereicherung für einen Mann 143
Abbildung 72: Wunschrollenbilder 145
Abbildung 73: Das Modell der puren Familienfrau ist bei den Jüngeren kaum noch anzutreffen 146
Abbildung 74: Erziehungsziele aus der Sicht von Männern und von Frauen 148
Abbildung 75: Erziehungsziele (Indizes) nach Rollenbild (nur Männer) 149
Abbildung 76: Männer- und frauenspezifische Haushaltsarbeiten 152
Abbildung 77: Neue Männer machen eher frauenspezifische Haushaltsarbeiten 152

Verzeichnis der Abbildungen

Abbildung 78: Haushaltsarbeiten, von Männern an die Partnerin delegiert –
nach Rollentypen (nur Männer) 153
Abbildung 79: Haushaltsfinanzierung 156
Abbildung 80: Neue Männer sind ansatzweise in der Familienwelt anwesend 158
Abbildung 81: Achtet auf Gesundheit 161
Abbildung 82: „Männer stellen Arbeit über die Gesundheit",
Zustimmung (in Prozent) 163
Abbildung 83: Bleibt zuhause, wenn krank 164
Abbildung 84: Die Älteren werden gesundheitsbedachter 165
Abbildung 85: Jüngere erleben sich als gesünder 165
Abbildung 86: Mit dem Alter nehmen Arztbesuche zu 166
Abbildung 87: Angst des Mannes vor dem Arzt 167
Abbildung 88: Männer verdrängen die Angst vor Schmerzen 169
Abbildung 89: Spitzenreiter unter den Aufklärern 173
Abbildung 90: Neue Männer sind sexuell aktiver als traditionelle 177
Abbildung 91: Die neuen Männer sind bis Dreißig und von Vierzig bis Sechzig
sexuell überdurchschnittlich aktiv 178
Abbildung 92: Neue Männer sind mit der Sexualität in der Partnerschaft am
meisten zufrieden 179
Abbildung 93: Sexuelle Aktivität je nach Lebensstand und Rollenbild 179
Abbildung 94: Gespräch über persönliche Probleme – nach Geschlecht 182
Abbildung 95: Gespräch über persönliche Probleme – nach Geschlecht und
Rollenbild 183
Abbildung 96: Problemlösung – Männer und Frauen im Vergleich 184
Abbildung 97: Problemlösung – nach Rollentypen 184
Abbildung 98: Problemlösung – Männer und Frauen nach Rollentypen im Vergleich 185
Abbildung 99: Neue Männer reden mehr über Sexualität 186
Abbildung 100: Männliche Sexualität und Alter (Index Männliche Sexualität) 193
Abbildung 101: Männliche Sexualität und Lebenszufriedenheit 194
Abbildung 102: Neue Männer sind gefühlsstärker als traditionelle 197
Abbildung 103: Neue Männer und Frauen befürchten mehr Umweltzerstörung und
soziale Spannungen 198
Abbildung 104: Junge Männer und Frauen sorgen sich um den Arbeitsplatz,
Ältere um ihre Gesundheit 199
Abbildung 105: Gewaltneigung von Männern in Deutschland 200
Abbildung 106: Im Lauf des Lebens sammelt sich – vor allem bei Frauen –
Leiderfahrung 201
Abbildung 107: Angesichts des Leids reißen sich Männer zusammen 202
Abbildung 108: Ältere beschäftigt der Tod mehr, sie haben mehr Glaubensressourcen ... 203
Abbildung 109: Kaum jemand wünscht den Tod herbei 204
Abbildung 110: Mein Glaube gibt mir die Stärke, mich dem Tod zu stellen 205
Abbildung 111: Die Verbundenheit der Kirchenmitglieder nähert sich bei den jüngeren
Personen der Sympathie der Konfessionslosen 209
Abbildung 112: Durchschnittlicher Kirchgang – nach Konfession und Alter 211
Abbildung 113: Altersgemäße Entwicklungen – verdunstet die Kirchlichkeit im Land? .. 215
Abbildung 114: Die Konfessionen nähern sich auf einem niedrigen
Kirchlichkeitsniveau an 215
Abbildung 115: „Ich stehe der Kirche distanziert gegenüber" 216
Abbildung 116: Neue Männer sind etwas gefühlvoller und erheblich gewaltärmer 224
Abbildung 117: Typisch männliche Eigenschaften – Männer und Frauen im Vergleich .. 230

Verzeichnis der Abbildungen

Abbildung 118: Typisch weibliche Eigenschaften – Frauen und Männer im Vergleich ... 231
Abbildung 119: Typisch männliche und weibliche Eigenschaften – Frauen und Männer im Vergleich 232
Abbildung 120: Differenzen zwischen männlichen und weiblichen Eigenschaftssets bei Männern und bei Frauen 233
Abbildung 121: Typisch männliche Eigenschaften – nach den vier Männertypen 234
Abbildung 122: Typisch weibliche Eigenschaften – nach den vier Männertypen 234
Abbildung 123: Typisch männliche Eigenschaften – nach den vier Frauentypen 235
Abbildung 124: Typisch weibliche Eigenschaften – nach den vier Frauentypen 236
Abbildung 125: Männer- und Frauenstärken (Männer und Frauen) 237
Abbildung 126: Männer- und Frauenstärken – nach den vier Männertypen 238
Abbildung 127: Verteilungen der Befragten auf den Indizes „stark" und „emotional" bei männlichen und weiblichen Eigenschaften 240
Abbildung 128: Die Traumfrau 242
Abbildung 129: Traumfrau – nach männlichen Rollentypen 243
Abbildung 130: Traumfrau – was neue Männer anders sehen 244
Abbildung 131: Traumfrau – was neue Frauen an der männlichen Traumfrau anders sehen 245
Abbildung 132: Neue Männer weiten die den Frauen zugeschriebenen Eigenschaften aus 247
Abbildung 133: Wichtigkeit der Lebensbereiche (Männerselbstbild, Fremdbild von Frauen) 250
Abbildung 134: Was Männer politisch wichtig finden (Männerselbstbild, Fremdbild von Frauen) 251
Abbildung 135: Gefahren und Ängste (Männerselbstbild, Fremdbild von Frauen) 252
Abbildung 136: Wenn eine Kollegin vorgezogen wird – Ängste (Männerselbstbild, Fremdbild von Frauen) 253
Abbildung 137: Wenn ein Kollege vorgezogen wird – Ängste (Männerselbstbild, Fremdbild von Frauen) 254
Abbildung 138: Freizeitaktivitäten (Männerselbstbild, Fremdbild von Frauen) 255
Abbildung 139: Vereinsmitgliedschaft und Vereinsaktivitäten (Männerselbstbild, Fremdbild von Frauen) 256
Abbildung 140: Qualität von Männerfreundschaften (Männerselbstbild, Fremdbild von Frauen) 257
Abbildung 141: Die ideale Ehe (Männerselbstbild, Fremdbild von Frauen) 258
Abbildung 142: Das Schlimmste in einer Partnerschaft (Männerselbstbild, Fremdbild von Frauen) 259
Abbildung 143: Die ideale Lebensform (Männerselbstbild, Fremdbild von Frauen) 260
Abbildung 144: Männliche Haushaltsbeteiligung (Männerselbstbild, Fremdbild von Frauen) 261
Abbildung 145: Tätigkeiten mit Kindern (Männerselbstbild, Fremdbild von Frauen) 262
Abbildung 146: Erziehungsziele (Männerselbstbild, Fremdbild von Frauen) 263
Abbildung 147: Mit wem werden Probleme besprochen (Männerselbstbild, Fremdbild von Frauen) 264
Abbildung 148: Die Angst vor dem Arzt (Männerselbstbild, Fremdbild von Frauen) 265
Abbildung 149: Was Männern wichtig ist (Männerselbstbild, Fremdbild von Frauen) 266
Abbildung 150: Die Profile der verschiedenen Männertypen im Vergleich 276
Abbildung 151: Was die neuen Männer im Vergleich zu den traditionellen Männern charakterisiert (zwei Abbildungen) 279
Abbildung 152: „Welche der folgenden Dinge sind heute für Sie als Mann wichtig?" 282

Verzeichnis der Abbildungen

Abbildung 153: Frauen zweifeln die Zuwendung der Männer zu Familie und Haushalt teilweise an 284
Abbildung 154: Zukunftswerte deutscher Männer 285
Abbildung 155: Männer fordern gleiche Rechte bei einer Scheidung – die fehlenden Rechte verstehen diese Männer als Unterdrückung von Männern durch Frauen 286
Abbildung 156: Traditionellen Männer sind vor allem gleiche Scheidungsrechte wichtig, neue hingegen wollen mehr neue Wertvorstellungen in Gruppen erarbeiten und sind offener für die Anforderungen emanzipierter Frauen 287
Abbildung 157: Männer sehen bei sich eine begrenzte positive Entwicklung, Frauen stimmen dem abgeschwächt weithin zu 288
Abbildung 158: Neue Frauen haben eine bessere Meinung von der Entwicklung der Männer als traditionelle Frauen 289
Abbildung 159: Neue Männer haben ein positives Verhältnis zur Frauenemanzipation, neue Frauen ein noch viel positiveres 290
Abbildung 160: Items zur Typologiebildung A 299
Abbildung 161: Charakterisierung der B-Typen durch die Mittelwerte der einzelnen Indizes 307
Abbildung 162: Unterschiede zwischen den VERÄNDERTEN und UNVERÄNDERTEN 309

Verzeichnis der Tabellen

Tabelle 1: Umwertung der Homosexualität	23
Tabelle 2: Index traditionelles Männerbild	36
Tabelle 3: Index traditionelle Frauenrolle	37
Tabelle 4: Index neue Männerrolle	38
Tabelle 5: Index neue Frauenrolle	39
Tabelle 6: Verteilungen von Männern und Frauen auf den Indizes	40
Tabelle 7: Verteilung der Männer auf die vier Männertypen nach Regionen	51
Tabelle 8: Die getrennt lebenden Eheleute sind eine Sondergruppe	58
Tabelle 9: Verteilung der Männer auf die vier Typen nach Beruf	59
Tabelle 10: Männertypen nach Einkommen	60
Tabelle 11: Mittelwerte für Frauen und Männer auf der politischen Rechts-links-Skala	61
Tabelle 12: Autoritarismus hemmt Veränderung	64
Tabelle 13: Solidarität begünstigt den neuen Mann, aber noch mehr den pragmatischen	65
Tabelle 14: Egozentrierung begünstigt die traditionellen Männer	66
Tabelle 15: Neue Männer und Frauen sind lebenszufriedener als unsichere	67
Tabelle 16: Kontakt zu Eltern	71
Tabelle 17: Kontakthäufigkeit nach Geschlecht und Cluster – den häufigsten Kontakt zu Mutter und Vater haben die Unsicheren und Traditionellen (Rangskala nach Häufigkeit; 1=täglich bis 8=seltener als jährlich)	71
Tabelle 18: Mit dem Vater täglich verbrachte Zeit	72
Tabelle 19: Körperkontakt zum Vater und zur Mutter	72
Tabelle 20: Wie der Körperkontakt empfunden wurde	73
Tabelle 21: Wäre mehr Körperkontakt erwünscht gewesen?	73
Tabelle 22: Gefühlsmäßige Bindung an den Vater und an die Mutter	74
Tabelle 23: Haben den Vater, die Mutter gut gekannt	74
Tabelle 24: Väter wurden vor allem von den Traditionellen seltener weinend erlebt als Mütter	75
Tabelle 25: Väter werden von den jungen Männern häufiger weinend wahrgenommen als von älteren	75
Tabelle 26: Die Berufstätigkeit der Mutter ist für die Entwicklung neuer Geschlechterrollen wichtig	76
Tabelle 27: Indizes Herkunft-Vater und Herkunft-Mutter	76
Tabelle 28: Aktivitäten der Väter der Befragten, als diese ein Kind waren	77
Tabelle 29: Was die Zugehörigkeit zu den Traditionellen miterklärt	79
Tabelle 30: Was die Zugehörigkeit zu den Pragmatischen miterklärt	79
Tabelle 31: Was die Zugehörigkeit zu den Unsicheren miterklärt	80
Tabelle 32: Was die Zugehörigkeit zu den Neuen miterklärt	80
Tabelle 33: Einflußfaktoren im Überblick – Sozialvariable, Persönlichkeitsmerkmale, Kindheit	81
Tabelle 34: Ändert sich die Männerrolle, ändert sich das Verhältnis zur beruflichen Arbeit	87
Tabelle 35: Aussagen zur Arbeit nach Cluster und Berufstätigkeit	87
Tabelle 36: Männer ohne Beruf - nach Männerbild und Alter	88
Tabelle 37: Mittelwerte berufsbezogener Merkmale nach Geschlechterrollen	88
Tabelle 38: Tabelle der Mittelwerte	93
Tabelle 39: Akzeptanz einer bevorzugten Kollegin, eines bevorzugten Kollegen	94
Tabelle 40: Besorgt über Arbeitsplatzverlust	97

Verzeichnis der Tabellen

Tabelle 41: Frauen sehen die Rolle der Männer in Wissenschaft und Krieg ähnlich wie diese ... 101
Tabelle 42: Reine Männervereine ... 114
Tabelle 43: Wer ist in der Partnerschaft stärker? ... 121
Tabelle 44: Freiheiten in Beziehung – Männer und Frauen über sich selbst ... 124
Tabelle 45: Freiheiten in Beziehung – Männer über Frauen ... 124
Tabelle 46: Freiheiten in Beziehung – nach Rollentypen ... 125
Tabelle 47: Wer wofür sorgt - aus der Sicht der Männer ... 126
Tabelle 48: Neue Männer bleiben öfter zuhause, wenn ein Kind krank ist ... 137
Tabelle 49: Opas mit Kindern ... 138
Tabelle 50: Engagement von Großvätern und Vätern für ihre Kinder ... 138
Tabelle 51: Kind kennt Beruf des Vaters ... 141
Tabelle 52: Kinderwunsch ... 142
Tabelle 53: Die jungen Frauen denken egalitärer als die jungen Männer ... 146
Tabelle 54: Erziehungsziele für deutsche Kinder ... 147
Tabelle 55: Der neue Mann ergreift eher die Initiative für die Hausarbeit, die Frauen sehen es ähnlich, wenn auch skeptisch ... 154
Tabelle 56: Verteilung der Hausarbeit – Männer- und Frauensicht ... 155
Tabelle 57: Haushaltsfinanzierung ... 157
Tabelle 58: Gesundheitszustand ... 162
Tabelle 59: Anzahl an Arztbesuchen ... 166
Tabelle 60: Warum Männer Angst vor dem Arzt haben ... 168
Tabelle 61: Wie hoch ist der Leistungsdruck in Ihrem Beruf? ... 170
Tabelle 62: Achten Sie normalerweise auf Ihre Gesundheit? ... 170
Tabelle 63: Bleiben Sie zu Hause, wenn Sie sich krank fühlen? ... 170
Tabelle 64: Persönliches Nettoeinkommen und hoher Leistungsdruck ... 170
Tabelle 65: Sexuelle Aufklärung durch Personen und Zeitschriften ... 171
Tabelle 66: Zunahme an „Aufklärern" ... 172
Tabelle 67: Neue Männer haben mehr „Aufklärende" ... 172
Tabelle 68: Jugendzeitschriften sind noch wichtiger als die Eltern für die Aufklärung der nächsten Generation ... 175
Tabelle 69: „Sex ist für Männer wichtiger als für Frauen" ... 176
Tabelle 70: „Wie häufig hatten Sie in der vergangenen Woche Geschlechtsverkehr?" ... 176
Tabelle 71: Wertschätzung der sexuellen Gemeinsamkeit in der Partnerschaft/in der Ehe ... 181
Tabelle 72: Wären Sie in Ihrer momentanen Beziehung gern sexuell aktiver? ... 181
Tabelle 73: Was mehr sexuelle Aktivität hindert ... 182
Tabelle 74: Gespräche über Sexualität ... 187
Tabelle 75: Einer Ihrer besten Freunde hat mit seiner Ehefrau/Partner(in) sexuelle Probleme. Was raten Sie ihm (maximal drei Nennungen)? ... 188
Tabelle 76: Einstellung zur Homosexualität ... 190
Tabelle 77: Sexuelle Ausstattung der befragten Männer (in Prozent) ... 190
Tabelle 78: Sexuelle Erfahrung mit Männern und Bewertung der Homosexualität (in Prozent) ... 190
Tabelle 79: Sexuelle Ausstattung und Bewertung der Homosexualität ... 191
Tabelle 80: Männliche Sexualität und Leben mit Partner bzw. Partnerin ... 194
Tabelle 81: Männliche Sexualität und Kindheitsglück ... 194
Tabelle 82: Männliche Sexualität und Vatererleben in der Kindheit ... 195
Tabelle 83: Männliche Sexualität und Beruf des Befragten/der Partnerin ... 195
Tabelle 84: Index GEFÜHLSSTÄRKE ... 196
Tabelle 85: Gewaltneigung (Faktorenanalyse) ... 199

Verzeichnis der Tabellen

Tabelle 86: Struktur der Kirchenmitgliedschaft in der BRD 206
Tabelle 87: Kirchgang – Ost/West nach Konfession 210
Tabelle 88: Kirchgang – nach Alter und Konfession 210
Tabelle 89: Entwicklung einer sozioreligiösen Typologie 213
Tabelle 90: In den kleinen Religionsgemeinschaften leben die meisten traditionellen Männer, die neuen Männer finden sich zumeist unter den Ausgetretenen und (schon immer) Konfessionslosen 220
Tabelle 91: Personen mit starker Ausstattung mit dem „Kirchlichreligiösen" tendieren zum traditionellen Männerbild 220
Tabelle 92: Traditionelle Männer wurden eher religiös erzogen, neue nicht 220
Tabelle 93: Jesus und Maria –Vorbilder für Männer und Frauen 221
Tabelle 94: Jesus als Männervorbild: aufgeschlüsselt nach Konfession und dem Kirchlichkeitsindex 221
Tabelle 95: Jede Fünfte, jeder Sechste führt ein religiöses Gespräch 222
Tabelle 96: Ich erwarte mir von der Kirche einen Beitrag zur Neugestaltung der Männerrolle 222
Tabelle 97: „Der religiöse Glaube hat bei Männern Bedeutung für die Bewältigung persönlicher Krisen" 223
Tabelle 98: Glaube hilft leben: aufgeschlüsselt nach Konfession und dem Kirchlichkeitsindex 223
Tabelle 99: Ich erwarte von der Kirche einen Beitrag zur Neugestaltung der Männerrolle 223
Tabelle 100: Vergleich von Männer- und Frauenstärken 238
Tabelle 101: Gibt es eine Traumfrau? (Zustimmung in Prozent) 241
Tabelle 102: Der Stellenwert der Autonomie im idealen Frauenbild nimmt zu 246
Tabelle 103: Wo Frauen die Männer „unterschätzen" 268
Tabelle 104: Wo Frauen die Männer „überschätzen" 270
Tabelle 105: Profile für traditionelle und neue Männer 275
Tabelle 106: Grundlage der erweiterten Typologisierung 302
Tabelle 107: Was die Geschlechterrollen mitbestimmt 312
Tabelle 108: Was „VERÄNDERTE" begünstigt 313
Tabelle 109: Was „weithin Veränderte" begünstigt 313
Tabelle 110: Was „eher Unveränderte" begünstigt 314
Tabelle 111: Was „UNVERÄNDERTE" begünstigt 314
Tabelle 112: Die vier Grundtypen und das Alter 315
Tabelle 113: Die vier Grundtypen und der Lebensstand/Beziehungsform 315
Tabelle 114: Die vier Grundtypen und die Einwohnerzahl des Wohnorts 316
Tabelle 115: Die vier Grundtypen und der Beruf der befragten Person 316
Tabelle 116: Die vier Grundtypen und der Beruf des Partners, der Partnerin 317
Tabelle 117: Die vier Grundtypen und das Einkommen 317
Tabelle 118: Die vier Grundtypen und die politische Rechts-Links-Skala 318
Tabelle 119: Die vier Grundtypen und der Autoritarismus 318
Tabelle 120: Die vier Grundtypen und die Solidarität 318
Tabelle 121: Die vier Grundtypen und die Egozentriertheit 318
Tabelle 122: Die vier Grundtypen und die religiös-kirchliche Orientierung 319
Tabelle 123: Die vier Grundtypen und die Lebenszufriedenheit 319
Tabelle 124: Die vier Grundtypen und der Optimismus 319
Tabelle 125: Die vier Grundtypen und die Konfession 320
Tabelle 126: Die vier Grundtypen und die Beschäftigung des Vaters in der Kindheit mit dem Befragten 320
Tabelle 127: Typologie B – Regressionsanalysen und Mittelwerte 321